今井亮佑著

選挙サイクルと投票行動
― 「中間選挙」としての参院選の意義 ―

木鐸社

目次

第1章　本研究の視座 …………………………………………… 11
　1．問題関心 ……………………………………………………… 11
　2．意義 …………………………………………………………… 18
　　2.1　比較選挙研究としての意義 ……………………………… 19
　　2.2　日本における選挙・投票行動研究としての意義 ……… 23
　　2.3　日本政治研究としての意義 ……………………………… 27
　3．構成 …………………………………………………………… 35
　　補遺　衆参両院選挙における政権与党の得票率 …………… 39

第2章　先行研究 ………………………………………………… 42
　1．導入 …………………………………………………………… 42
　2．コートテイル効果仮説 ……………………………………… 45
　3．レファレンダム仮説 ………………………………………… 53
　4．政策バランス仮説 …………………………………………… 59
　5．欧州における「二次的選挙(second-order election)」モデル … 77
　6．分割政府の下での有権者の意識と行動 …………………… 88
　7．小括－日本の政治的文脈への援用可能性－ ……………… 96
　　補論　中間選挙における大統領の政党の敗北を説明するその他の仮説 ……… 102

第3章　衆参両院選挙におけるパーソナル・ヴォート …………106
　1．導入 ……………………………………………………………106
　2．背景 ……………………………………………………………108
　3．分析手法 ………………………………………………………115
　4．分析結果 ………………………………………………………117
　　4.1　仮説1の検証結果 …………………………………………117
　　4.2　仮説2の検証結果 …………………………………………123
　5．小括 ……………………………………………………………125

第4章　衆参両院選挙における業績評価投票 ……………………129
　1．導入 ……………………………………………………………129

2．背景 …………………………………………………………………131
　3．分析1：衆参両院選挙における業績評価投票の使い分け…………134
　　3.1　手法 ……………………………………………………………134
　　3.2　仮説1の検証結果 ……………………………………………137
　4．分析2：衆参両院選挙の重要度に関する認識の
　　　　　　条件付け効果…………………………………………………145
　　4.1　手法 ……………………………………………………………145
　　4.2　仮説2の検証結果 ……………………………………………151
　　4.3　仮説3の検証結果 ……………………………………………153
　5．小括……………………………………………………………………160
　　補遺　表4-1のコード化の方法 …………………………………………165

第5章　参院選における政策バランス投票 …………………………………167
　1．導入……………………………………………………………………167
　2．背景……………………………………………………………………168
　3．分析手法………………………………………………………………170
　　3.1　分析1：グループBの政治的洗練性……………………………173
　　3.2　分析2：6回の国政選挙における投票行動 …………………174
　　3.3　分析3：衆院選から参院選にかけての投票行動の変化 ………177
　4．分析結果………………………………………………………………178
　　4.1　分析1の結果 …………………………………………………178
　　4.2　分析2の結果 …………………………………………………180
　　4.3　分析3の結果 …………………………………………………186
　5．小括……………………………………………………………………188
　　補論　政策バランス投票と「バッファー・プレイヤー」の関係 …………192

第6章　参院選における多元的民意の反映 …………………………………194
　1．導入……………………………………………………………………194
　2．背景……………………………………………………………………195
　3．分析手法………………………………………………………………200
　　3.1　分析1：「多元的民意の反映志向(党派的側面)」の構成概念妥当性 ……203
　　3.2　分析2：2013年参院選・14年衆院選における投票行動 ………205

4．分析結果 …………………………………………………………207
　　4.1　分析1の結果 …………………………………………………207
　　4.2　分析2の結果 …………………………………………………209
　5．小括 ………………………………………………………………212
　　補論　多元的民意の反映志向の人材的側面 ……………………………214

第7章　「ねじれ」状況下における業績評価と投票行動 …………219
　1．導入 ………………………………………………………………219
　2．背景 ………………………………………………………………220
　3．分析手法 …………………………………………………………226
　　3.1　分析1：「ねじれ」状況に対する有権者の見解 ……………227
　　3.2　分析2：内閣業績評価 ………………………………………229
　　3.3　分析3：投票行動 ……………………………………………232
　4．分析結果 …………………………………………………………234
　　4.1　分析1の結果 …………………………………………………234
　　4.2　分析2の結果 …………………………………………………236
　　4.3　分析3の結果 …………………………………………………241
　5．小括 ………………………………………………………………248

第8章　結論：「中間選挙」としての参院選の意義 ………………252
　1．要約 ………………………………………………………………252
　2．貢献 ………………………………………………………………265
　3．「中間選挙」としての参院選の意義，参議院の存在意義 ………269

補遺A　データの出典 …………………………………………………274
補遺B　二次データ　変数の定義 ……………………………………279
参考文献 …………………………………………………………………290
あとがき …………………………………………………………………311
索引 ………………………………………………………………………315

図表一覧

表1-1	OECD加盟国の政治制度	20
補表1-1	衆参両院選挙における政権与党の相対得票率(差)の規定要因	40
表2-1	米連邦下院・上院の党派別議席数および大統領の出身政党	44
表3-1	仮説1の検証―ロジット分析結果(1996年衆院選)	118
表3-2	仮説1の検証―ロジット分析結果(2003年衆院選)	118
表3-3	シミュレーション結果(1996年・2003年衆院選)	120
表3-4	仮説2の検証―多項ロジット分析結果(2004年参院選)	123
表3-5	シミュレーション結果(2004年参院選)	125
表4-1	望ましい政権の枠組みに関する回答の分布	135
表4-2	仮説1の検証―多項ロジット分析結果	138
表4-3	内閣業績評価の影響に関するシミュレーション結果	144
表4-4	衆院選と参院選の重要度	147
表4-5	仮説2の検証―ロジット分析結果(2013年参院選WEB調査)	152
表4-6a	仮説3aの検証―多項ロジット分析結果(2009年衆院選)	154
表4-6b	仮説3bの検証―多項ロジット分析結果(2007年参院選)	155
表4-6c	仮説3bの検証―多項ロジット分析結果(2010年参院選)	156
表4-7	内閣業績評価の影響に関するシミュレーション結果	158
表5-1	保革イデオロギー次元上における有権者の分類	172
表5-2	各類型に該当する回答者の割合	172
表5-3	分析1(多項ロジット分析)結果	178
表5-4	分析2(ロジット分析)結果	180
表5-5	政策態度の効果に関するシミュレーション結果	185
表5-6	分析3(条件付ロジット分析)結果	187
表5-7	シミュレーション結果	187
補表5-1	保革次元上における立場の類型化とバッファー・プレイヤーの意識の関係	193
表6-1	多元的民意の反映志向―検証的因子分析結果	202
表6-2	分析1(OLS)結果	207
表6-3a	分析2(条件付ロジット分析)結果(2013年参院選)	210

表6-3b	分析2（条件付ロジット分析）結果（2014年衆院選）	210
補表6-1	分析1（OLS）結果（従属変数：人材的側面）	215
補表6-2	政党名投票／候補者名投票—ロジット分析結果	217
表7-1	分析1（OLS）結果	235
表7-2	分析2（OLS）結果	238
表7-3	分析3（条件付ロジット分析）結果	242
表7-4	内閣業績評価の影響に関するシミュレーション結果	245
図1-1	国政選挙における与党の相対得票率	12
図1-2	議院内閣制・二院制下の政治過程のモデル	17
図2-1	政策バランス仮説のモデル	61
図3-1	政党重視か候補者重視か：衆院選	108
図3-2	政党重視か候補者重視か：参院選	109
図3-3	政党重視の投票者の政党選択	112
図3-4	候補者重視の投票者の政党選択	112
図4-1	国政選挙直前の時事世論調査における，内閣支持率と不支持率の差	130
図5-1A	グループAの平均的な有権者の，民主党候補への予測投票確率	183
図5-1B	グループBの平均的な有権者の，民主党候補への予測投票確率	183
図5-1C	グループCの平均的な有権者の，民主党候補への予測投票確率	183
図6-1	多元的民意の反映志向（党派的側面）	203
補図6-1	多元的民意の反映志向（人材的側面）	215
図7-1	「ねじれ」状況に対する見解	228
図7-2a	「ねじれ」状況に対する見解の条件付け効果（2012年衆院選）	244
図7-2b	「ねじれ」状況に対する見解の条件付け効果（2013年参院選）	246

選挙サイクルと投票行動

－「中間選挙」としての参院選の意義－

第1章
本研究の視座

1．問題関心

　ともに直接公選された議員が構成する二つの院，衆議院と参議院から成る我が国の二院制の下では，国政レヴェルの選挙として，衆議院議員総選挙と参議院議員通常選挙の二つが行われる。このうち参院選に対する注目度が，近年，以前にも増して高まっている。選挙後の日本政治のあり方に大きな影響を及ぼすような結果――具体的には時の政権与党の敗北――に終わる参院選が頻発するようになったからである。
　消費税導入・農産物の輸入自由化・リクルート事件（・宇野宗佑首相のスキャンダル）という俗に三点セット（四点セット）と呼ばれる自民党に不利な争点をめぐる戦いとなった1989年参院選。恒久減税に関する橋本龍太郎首相の発言が選挙を目前にしてぶれたことが有権者の不信を招いた1998年参院選。国民の間で関心の高い年金問題への小泉純一郎首相個人や政権の対応が反発を生み，内閣支持率がかげりを見せる中で迎えた2004年参院選。前政権の構造改革路線を引き継ぐ一方で，改革によって「痛み」を蒙った自民党の伝統的な支持基盤に対するセーフティネットを整備するという難題の克服に苦慮した上，「政治とカネ」をめぐる疑惑や舌禍といった閣僚の不祥事に相次いで見舞われた第一次安倍晋三内閣に対する評価を下す機会となった2007年参院選。そして，歴史的な政権交代からわずか1年足らずで民主党への期待感を一気にしぼませた鳩山由紀夫から首相の座を受け継いだものの，消費税増税をめぐる発言の迷走によっ

て就任間もなく批判を浴びた菅直人首相の下で,民主党が与党として臨んだ初の国政選挙である2010年参院選。

この30年ほどの間に行われた衆参両院選挙で,時の政権与党が(改選)過半数議席を獲得できなかったのは,衆院選については文字通りの政権交代が実現した1993年・2009年・12年の3回に限られるのに対し,参院選についてはここに挙げた5回に上る。しかも,この5回のうち2004年を除く4回の選挙後には,非改選の議席も含めた与党の議席数が過半数を下回る,いわゆる「ねじれ国会」が現出し,菅を除く3名の首相は責任を取る形で退陣した。このように,とくに「1955年体制」の崩壊以降,政策形成過程に遅滞と混乱をもたらす衆参「ねじれ」の状況を生み出したり,与野党の交代を伴わない与党内での政権交代を生じさせたりするという形で,参院選の結果はその後の日本の政治過程に大きな影響を及ぼすようになっているのである。

さらに,捉え方によっては,改選過半数議席の獲得に失敗するという目に見える形での与党の敗北に終わったこれら5回の選挙に限らずより一般的に,参院選は与党にとって楽ではない選挙になりがちであるとも言え

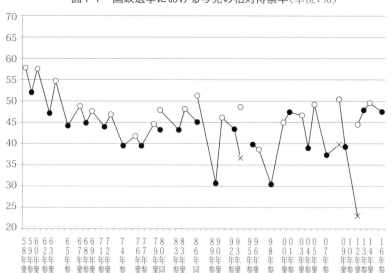

図1-1　国政選挙における与党の相対得票率(単位:％)

る。衆院選に比べ参院選では与党の得票率が伸び悩む傾向にあるからである。図1-1は，1955年体制成立後初めて衆院選が行われた1958年以降の衆参両院選挙における与党の相対得票率を時系列に沿ってまとめたものである。図中の○は衆院選における選挙後の政権与党の相対得票率を[1]，×は衆院選における選挙後に下野する政党の相対得票率を，●は参院選における時の政権与党の相対得票率を，それぞれ表している。この図からは次の2点を読み取ることができる。

　一つは，衆議院の解散と参院選のタイミングとが合致したことで同日選となった1980年・86年の2回を除き，○と●が交互に表れている，つまり衆院選と参院選は交互に行われてきたということである。これは，事実上，政権選択選挙たる衆院選の「中間選挙」として参院選が行われてきたことを意味する[2]。

　もう一つは，参院選では直近の衆院選に比べ政権与党の得票率が低下する傾向があるということである。1959年から2016年までの20回の参院選のうち，1995年を除く19回では，直近の衆院選の結果を受けて政権を担うこととなった政党がそのまま与党として選挙を迎えた[3]。そのうち2001年・13年以外の実に17回の参院選で，与党は前回の衆院選に比べ相対得票率を低下させている。つまり，交互に行われる衆院選と参院選の間で政権与党の得票率が規則的に上下動するという「サイクル」が生じているのである。

　このように，参院選の結果を衆院選の結果との比較の視点を交えながら眺めると，1955年体制の成立以降ほぼ一貫して見られる傾向が読み取れる。すなわち，中間選挙として行われる参院選では直近の衆院選に比べ政権与党が得票率を低下させるという一般的な傾向である。そして，先に挙げた5回の選挙のような，改選過半数議席の獲得の失敗という明確な与党

1　1996年衆院選に関しては，選挙後に社民党と新党さきがけが閣外協力に転じることから，自民党の相対得票率を示している。
2　ただし，3年ごとに半数の議員を改選する参院選の期日がほぼ一定であるのに対し，通常任期途中での解散を受けて全議員を改選する衆院選の期日は不定であるため，米国で行われるような文字通りの「中間選挙」にはなっていない。
3　厳密には，2009年衆院選後に民主党・国民新党とともに連立政権の一翼を担った社民党が，2010年参院選を前に連立から離脱している。

の敗北に終わった参院選は，獲得議席の大幅な減少につながるほどこの一般的な傾向が顕著に出たケースとして位置づけられることもわかる。ここから，次に挙げる二つの興味深い「リサーチ・クェスチョン」が浮かび上がる。

　一つは，一般になぜ衆院選に比べ参院選では与党の得票率が伸び悩む傾向にあるのか，というリサーチ・クェスチョンである。衆院選であれ参院選であれ，政権与党の得票率を左右する主な要因として，選挙時点での内閣支持率や与党支持率，政党システムが考えられる。しかし，こうした要因の影響を統制してもなお，参院選における与党の得票率は衆院選に比べ有意に低いのである（章末の補遺参照）。このことは，内閣支持率や与党支持率に反映される時々の政治状況の影響や，政党システムに反映される選挙制度の影響とは別に，衆院選に特有の要因，参院選に特有の要因がそれぞれの選挙における投票行動に作用した結果として，与党の得票率が衆院選に比べ参院選において低くなるという一般的な傾向が生じている可能性を示唆する。言い換えれば，同じ国政レヴェルの選挙ではあるものの，衆院選における投票行動と参院選における投票行動とは質的に異なるということが考えられるのである。

　それでは，衆院選と参院選とで有権者の投票行動は具体的にどのように異なるのであろうか。衆院選における投票行動，参院選における投票行動には，それぞれどのような特徴があるのであろうか。一般になぜ衆院選に比べ参院選では与党の得票率が伸び悩む傾向にあるのかというリサーチ・クェスチョンから派生するこうした問いを解明するにあたり鍵を握ると考えられるのが，衆議院と参議院の役割の違いに起因する衆院選と参院選の性格の相違である。議院内閣制において内閣がその存立の基盤とする第一院の議員選挙は，政権選択の意味合いを持つ。我が国でも，とくに1955年体制の終焉以降，第一院たる衆議院の総選挙は政権選択選挙としての色彩を濃くしている。これに対し，制度上内閣の存立と直接的な関係を持たない第二院たる参議院の通常選挙には，文字通りの意味での政権選択選挙としての側面はない。むしろ，民意を多元的に反映させるという参議院の存在意義に適した選挙となることが参院選には期待されている。このように，議院内閣制・二院制の下で第一院と第二院は別個の役割を担うため，衆院選に期待される役割と参院選に期待される役割も異なる。そのこと

が，衆参両院選挙における有権者の投票行動に質的な差異を生み，ひいては，衆院選と参院選とで政権与党の得票率が規則的に上下動するというサイクルを生じさせている可能性は，十分に想定され得るだろう。

そこで本研究では，政権選択選挙としての衆院選，非政権選択選挙・中間選挙としての参院選という，衆参両院選挙の性格の相違を切り口に，有権者の投票行動に関してそれぞれの選挙に特有の特徴をあぶり出す。そしてそれを通じて，一般になぜ衆院選に比べ参院選では与党の得票率が伸び悩む傾向にあるのかというリサーチ・クェスチョンへの回答を提示することを目指す。

もう一つのリサーチ・クェスチョンは，参院選において与党の得票率が伸び悩むという一般的な傾向が顕著に出過ぎて与党が敗北を喫した結果「ねじれ国会」が生じた場合，それは次の衆院選や参院選にいかなる影響を及ぼすのかというものである。「ねじれ国会」に対する有権者の見方は大きく分かれる。「野党も影響力を持ち，法案に意見が反映されるので好ましい」という肯定的な意見がある一方で，「与野党が対立する法案が成立しなかったり，遅れたりするので好ましくない」という否定的な意見もある[4]。こうした「ねじれ」状況に対する見解が，「ねじれ国会」の下での有権者の意識と行動に影響を及ぼしている可能性がある。たとえば，現政権の業績を評価する際，「ねじれ国会」に肯定的な有権者は「ねじれ」状況にあることを特段考慮に入れないのに対し，否定的な有権者は「ねじれ」という困難な政権運営を強いられる状況にあることを割り引いて考える結果，前者に比べ後者の業績評価の方が相対的に甘めになるということが起こり得る。また，より単純に，「ねじれ国会」に肯定的な有権者はそ

4　これらの意見は，2014年1月から2月にかけて郵送形式で実施された，「読売・早大共同世論調査」で尋ねられた質問から引用したものである。この調査では，「衆議院での野党が，参議院では多数を占める『ねじれ国会』に関して，(A)『野党も影響力を持ち，法案に意見が反映されるので好ましい』という意見と，(B)『与野党が対立する法案が成立しなかったり，遅れたりするので好ましくない』という意見では，あなたの考えはどちらの方に近いですか」という質問を行っている。その回答の分布は，「どちらかといえば(A)に近い」が53％，「どちらかといえば(B)に近い」が45％，「答えない」が2％であった。なお，調査の詳細については，読売新聞2014年3月22日付朝刊参照。

の状態を継続させることを意図した投票を行い，逆に否定的な有権者はその状態を解消させることを企図した投票行動をとるということも想定されよう。そこで本研究では，「ねじれ」状況に対する見解(問題視しないかするか)を鍵に，衆参「ねじれ」の状態がその後の衆院選や参院選における有権者の意識と行動にいかに作用するかを明らかにすることも試みる。

　先に挙げた一つ目のリサーチ・クェスチョンは，衆院選に比べ参院選で与党の得票率が伸び悩む「原因」としての有権者の意識と行動を探究するものである。これに対し，この二つ目のリサーチ・クェスチョンは，参院選で与党の得票率が伸び悩み，「ねじれ国会」が生じた「結果」として見られる有権者の意識と行動を探究するものである。つまり，これら二つは表裏一体の関係にあり，両者を解いて初めて，現代日本における国政選挙のサイクル全体を理解することが可能となるのである。本研究では，主に1955年体制終焉後の衆参両院選挙時に行われた意識調査の実証分析を通じて，これら二つのリサーチ・クェスチョンの解明に取り組む。

　以上述べてきた本研究の問題関心を，次頁の図1-2を用いて要約しよう。これは，Easton (1965)の有名なモデルに議院内閣制・二院制という政治制度の文脈を取り入れることで，国政選挙を通じた「インプット」を中心に我が国の政治過程の概略を表すモデルとして再構成したものである。

　衆院選であれ参院選であれ，選挙の結果「ねじれ国会」が生じない場合は，図中の上のサイクルを辿ることになる。非「ねじれ」状況で迎える，政権選択の意味合いを持つ衆院選における投票行動(図中①)の結果，衆議院における与野党の勢力分布，政権担当政党が決まり，新政権が発足する。図中の上のブラックボックス内で，立法府(衆議院・参議院)と執政府の安定した関係性の下，政策アウトプットが生み出され(②)，有権者へとフィードバックされる(③)。これを受けて有権者は，中間選挙として行われる，政権選択の意味合いを持たない参院選における投票行動を決める(④)。参院選での半数改選の結果，参議院における非改選議席も含めた与野党の勢力分布(衆参「ねじれ」の有無)や，与党内での政権交代の有無が決まる。与党が勝利して「ねじれ国会」にならなければ，与党が衆参両院の多数を握る中で立法府と執政府の間に安定した関係が再度築かれ，その下で政策の形成(②)およびフィードバック(③)がなされる。それを受けて，再び非「ねじれ」状況で迎える衆院選における投票行動を決めること

図1-2 議院内閣制・二院制下の政治過程のモデル

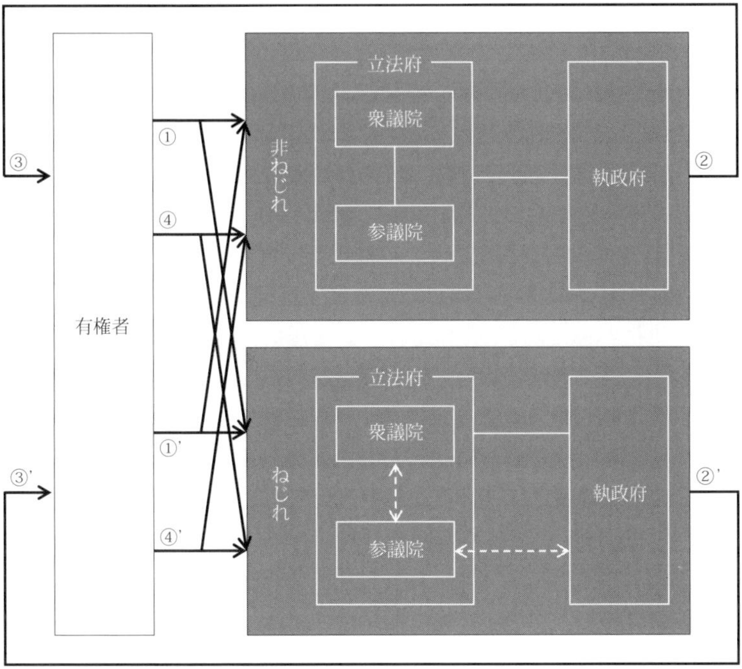

① ：非「ねじれ」状況下で迎える衆院選における投票
①' ：「ねじれ」状況下で迎える衆院選における投票
②・③ ：非「ねじれ国会」の下での政策アウトプットおよびそのフィードバック
②'・③'：「ねじれ国会」の下での政策アウトプットおよびそのフィードバック
④ ：非「ねじれ」状況下で迎える参院選における投票
④' ：「ねじれ」状況下で迎える参院選における投票

になる（①）。

　これに対し，非「ねじれ」状況で迎えた衆院選／参院選の結果「ねじれ国会」が生じた場合は，図中の上のサイクルから下のサイクルへと移ることになる。衆院選／参院選の結果，与党が敗北を喫して「ねじれ国会」が生じると，衆議院・参議院・執政府の三者間の関係性は非「ねじれ」状況とは異質の緊張をはらんだものとなる。それにより，図中の下のブラックボックス内で形成される政策も，非「ねじれ国会」の下でのそれとは質的にも量的にも別物となる（②'）。そうした「ねじれ」状況を反映した政策

アウトプットのフィードバック（③'）を受けて，次の参院選（④'）／衆院選（①'）における投票行動を決めることになる。「ねじれ」状況で迎える選挙の結果，「ねじれ」が解消した場合は上のサイクルへと戻り，「ねじれ」が継続した場合は下のサイクルを再び辿ることになる。議院内閣制・二院制の下，衆院選と参院選という性格を異にする二種類の国政選挙で「インプット」する機会を有権者が持つ現代日本の政治過程は，このような形でモデル化されるのである。

　本研究の一つ目のリサーチ・クェスチョンを解明するにあたり着目するのは，図中の①および④，すなわち衆参両院選挙における投票行動である。政権選択選挙としての衆院選，非政権選択選挙・中間選挙としての参院選という，選挙の性格の違いに焦点を当てて，①との比較の視点を交えながら④の分析を行う。これにより，「一般になぜ衆院選に比べ参院選では与党の得票率が伸び悩む傾向にあるのか」という問いの究明を目指す。

　一方，二つ目のリサーチ・クェスチョンを解明するにあたり着目するのは，①／④と①'／④'，すなわち非「ねじれ」状況下で迎える衆院選／参院選における投票行動と「ねじれ」状況下で迎える選挙における投票行動である。非「ねじれ国会」と「ねじれ国会」とでは生み出される政策アウトプットが質的にも量的にも異なる。このため，フィードバックを受けて形成される投票行動も，非「ねじれ」状況下で迎える衆院選／参院選と「ねじれ」状況下で迎える選挙とで質的に異なることが想定される。そこで，とくにフィードバックの影響——言い換えれば，内閣業績評価が投票行動に及ぼす影響——に焦点を当てて，非「ねじれ」状況下の国政選挙における投票行動との対比を意識しながら，「ねじれ」状況下の選挙における投票行動を分析する。これにより，「『ねじれ国会』が生じた場合，それは次の衆院選や参院選にいかなる影響を及ぼすのか」という問いへの回答を提示することを試みる。

2．意義

　このように本研究では，一般になぜ衆院選に比べ参院選では与党の得票率が伸び悩む傾向にあるのか，「ねじれ国会」が生じた場合それは次の国政選挙にいかなる影響を及ぼすのかという問題関心の下，政権選択選挙で

ある衆院選と非政権選択選挙・中間選挙である参院選における投票行動，および非「ねじれ」状況下で迎える選挙と「ねじれ」状況下で迎える選挙における投票行動を，それぞれ比較の視点を交えながら分析し，その特徴を明らかにすることを目的としている。この研究の学術的意義は次の3点にあると考える。

2.1 比較選挙研究としての意義

1点目として挙げられるのは，比較政治学的に日本を一つのケースとして扱い，主に欧米で発展した政治行動の理論が，異なる政治的文脈の下にある日本の有権者にも妥当するかどうかを検証することで，理論の一般性を確認することの意義である。

我が国の二院制は，世界的に見ても特殊な位置にある(cf. 岩崎，2013；岡田編，2014)。列国議会同盟(Inter Parliamentary Union, IPU)の"PARLINE database on national parliaments"[5]に登録された情報によれば，2016年8月現在，IPUに加盟する193カ国のうち，一院制の国が116で，二院制の国は77である。次頁の表1-1にまとめたように，OECD加盟国で言えば，一院制が15カ国，二院制が19カ国となっており，連邦国家に関しては全ての国が二院制をとるのに対し，単一国家に関しては，一院制をとるのが15カ国，日本のように二院制をとるのが11カ国と割れている。そして，単一国家で二院制をとる11カ国の中で，第二院の議員が直接選挙のみで選ばれるのは，チリ，チェコ，日本，ポーランドの4カ国に限られ，このうち第一院と第二院の議員選挙の期日が異なり，第二院の選挙が事実上の中間選挙として行われているのはチェコと日本のみである[6]。このように，日本の二院制に関しては，単一国家で両院とも直接選挙によって議員を選ぶ点，両院の議員選挙のタイミングにずれが生じ，第二院の選挙が事実上の中間選挙として行われる形で国政選挙のサイクルが形成されている点に，特徴があると言える。言い換えれば，選挙・投票行動研究が盛

---

5 URL：http://www.ipu.org/parline-e/parlinesearch.asp （最終アクセスは2016年8月18日）。
6 連邦国家か単一国家かを問わず，第二院の議員(の一部)が直接選挙で選ばれる10カ国の中で見ても，これに該当するのはチェコと日本のみである。

表1-1　OECD加盟国の政治制度

国	国家形態	政府形態	議会	第二院選出方法	選挙同日
オーストラリア	連邦国家	議院内閣制	二院制	直接選挙	同日
オーストリア	連邦国家	議院内閣制	二院制	間接選挙	・・・
ベルギー	連邦国家	議院内閣制	二院制	間接選挙＋他	・・・
カナダ	連邦国家	議院内閣制	二院制	任命	・・・
チリ	単一国家	大統領制	二院制	直接選挙	同日
チェコ	単一国家	議院内閣制	二院制	直接選挙	非同日
デンマーク	単一国家	議院内閣制	一院制		
エストニア	単一国家	議院内閣制	一院制		
フィンランド	単一国家	議院内閣制	一院制		
フランス	単一国家	半大統領制	二院制	間接選挙	・・・
ドイツ	連邦国家	議院内閣制	二院制	任命	・・・
ギリシャ	単一国家	議院内閣制	一院制		
ハンガリー	単一国家	議院内閣制	一院制		
アイスランド	単一国家	議院内閣制	一院制		
アイルランド	単一国家	議院内閣制	二院制	間接選挙＋任命	・・・
イスラエル	単一国家	議院内閣制	一院制		
イタリア	単一国家	議院内閣制	二院制	直接選挙＋任命＋他	同日
日本	単一国家	議院内閣制	二院制	直接選挙	非同日
ルクセンブルグ	単一国家	議院内閣制	一院制		
メキシコ	連邦国家	大統領制	二院制	直接選挙	同日
オランダ	単一国家	議院内閣制	二院制	間接選挙	・・・
ニュージーランド	単一国家	議院内閣制	一院制		
ノルウェー	単一国家	議院内閣制	一院制		
ポーランド	単一国家	議院内閣制	二院制	直接選挙	同日
ポルトガル	単一国家	半大統領制	一院制		
韓国	単一国家	大統領制	一院制		
スロヴァキア	単一国家	議院内閣制	一院制		
スロヴェニア	単一国家	議院内閣制	二院制	間接選挙	・・・
スペイン	単一国家	議院内閣制	二院制	直接選挙＋間接選挙	同日
スウェーデン	単一国家	議院内閣制	一院制		
スイス	連邦国家	議会統治制	二院制	直接選挙	同日
トルコ	単一国家	議院内閣制	一院制		
英国	単一国家	議院内閣制	二院制	任命＋世襲	・・・
米国	連邦国家	大統領制	二院制	直接選挙	同日
				※1	※2

※1　第二院の議員の選出方法
※2　第一院の選挙と第二院の選挙の期日（同日か否か）

出典："PARLINE database on national parliaments"に登録された情報をもとに筆者が作成

んに行われている米国・欧州諸国と日本とでは，同じ二院制をとる場合でも，その政治的文脈が大きく異なるのである。このため，日本の衆参両院選挙を事例とした研究を行うことで，とくに次の二つの理論の一般性を検

証することができると考えられる[7]。

　一つは，米国における中間選挙・分割政府に関する理論である。選挙・投票行動研究の母国ともいうべき米国の政治制度の大きな特徴の一つとして，大統領選挙の2年後に行われる（文字通りの）中間選挙の存在が挙げられる。この中間選挙において，現職大統領の政党が敗北を喫することが半ば常態化している。このため，次章で詳細に紹介するように，なぜ中間選挙で大統領の政党が苦戦を強いられるのかを説明する理論仮説が約半世紀の間にいくつも提示され，その妥当性の検証が精力的に進められてきた。また，中間選挙を中心に連邦下院議員選挙で大統領の政党が過半数議席の獲得に失敗することで，米国では頻繁に分割政府が生じている。そのことが，次の選挙にかけての有権者の意識と行動にいかなる影響を及ぼすかに関する研究も蓄積されてきた。

　翻って日本に目を移すと，中間選挙として行われる参院選において直近の衆院選に比べ与党の得票率があまり伸びず，時に「ねじれ国会」が生じるという状況は，米国で中間選挙として行われる連邦下院議員選挙において大統領の政党が敗北し，分割政府が生まれるという状況に非常によく似ていることがわかる。このため，中間選挙として行われる参院選では直近の衆院選に比べなぜ与党の得票率が伸び悩む傾向にあるのか，「日本型分割政府」（竹中，2004）とも称される「ねじれ国会」が生じた場合，それが次の国政選挙における有権者の意識と行動にどのような影響を与えるかについて検討するにあたり，米国で発展した中間選挙・分割政府に関する理論仮説を援用することができる。連邦国家である米国の，行政府の長を

7　連邦国家で二院制をとる米国では，連邦上下両院議員選挙に関する比較研究が行われている（e.g. Gronke 2001; Krasno 1994; cf. Abramowitz and Segal 1992）。これに対し，単一国家で二院制をとり，第二院の議員を直接選挙のみで選出する4カ国の第二院の議員選挙の分析を，第一院の議員選挙との比較の視点を交えながら行った研究は，管見の限り存在しない。

　このため本研究で，第一院（衆議院）の議員選挙における投票行動との対比という視点から第二院（参議院）の議員選挙における投票行動を体系的に分析することで，二院制下の議会議員選挙における投票行動に関する理解，直接選挙で議員を選ぶ単一国家の第二院の位置づけに関する理解が深まることもあわせて期待される。

決める選挙（大統領選挙）と立法府の議員を決める選挙（連邦下院中間選挙）とが選挙サイクルを作り出すという文脈の下で発展した，中間選挙・分割政府に関する理論仮説。これを，単一国家である日本の，同じ立法府の第一院の議員選挙（衆院選）と第二院の議員選挙（参院選）とが国政選挙のサイクルを形成するという文脈に援用する。そして，二つのリサーチ・クェスチョンについて検討することで，米国で発展した理論仮説の汎用性を確認でき，分析結果によっては理論仮説が妥当する射程を広げることができるのである。

　もう一つは，欧州における二次的選挙に関する理論である。これも次章で詳しく説明するが，欧州における選挙研究では，様々な種類の選挙を二つに大別して分析に付すことがある。具体的には，選挙結果がもたらす利害の大きさ，それに付随する有権者にとっての選挙の重要性という観点から，国レヴェルの政権選択に直結するという点で利害が大きく有権者も重要と認識している「一次的選挙」と，利害が小さく有権者もあまり重要とは考えていない「二次的選挙」とに大きく分ける。そして二次的選挙には，投票率が低い，国政レヴェルの政権党・大政党が苦戦する反面，反対党・小政党が得票を伸ばす，といった傾向が見られることを明らかにし，そうした傾向が生じる要因に関する検討を行っている。

　国政レヴェルの政権選択に直結しないことから，二院制を採用する国の第二院の議員選挙も，概念上は二次的選挙に分類される。しかしながら，表1-1で見たように直接選挙で第二院の議員を選ぶ国が少ないこともあってか，二次的選挙として研究の対象とされているのは主に欧州議会議員選挙や地方選挙，あるいは欧州統合を巡る国民投票といった，国政とは異なるレヴェルの選挙ばかりというのが現状である。このため本研究において，国政レヴェルの第二院の議員選挙である参院選を二次的選挙と捉え，欧州における二次的選挙をめぐる議論が日本の参院選にも当てはまるかどうかを検討することで，二次的選挙に関する理論モデルの妥当性を補強することができると考えられる。すなわち，一次的選挙（衆院選）と同じ国政レヴェルの，同じ立法府の選挙である参院選において，政権選択選挙ではないという点であまり重要な意味を持たない選挙であると認識している有権者が，欧州の二次的選挙におけるのと同様の投票行動をとっていることが確認されれば，理論の射程を広げることになるのである。

このように本研究では，米国の連邦下院中間選挙で大統領の政党がなぜ敗北を喫しやすいのか，大統領の政党が連邦下院で過半数議席の確保に失敗して分割政府が生じた場合，分割政府下での政治運営が有権者の意識と行動にいかなる影響を及ぼすのか，欧州議会議員選挙など二次的選挙と分類される選挙において国政レヴェルの政権党が苦戦を強いられるのはなぜかに関する理論仮説を援用して，二つのリサーチ・クェスチョンの解明を試みる。これにより，比較選挙研究の領域において，理論の一般性を確認するという点で貢献を果たすことが期待される[8]。

2．2　日本における選挙・投票行動研究としての意義

　2点目は，それぞれ複数回の選挙を対象に，同一の枠組みを適用して，衆院選と参院選における投票行動を分析することで，日本の有権者が各選挙でとる行動の一般的特徴を明らかにできるという，日本における選挙・投票行動研究としての意義である。

　我が国の選挙・投票行動研究における記念碑的業績である三宅・木下・間場(1967)が刊行されてから，はや半世紀近くが経過した。この間，幾多の重要な研究が生み出され，数多の有益な知見が蓄積されてきた。中でも，JABISS・JES・JES II・JES III・JES IV・JEDSといった一連の選挙調査に基づく研究(Flanagan et al. 1991; 池田, 1997, 2007; 蒲島, 1998; 蒲島他, 1998; 小林, 1997, 2008; 平野, 2007, 2015; 三宅, 1998; 綿貫・三宅, 1997; 綿貫他, 1986)，選挙区単位・市区町村単位・候補者単位で集計，算出されたデータ(JED-M)に基づく研究(水崎・森, 2007)はいずれも，研究成果それ自体が重要な意味を持つという点だけでなく，収集した調査データ・集計データを広く公開して二次分析に供し，研究の裾野を広げたという点でも，日本における選挙・投票行動研究の発展に多大な寄与をしている[9]。

---

[8] もっとも，比較選挙研究の領域において真の意味で貢献を果たすには，英語で研究を発表していかなければならないことは言うまでもない。その意味では，本研究はまだ道半ばということになる。

[9] 最近，参院選に関する集計データもWEB上で公開された(名取他, 2014)。なお，言うまでもなく，日本における選挙・投票行動研究の重要な業績はここに挙げたものに限られない。書籍としてまとめられたものだけでも，他に飽戸

これらの著作も含め，日本における選挙・投票行動に関する先行研究の多くは，次の二つに主眼を置いていたと考えられる。一つは，主に欧米で発展した政治行動の理論を援用して日本の選挙・日本人の選挙行動を分析することである。投票行動の規定因としてCampbell et al.（1960）以来伝統的に取り上げられてきた政党（池田，1997，第2章；池田・西澤，1992；品田，2006；田中，1997；西澤，1998；三宅，1985, 1995, 第6章；三宅・西澤，1992），候補者（Reed 1994; Richardson 1988; Rochon 1981；今井，2004；平野，1989；三宅，1995, 第2章），政策争点（小林，2006；田中，1998；谷口，2005；三宅，1995, 第4章）の三つに対する態度や，政権の業績評価（池田，2000；鈴木，1996；中村，2003；平野，1993, 1994, 1998, 2004, 2007, 第8章；三宅・西澤・河野，2001），保革イデオロギー次元上の立場（蒲島・竹中，1996, 2012；竹中，2014）などが，日本の有権者の行動に及ぼす影響について，ある選挙を事例として検証するという研究が重ねられてきた。

　もう一つは，上記の点とも関連するが，ある特定の衆院選（飯田，2013；今井，2008a；蒲島，2004；蒲島・リード，2001；川人，2004, 第9・10章；田中他，2009；谷口，2010；堤，1998；森，2006；山田，1997, 2002, 2006, 2010）や参院選（Imai and Kabashima 2008；池田，2004；今井，2009；蒲島，2004；平野，1991；水崎，1992；三宅，2002；山田，2005）の結果を解釈することである。投票率や各政党の得票率・獲得議席数といった数字を単に眺めただけでは，ある選挙がそのような結果に終わった原因を理解することはできない。選挙調査のデータや，選挙区，市区町村，候補者単位で集計し直した得票データを分析することで，そうした結果をもたらした有権者の意識と行動を明らかにすることが試みられているのである[10]。

　このように，とくに1980年代以降，日本の選挙・日本人の選挙行動に

編著（2000），荒木（1994），荒木他（1983），蒲島（2004），川人（2004），小林編（2005），田中他（2009），谷口（2005），谷口（2004），東京大学新聞研究所編（1988），三宅（1990, 1995, 2001），三宅・西澤・河野（2001）などがある。
[10] 日本における選挙・投票行動研究も含めた，この研究分野全般に関するレヴューを行ったものとして，小林（1999, 2000），山田・飯田編著（2009）がある。

関する分析が様々な切り口から数多く行われており，日本における選挙・投票行動研究は質量ともに充実してきたことは言を俟たない。ただそれでも，先行研究は次の点に発展の余地を残していると考える。すなわち，複数の種類の選挙について，それぞれ複数回の事例を対象とした分析を同じ枠組みを適用して行い，各種類の選挙を取り巻く制度的文脈から理論的に導かれる仮説に照らしてその結果を比較検証する。それにより，ある種類の選挙に特有の，投票行動の一般的傾向を明らかにするという点である。

　先行研究では，選挙を取り巻く政治制度を明示的に考慮に入れて投票行動を分析するということが十分には行われていない。確かに，制度の中でも選挙制度に関しては，一つの選挙区に同一政党から複数の候補者が出馬するという中選挙区制特有の状況下での投票行動を分析した研究（Rochon 1981；今井，2004）や，中選挙区制から小選挙区比例代表並立制への改革の効果を検証した研究（今井，2011；小林，2005；谷口，2004），現行の二票制による小選挙区比例代表並立制の下での投票行動のあり方を分析した研究（今井，2008b；鈴木，2000；リード，2003）などで，投票行動に及ぼす影響が検証に付されてきた。しかし，我が国の政治のあり方に重大な影響を及ぼす制度装置である二院制に関しては，投票行動を左右し得る制度としては研究上あまり重視されてこなかった。第一院たる衆議院の総選挙における投票行動と，第二院たる参議院の通常選挙における投票行動とを比較検討し，その異同を明らかにする。あるいは，政権与党が参議院でも過半数議席を有する非「ねじれ」状況下で迎える選挙における投票行動と，参議院で過半数議席を確保できていない「ねじれ」状況下で迎える選挙における投票行動とを比較検討し，その異同を明らかにする。こうした観点から行われた研究は，管見の限りほぼないのである（cf. 三宅，2002）[11]。

11　三宅（2002）は，本研究と同様の問題関心に基づき，1969年から96年までの衆院選，1968年から98年までの参院選時に行われた明るい選挙推進協会調査をプールしたデータを用いて分析を行った。そして，衆院選に比べ参院選では，自民党支持率・生活満足度・政治満足度・選挙関心度が低く，福祉・物価景気・税金といった政策争点を投票に際して考慮したとする比率が高いことを明らかにし，「これが，自民党の敗北が衆議院議員選挙ではなくて，参議院選挙で起こる理由であろう」（109頁）と指摘している。

先に挙げた，先行研究で主眼が置かれていた二つの点のうちの前者，すなわち主に欧米で発展した政治行動の理論を援用して日本の選挙・日本人の選挙行動を分析することを目的とした研究において，衆院選と参院選の比較分析が行われてこなかったということは，それらの研究では衆院選と参院選とで投票行動のメカニズムが同じであるとの前提を暗黙のうちに置いていることを意味する。しかし，この前提は妥当とは限らない。政権選択の意味合いを持つ衆院選と，そうした意味合いを持たず，しかも中間選挙として行われることの多い参院選とでは，選挙の文脈が大きく異なるからである。米国における選挙・投票行動研究の多くが大統領選挙を題材としている状況について，Gronke（2001）は，「米大統領選挙に焦点を当てるのは，米大統領選挙の投票者について理解する上では適切である。〔しかし，より〕抽象的に米国の投票者について理解するための方法としては危険をはらんでいる。大統領選挙の文脈が他の選挙の文脈とどのように異なるかを頭に入れておかないと，〔大統領選挙について得られた知見を〕他の機関の選挙にまで一般化して論じることはできない」(151)と批判的に見ている。この指摘を日本の文脈で解釈すれば，日本人の(国政選挙における)行動を理解するには，衆院選や非「ねじれ」状況下で迎える選挙における行動に関する分析だけでは不十分であり，参院選や「ねじれ」状況下で迎える選挙における行動に関する分析も不可欠だということになるのである。

　本研究では，衆院選における投票行動と参院選における投票行動について同じ枠組みを適用して分析することで，政権選択選挙(衆院選)，非政権選択選挙・中間選挙(参院選)にそれぞれ特有の投票行動の傾向を明らかにする。そして，そこに見られる投票行動の質的な相違が，衆院選に比べ参

　なお，日本における(調査データに基づく)選挙・投票行動研究の対象が衆院選に偏っていたのにはやむを得ないという側面もある。近年まで，利用可能なデータがほぼ衆院選の調査に限られていたからである。1990年代以前，衆院選に関しては，1967年（ミシガン）・76年（JABISS）・83年（JES）・93年（JES II）・96年（JES II, JEDS）の選挙前後にパネル形式で調査が行われた。これに対し参院選に関しては，選挙前後のパネル調査は行われておらず，選挙後の1波の調査の形で行われたものとして，1983年のJES（第1波）と95年のJES II（第5波）の二つがあるのみだったのである。

院選で与党の得票率が伸び悩む原因となっているのか，つまり一つ目のリサーチ・クェスチョンに対する答えとなり得るのか検証する。同様に，非「ねじれ」状況下で迎える選挙における有権者の意識と行動と，「ねじれ」状況下で迎える選挙における意識と行動について同じ枠組みを適用して分析し，その結果を比較検討する。これにより，「ねじれ国会」が生じた場合それは次の国政選挙にいかなる影響を及ぼすのかという二つ目のリサーチ・クェスチョンへの回答を示す。

　これらの分析を行う際，データが利用可能である限り，それぞれの選挙について複数回の事例を研究の対象とすることで，議論の一般化を図る。このように，複数の種類の選挙について，それぞれ複数回の事例を対象とした分析を同じ枠組みを適用して行い，ある種類の選挙に特有の投票行動の一般的傾向を明らかにすることで，本研究の二つのリサーチ・クェスチョンに答えるとともに，日本における選挙・投票行動研究の一つの間隙を埋めることを目指す。

2．3　日本政治研究としての意義

　そして3点目は，日本政治研究，とりわけ我が国の二院制／参議院に関する研究としての意義である。日本の政治過程研究において，国会は昔も今も重要な分析対象である（伊藤，1987；岩井，1988；川人，2005；曽根・岩井，1987；福元，2000；増山，2003。レヴュー論文として伊藤，1990；待鳥，2001）。1989年参院選で自民党が惨敗を喫して以降，参議院の第一党の議席が過半数を超えないことが半ば常態化し，「ねじれ国会」も頻繁に見られるようになった。そうした中，とくに1990年代末頃から，以前にも増して二院制／参議院に対する学術的関心が高まり，多くの論考が発表されている。中でも，「ねじれ国会」が立法過程に及ぼす影響を明らかにすることを目的とした研究（Cox, Masuyama, and McCubbins 2000; Kawato and Masuyama 2015; Thies and Yanai 2013, 2014; 大西，2010；川人，2008，2014；竹中，2011）と並び，重要な意義を有すると考えられるのが，二院制／参議院の存在意義について改めて考えることをテーマとする諸研究である。

　第二次世界大戦後，参議院が存置され二院制が維持された理由は，参議院で国政上の諸問題について審議するにあたり，長期的・総合的な視点に

立つ，民意を多元的に反映する，各議員が持つ多様な意見を取り入れることで参議院に独自性を発揮させ，それによって衆議院に対する抑制・均衡・補完の役割を果たさせ，国会の審議を慎重にすることにあったとされる。この期待された役割を参議院は果たせているのかという論点をめぐって，近年二つの見解の間で議論が戦わされている。

一方で，国会における法案審議自体を重視する論者[12]は，参議院が期待された役割を果たせておらず，俗に言われるように参議院は衆議院の「カーボンコピー」と堕していると批判する（大山，1999，2003；高見，2001；成田，2001；福元，2007；前田，2000）。

内閣総理大臣の指名（第67条第2項），予算の議決（第60条第2項），条約の承認（第61条）に関しては，衆議院の優越が日本国憲法上認められている。これに対し，衆参両院での議決が求められる法律案の成立に関しては，衆議院における出席議員の三分の二以上の特別多数による再可決の規定（第59条第2項）は存在するものの一般にそのハードルは高く，事実上の拒否権と言えるほどの強い権限を参議院は有している。このため歴代の政権は，内閣提出法案成立の確実性を期すべく，法案の国会提出前に衆参両院で多数派を形成することに腐心してきた。その方策の一つとなったのが，1955年体制下で制度化された，与党（自民党）における事前審査制およびそれに基づく衆参両院の与党議員に対する党議拘束であった。各院の与党会派が個別に所属議員を拘束するのではなく，党本部が衆議院に加えて参議院の与党会派所属議員をも同時に拘束するこのやり方は，確かに与党にとっては，国会審議における不安定要因を除去するという点で合理的であった。しかし参議院にとっては，期待される役割を果たす上での阻害要因でしかなく，「カーボンコピー」との批判を巻き起こす一因となった[13]。

12　たとえば前田（2000）は，「法律の成立に重要なのは，参議院の審議過程における自主的な慎重審議であり，その内容によって参議院に対する評価は変わる」（37頁）と主張する。

13　前田（2000）は，参議院の自主的な活動を阻害する要因として，党議拘束の他，審議手続の主な事項を国会法という法律が定めていること（議院の自律権の制約），議長が衆議院の多数派と同じ政党出身になること（議長の中立性問題），参議院議員の入閣，参議院議員の党首公選への参加（「参議院議員が党首

衆参「ねじれ」の状況を生んだ1989年と98年の参院選や，約38年にわたって続いた1955年体制に終止符を打った1993年の衆院選は，参議院を「カーボンコピー」化させたそれまでの政策過程が転換する契機となり得た。しかしながら現実は，そうは運ばなかった。「内閣が提出した法案を基礎に国会で審議を尽くすのではなく，参議院の多数派工作を優先し，事前に野党側の提案を取り込んで法案を修正するという奇妙な便法」（大山，1999：104頁（傍点筆者））を用いる。あるいは，「総選挙によって衆議院議員の過半数を制した政党（単一もしくは複数）が内閣を組織し国政を担うべきものとする『憲政の常道』に歪み」（高見，2001：152頁（傍点筆者））を生じさせることになっても，第一院たる衆議院の絶対多数を基盤とする「『議院』内閣」／「政権多数派」ではなく，衆参両院の絶対多数を基盤とする「『国会』内閣」（高見，2001）／「立法多数派」（成田，2001）を形成する。そうすることで，「与党による政府法案の事前審査により国会外において法案の政治調整を済ませ，国会では野党との駆け引き型の国対政治的手法によりできるだけその無修正かつ迅速な成立を図る」（成田，2001：23頁）という従来の仕組みを維持することを（自民党）政権は企図したのである[14]。このため，国会を舞台とした法案審議を重視する論者は，参議院は相変わらず衆議院の「カーボンコピー」に甘んじており，期待される役割を果たしていないと，我が国の二院制／参議院の現状に批判的な見解を述べている。

選挙に衆議院議員と同等に参加することは，参議院議員の首相指名選挙における一票の価値を衆議院議員よりも低くした憲法の衆議院優越の精神に反するのみならず，参議院議員を政府からできるだけ遠ざけようとする趣旨にも反する」（39頁）），党財政を衆議院議員が握っていることを挙げている。

14 大山(1999)は，「与党による事前審査が党内の対抗勢力間の意見調整の場として機能してきたため，連立各党間の意見調整も比較的容易にその枠組みのなかに吸収されてしまった」，「同様に，参議院での過半数獲得のために他党の意向を『丸のみ』するという便法も，裏返してみれば野党を含めた多数派工作が事前の審査過程に飲み込まれたことを意味する」（114頁）との指摘を，待鳥(2008)は，「内閣との関係については，政権の命運や運営を参議院が左右するのは不適切である。どの政党が与党になる場合でも，その基盤は衆議院での多数派形成にのみ求められ，参議院での勢力関係は影響を与えるべきではない」（31頁）という指摘を，それぞれ行っている。

また，1947年4月から90年6月までに衆参両院に在籍した全議員の属性と，1947年の第1回特別国会から2000年の第147回通常国会までに内閣が国会に提出した全法案の両議院における審議状況をデータ化して分析にかけた福元(2007)も，二院制という制度自体に否定的な結論を導き出している。衆議院議員に比べ参議院議員は「シニア」である，そのため，参議院で行われる内閣提出法案の審議は衆議院で行われる審議に比べ慎重なものとなる——彼は，こうした参議院議員に期待される議員像や，参議院で期待される法案審議の様態に照らして，現実の議員や法案審議がその期待に適っていると言えるのかについて，データに基づいて実証的に検討した。しかし得られた分析結果は，衆議院議員と参議院議員の間で属性に関して大きな違いはない[15]，同一の法案に関して行われる衆議院における審議活動と参議院における審議活動に違いはほとんどない[16]，概して参議院に比べ衆議院において，後議院に比べ先議院において，参議院先議法案に比べ衆議院先議法案に関して，より活発な審議活動が行われている，というものであった。そして，「審議において重要なのは，衆議

---

15 データからは，衆議院議員に比べ参議院議員の方が医師・大学教授のような知的専門職経験者の割合が高い，在職年数が長い，初当選年齢や平均年齢が高いというように，期待されているとおりの傾向も確かに見て取れた。
　ただその一方で，衆議院議員に比べ参議院議員の方が，また参議院の地方区選出議員に比べ全国区／比例区選出議員の方が，大卒の割合や法曹三者(知的専門職)経験者の割合が低い，参議院の地方区選出議員に比べ全国区／比例区選出議員の方が若くして初当選を果たしているといった，予測とは逆の傾向も確認された。こうした分析結果から，衆議院と参議院の間で議員構成に違いはないと結論づけている。

16 「討議アリーナとしての国会において政党や政府の意思表示機能を果たす」(福元，2007：112頁)ことになる，法案の趣旨説明，当該法案に対する委員会での首相による答弁，委員会議決直前の各党による討論，委員会議決直後の法案に対する附帯決議，審査回数といった審議活動に関して，両議院で同じことが繰り返される傾向があることが判明した。
　なお，同一法案に関する審議活動が両院間で一致しないケースが生じる原因としては，付託する委員会が両院で一致しないこと，付託する委員会の委員長の出身会派が一致しないこと，各議院の独自会派が大きいことが考えられるとしている。

院か参議院かでなく，先に審議する議院であるか，後に審議する議院であるか，という違いなのである。参議院をめぐる議論というのは，正しくは二院制をめぐる議論だと捉えなければならない」（福元，2006：238頁）という点を指摘した上で，「二院制という制度は，その企図する政治過程をもたらしていないという意味で，無意味な存在でしかない」（福元，2007：139頁）と結論づけている。

　他方で，竹中（2004，2008，2010）は，参議院における法案審議だけでなく，それ以前の法案の準備・作成や衆議院における審議の段階，さらには政権形成の過程まで視野に入れて参議院が及ぼす影響力について考えると，日本の政治過程で参議院が果たしてきた役割は大きいと言えると主張する。先に紹介した「カーボンコピー」論の論者は，次の(1)から(3)を，いずれも参議院における審議の形骸化を招き，参議院の役割を貶めるものとして批判している。すなわち，(1)1955年体制下で制度化された，法案の国会提出前に与党内での利害調整を済ませて衆参両院の与党会派所属議員に党議拘束をかける事前審査制，(2)「ねじれ」（「日本型分割政府」[17]）状況下でとられる，法案作成の段階や衆議院における審議の段階で野党と法案の内容について協議し，その意向を法案に反映させることで，野党の支持を得て参議院での法案成立を図るという便法[18]，(3)「ねじれ」状態を克服すべく行われる，参議院における多数派形成を目的とした連立政権樹立の試み[19]である。

　これに対し彼は次のように反論する。(1)に関しては，参議院の自民党会派所属議員にまで党議拘束が及ぶために，内閣の重要法案に対して参議院が実質修正を行ったり，否決や審議未了の形で法案の成立を拒んだりする

17　竹中（2004）は，「ねじれ国会」を「日本型分割政府」（101頁）と呼び，「衆議院で政権を獲得している，あるいは単独で獲得しうる立場にある政党が参議院で過半数の議席を獲得できていない」状態と定義している。

18　たとえば，1989年参院選の結果生じた日本型分割政府の下での国連平和維持活動協力法案の成立過程や，1998年参院選の結果生じた日本型分割政府の下での金融再生関連法案の成立過程が，これに該当する。

19　1955年体制成立以前の，吉田茂首相による緑風会や民主クラブといった参議院会派の与党化の試み，1998年参院選以降の自自公／自公保／自公連立政権や，2009年衆院選後の民社国連立政権の成立がその例である。

ことは確かに少なかった[20]かもしれない。しかしだからと言って，自民党が衆参両院の過半数議席を押さえていた1956年12月から1989年参院選までの時期の参議院が政策過程に対して全く無力であったわけでは決してない。自民党総裁（すなわち首相）選出の過程で党所属の参議院議員が重要な役割を果たした[21]ことから，この時期の参議院は政権形成への影響を通じて政策過程にも影響を及ぼしたと論じる。

　一方(2)と(3)に関しては，こうした方法がとられた場合でも，参議院は政策形成に大きな影響を及ぼしていると言えると主張する[22]。憲法上，法律案の成立のために衆参両院での議決が必要とされる中で，衆議院の多数党が過半数議席を持たない参議院が存在するが故に，日本型分割政府の状態になければ顧慮されることのない野党や連立パートナーの政党の考えが結果的に法案に反映されるようになるからである。「カーボンコピー」論の論者が参議院の「カーボンコピー」化を招く元凶と見る同じ事象を，彼は参議院が影響力を発揮していることの証左として，むしろ積極的に評価す

20　もっとも，与党の参議院議員の一部が反対する法案については，参議院が否決することはなかったものの，審議未了や継続審議に持ち込むことで，成立を阻止するということもあった。

　なお，参議院の創設から自民党が参議院の過半数議席を確保した1956年12月までの日本型分割政府の時期には，参議院による実質修正／否決／審議未了によって，政府は重要法案の成立に非常に苦慮したという。

21　より具体的に言えば，派閥内で参議院議員が大きな比重を占める田中派が，「数」の力を背景にいわゆる「田中支配」を確立したことから，自民党総裁選出の過程で党所属の参議院議員が重要な役割を果たしたとしている。

22　1998年参院選後に生じた日本型分割政府の下での金融再生関連法案の成立過程を事例分析した竹中(2005)は，小渕恵三内閣は巷間言われているように金融再生関連法案に関して野党案を「丸のみ」したわけではなく，自民党の理想点と野党の民主党および平和・改革の理想点の間で妥結させることに成功したと主張する。その理由として，1998年のいわゆる金融国会当時，民主党と平和・改革は参議院の過半数議席を持っていなかったため，自分たちの理想点を実現するべく法案の修正を行うには交渉力が足らず，「拒否権プレーヤー」になり得たに過ぎないこと，しかも，法案審議が長引くほど野党の交渉ポジションは悪化するため，野党にとっては小渕政権の打倒を目指すよりも，衆議院段階で自民党と交渉・妥協し，合意する方が得策であったことを挙げている。

るのである。

　会期制・会期不継続の原則がとられている日本の国会で，後議院となることが多い参議院における審議時間は限られている。また，議院内閣制下で行政権と立法権の融合が生じるのは内閣と衆議院との間だけで，内閣と参議院との間には生じない。こうした制度的制約がある以上，内閣提出法案の確実な成立を期す首相が，参議院における法案審議に入る前に予め参議院の多数派からの支持を確保しようとするのは極めて合理的である。このため，参議院における法案審議自体に焦点を当てるだけでは，日本の政治過程で参議院が果たしている役割を正しく理解することはできない。参議院における法案審議に至る前の，法案作成の段階，衆議院における審議の段階，さらには政権形成の過程まで視野に入れて考えると，参議院は政治過程で大きな役割を果たしてきたと言えるというのである。

　また増山(2008)も，我が国で二院制が採用されていることを擁護する立場をとる。その論拠として次の3点を挙げている。第1に，参議院が独自性を発揮できていないことをもって参議院の存在意義を否定する見方はそもそも誤りだということである。議会の意思は一つしかないこと，その一つの議会の意思を正確かつ慎重に決めるために，第一院の判断と第二院の判断の一致を求めるというのが二つの院で立法権を共有する二院制の理念であることからすれば，第二院が第一院と異なる行動・決定をすることが第二院の存在理由にはなり得ないからである。このことを正しく「理解すれば，巷で繰り返される参議院カーボンコピー論が無意味であることも明らかである」(271頁)とまで言い切っている。第2に，欧米先進諸国に目を向けると，1200万人以上の人口を抱え，GDPが3000億ドルを超える国は例外なく二院制を採用していることから，日本ほどの人口規模・経済規模の国が二院制を採用するのは何ら不思議なことではないということである。そして第3に，二院制の制度的帰結に関する理論的・実証的先行研究の知見は，一院制の下では議会の意思決定が不安定になる場合でも，二院制の下では両院の意思の一致によって議会の意思決定が安定するとしているということである。このように，日本で二院制が採用されていることを肯定的に捉えた上で，議院内閣制下の第二院の存在意義を明確化するには，第二院の権限を弱めるのではなく，第二院と内閣の間の信任関係を制度化して立法権と行政権の融合を図り，「無責任な」立法権限の行使を

抑制することが必要になると指摘している[23]。

「ねじれ国会」の下での立法過程の様態を理論的・客観的に把握しようとしたり，我が国の二院制(参議院)の存在意義を否定的／肯定的に論じたりするこれらの論考は，先の図1-2に照らして言えば，衆院選や参院選を通じてなされるインプットを政策アウトプットへと変換する過程やアウトプットそのものの特徴を明らかにすることを目指したものであり，非常に重要な学術的意義を有することは言を俟たない。ただ，二院制下の日本の政治過程全体を理解するには，これらの研究のみで十分とは言えない。

政権選択選挙である衆院選ではその性格に即した投票行動がとられ，非政権選択選挙・中間選挙である参院選でもその性格に即した投票行動がとられるというように，同じ国政選挙でも衆院選と参院選とで有権者によるインプットの性質が異なるとすれば，少なくとも主権者たる有権者は，参議院に固有の存在意義を認めているということになるのではなかろうか。衆参「ねじれ」の影響は，立法過程のみならず，政策アウトプットのフィードバックを受けてとられる次の国政選挙における投票行動にも及ぶと考えられることから，「ねじれ国会」の全体像を把握するには，非「ねじれ」状況下の有権者の意識と行動に比して「ねじれ」状況下の有権者の意識と行動にはいかなる特徴が見られるかを検証する必要があるのではなかろうか。このように，参議院の存在がクローズアップされる近年の日本の政治過程を論じるにあたっては，衆院選・参院選，非「ねじれ」状況下の選挙・「ねじれ」状況下の選挙それぞれにおける投票行動の特質を，相互比較の視点を交えながら解明する分析が不可欠であると思われる。本研究では，こうした分析を行うことを通じて，現代日本政治，とりわけ我が国の二院制／参議院に関する研究の「穴」を埋めることを目指す。

---

23 同様に高見(2008)も，「両院間に優劣がつけがたく，両院がともに民選議員で構成され，しかも完全に対等な権限を保持するなら，内閣は，理論的には，両院に対して等しく責任を負い，さらに両院ともに解散権を行使しうるものとされなければならない」(159頁)と述べている。

3．構成

本研究の構成は次のとおりである。

第2章「先行研究」では，本研究と同様の問題関心に基づく欧米における先行研究を概観する。まず，米国の連邦下院中間選挙でなぜ大統領の政党が敗北を喫するかに関する，コートテイル効果仮説，レファレンダム仮説，政策バランス仮説という三つの理論仮説を紹介する。米国の連邦下院中間選挙における大統領の政党の敗北は，日本の参院選における政権与党の得票率の伸び悩みと類似した事象である。このため，日本の政治制度の文脈を加味してこれら三つの仮説を再定式化し，衆参両院選挙における投票行動の分析を通じて検証に付すことが，一般になぜ衆院選に比べ参院選では与党の得票率が伸び悩む傾向にあるのかという本研究のリサーチ・クェスチョンの解明につながると期待される。

続いて，欧州の選挙研究における二次的選挙モデルについて説明する。国レヴェルの政権選択に直結しない欧州議会議員選挙や地方選挙などの二次的選挙では，政権選択選挙である一次的選挙に比べ，投票率が低い，各国の政権党・大政党の得票が伸び悩む半面，反対党・小政党が躍進するという傾向があることが知られている。我が国の参院選も，政権選択選挙ではないことから，概念上は二次的選挙に該当する。しかも，投票率が低い，政権党の得票率が伸び悩むという欧州の二次的選挙で見られるのと同様の傾向が参院選でも生じている。このため，二次的選挙で政権党が苦戦を強いられやすい理由を検討した欧州における先行研究の知見を援用することでも，本研究の問いに接近できると考えられる。

最後に，米国で分割政府が生じた場合，それが次の選挙における有権者の行動にいかなる影響を及ぼすかに関する先行研究を紹介する。大統領の政党と連邦下院の多数党が異なる米国の分割政府の状況は，衆議院の多数を占める政権与党が参議院では過半数議席を確保できていない日本の「ねじれ国会」の状況に酷似する。このため，米国における分割政府に関する先行研究の知見を援用して，「ねじれ国会」が生じた場合それは次の衆院選や参院選にいかなる影響を及ぼすのかという二つ目のリサーチ・クェスチョンについて検討することは有益と考えられる。このように第2章で

は，本研究の二つのリサーチ・クェスチョンに近い問題関心に基づく欧米における先行研究を概観し，第3章以下で行う実証分析の理論的背景を固める。

第3章から第6章では，一つ目のリサーチ・クェスチョン，すなわち「一般になぜ衆院選に比べ参院選では与党の得票率が伸び悩む傾向にあるのか」について検討する。まず第3章「衆参両院選挙におけるパーソナル・ヴォート」[24]では，選挙区の候補者個人に対する評価を重視して投票する，いわゆるパーソナル・ヴォートの観点から，一つ目のリサーチ・クェスチョンへの接近を試みる。大統領制をとる米国特有の政治的文脈の下で提起されたコートテイル効果仮説から抽出される普遍的な要点は次のようなものである。すなわち，ある選挙における投票行動には政権党に有利な形で作用するが，別の選挙における投票行動には影響を及ぼさないような何らかの要因が存在するならば，それが，後者の選挙での政権党の得票減を生む一因だと考えられる，ということである。我が国の政治的文脈に当てはめて考えてみると，自民党政権下の衆院選で顕著に見られた，候補者個人投票（パーソナル・ヴォート）が，この要因に該当すると想定される。そこで第3章では，1972年衆院選以降国政選挙のたびに行われている明るい選挙推進協会（明推協）調査，1996年衆院選時に行われたJEDS96調査，2003年衆院選・04年参院選時にパネル形式で行われた東京大学蒲島＝谷口研究室・朝日新聞共同世論調査を用いて，衆院選で候補者を重視して投票したと主観的に認識している回答者の行動が，衆院選では自民党に有利に働いているが，参院選では有利に働いてはいないのかについて分析し，コートテイル効果仮説から着想を得た仮説の妥当性を検証する。

第4章「衆参両院選挙における業績評価投票」[25]では，内閣業績評価の投票行動に対する影響の及ぼし方が衆院選と参院選とで異なるのか否かに

24　第3章は，今井(2008c)で示したアイディアを基礎に，実証分析を充実させて，ほぼ全面的に書き直したものである。
25　第4章は，今井(2010)，および今井・日野(2011)を大幅に加筆・修正し，再構成したものである。このような形での加筆・修正・再構成をお認め下さった，共著者の日野愛郎先生に記して謝意を表する。

ついて検討する。中間選挙として行われることの多い参院選がそれまでの政権の実績に対する中間評価を下す機会となっており，しかも，非政権選択選挙である参院選における業績評価投票のあり方が，政権選択選挙である衆院選における業績評価投票のあり方と異なるのであれば，そのことが参院選における与党の得票率の伸び悩みの一因となっている可能性がある。理論的には，現政権の枠組みの継続を願う有権者に関して，衆参両院選挙における業績評価投票のあり方に差異が生じることが想定される。その中でもとくに，政権選択選挙か否かという衆参両院選挙の性格の違いを認識している有権者に関して，差異がより顕著に生じることが想定される。

そこで第 4 章では，1996 年(JEDS96)・2003 年(JES III)・05 年(同)・09 年(Waseda - CASI&PAPI2009)の 4 回の衆院選，2001 年(JES III)・04 年(同)・07 年(Waseda - CASI&PAPI2007)・10 年(Waseda - CASI2010)の 4 回の参院選時に行われた調査のデータを用いて，現政権の枠組みの継続を願う有権者がいかなる形で業績評価投票を行っているのか，衆院選と参院選とで業績評価投票のあり方が異なるのかを明らかにする分析を行う。さらに，衆院選は政権選択選挙であるため相対的に重視するが，参院選は政権選択選挙ではないのであまり重視しないというように，両選挙の重要度には差があると認識している有権者において，それぞれの選挙に特有の業績評価投票がより顕著に見られるのかについて，2009 年の衆院選，2007 年と 10 年の参院選を事例にとって検討する。

第 5 章「参院選における政策バランス投票」[26]では，政策態度に基づく投票行動の観点から，一つ目のリサーチ・クェスチョンの解明を試みる。分権的な政治制度をとる米国の，連邦下院中間選挙における投票行動を説明する理論仮説の一つとして，政策バランス仮説がある。これは，中道的な有権者には，自らの選好により近い穏健な政策の実現が期待される分割政府状態を作り出すべく，とくに中間選挙として行われる連邦下院議員選挙において，大統領の政党ではない方の政党の候補者に投票する傾向があるとする仮説である。同様に二院制という形で分権的な政治制度をとる日本の，中間選挙として行われることの多い参院選における投票行動にも，

26　第 5 章は，今井(2013)を大幅に加筆・修正したものである。

政策バランス仮説が妥当する可能性がある。もしそうであれば，参院選における政策バランス投票の存在が，政権与党の得票率が衆院選に比べ参院選で伸び悩む一因であると考えることができる。そこで第5章では，JES III・Waseda‐CASI&PAPI2007・同2009・Waseda‐CASI2010の各調査データを用いて，衆院選では政権を担当することになる政党に投票しながら参院選では野党第一党に時間差で分割投票するという形で政策バランス投票を行う傾向が，中道的な立場をとる我が国の有権者に見られるのか否かについて検討する。

　第6章「参院選における多元的民意の反映」[27]では，二院制の下で第一院と第二院が担う役割が異なることが，参院選における与党の得票率の相対的な伸び悩みの遠因となっている可能性について検討する。単一国家で議院内閣制・二院制を採用する我が国の，第一院である衆議院が担う主たる役割は，内閣の存立基盤となることにある。このため，衆院選における投票行動には，望ましい政権の枠組みという，衆議院の役割に関連する選好が作用することになる。これに対し，第二院である参議院に期待されている役割は，人材的に，あるいは党派的に，衆議院と構成を違えることで，国会に反映される民意を多元的なものにすることにあるとされる。ここで，党派的に衆参両院の構成を違えて民意を多元的に反映させるとは，具体的には，衆議院では少数派である野党が参議院で占める議席を増やすことを意味する。このため，参院選における投票行動には，多元的民意の反映を志向する人ほど野党候補に投票するという形で，参議院の役割に関連する選好が作用する可能性が考えられる。

　仮に，多元的民意の反映を志向する意識が参院選でのみ野党候補への投票に結びついているとすれば，衆院選に比べ参院選で与党の得票率が伸び悩むという傾向が生じる一因をそうした行動に求めることができる。そこで第6章では，二院制の設置理念である「多元的民意の反映」を肯定的に評価する有権者の意識――「多元的民意の反映志向」――が衆参両院選挙における投票行動のあり方に及ぼす影響について，2013年参院選・14年衆院選の前後にそれぞれ行われたWEBパネル調査のデータを用いて検証する。

27　第6章は，今井(2014)を加筆・修正したものである。

第7章「『ねじれ』状況下における業績評価と投票行動」[28]では，二つ目のリサーチ・クェスチョン，すなわち「『ねじれ国会』が生じた場合，それは次の衆院選や参院選にいかなる影響を及ぼすのか」について検討する。「ねじれ国会」が生じると，政策の帰結に関する責任の所在が曖昧になる。このため，「ねじれ」という政治状況を問題視しない人と問題視する人とで，責任帰属のあり方，ひいては業績評価・業績評価投票のあり方が変わってくる可能性が考えられる。具体的には，「ねじれ国会」を肯定的に捉える人は，非「ねじれ」状況下にあるのと同じように，政策に関する責任を現政権に一義的に帰属させて業績評価・業績評価投票を行う。これに対し否定的に捉える人は，政策に関する責任を現政権のみならず「ねじれ国会」にも求めるため，政治状況を勘案して政権の業績を甘めに評価するとともに，業績評価を投票行動に反映させないということが，理論的に想定されるのである。

　そこで第7章では，衆参「ねじれ」の状態で迎えた2012年衆院選・13年参院選，非「ねじれ」の状態で迎えた2014年衆院選時にそれぞれ行われたWEBパネル調査のデータを用いて，「『ねじれ』状況に対する見解（問題視しないかするか）」を鍵変数に，「ねじれ」を問題視する人の業績評価や業績評価投票のあり方に関する分析を行い，理論的想定の妥当性を検証する。

　最後に第8章「結論：『中間選挙』としての参院選の意義」では，第3章から第7章までの議論の要点をまとめ，本研究の学術的貢献について述べた上で，非政権選択選挙である参院選が中間選挙として行われる意義，さらには我が国で二院制を採用する意義について，有権者の視点から論じる。

補遺　衆参両院選挙における政権与党の得票率

　補表1-1の上段は，1960年衆院選[29]以降の38回の衆参両院選挙を対象

28　第7章は，今井・荒井(2013)をベースに，2013年参院選・14年衆院選の分析を加えて大幅に加筆・修正したものである。このような形での加筆・修正をお認め下さった，共著者の荒井紀一郎先生に記して謝意を表する。

29　時事通信社が毎月定例で実施している訪問面接式の世論調査（「時事世論調

補表1-1 衆参両院選挙における
政権与党の相対得票率（差）の規定要因

	政権与党の相対得票率	
	Coef.	Std. Err.
内閣支持率	0.061 **	0.020
与党支持率	0.770 ***	0.093
有効議会政党数	−0.016 †	0.009
中選挙区制下の衆院選	0.035 **	0.010
並立制下の衆院選	0.035 *	0.014
（定数項）	0.244 ***	0.039
Number of obs	38	
F (5, 32)	41.62	
Adj R-squared	0.846	

† $p < .10$ * $p < .05$ ** $p < .01$ *** $p < .001$
Durbin-Watson's D (6, 38) = 1.770

	政権与党の相対得票率差 衆院選マイナス参院選	
	Coef.	Std. Err.
内閣支持率差	0.044	0.029
与党支持率差	0.744 **	0.245
有効議会政党数差	−0.018	0.019
並立制下の衆院選	0.009	0.029
（定数項）	0.040 *	0.015
Number of obs	18	
F (4, 13)	10.35	
Adj R-squared	0.688	

* $p < .05$ ** $p < .01$
Durbin-Watson's D (5, 18) = 1.070

に行った，与党として選挙を迎えた政党の当該選挙における相対得票率を従属変数，「時事世論調査」による選挙直前の内閣支持率[30]と与党支持率，中選挙区制下の衆院選を表すダミー変数，小選挙区比例代表並立制下の衆院選を表すダミー変数[31]を独立変数にとった，通常の最小二乗法（OLS）による回帰分析の結果である。この表からは，直前の内閣支持率が低い（不支持率が高い）選挙，与党支持率が低い選挙，有効議会政党数[32]が多い選挙ほど，与党の相対得票率が低いという，理論的に予測されるとおりの傾向が見て取れる。しかし，より重要なのは，それら要因を統制してもなお，二つのダミー変数の影響が正で有意となっている点である。すなわち，選挙直前の内閣支持率や与党支持率，

査」）に内閣支持／不支持および政党支持に関する質問が含まれるのが1960年6月以降であるため，図1-1にある1958年衆院選・59年参院選は分析から除外した。

30 厳密には，内閣を「支持する」とした比率から「支持しない」とした比率を引いた値である。

31 つまり，参院選を参照カテゴリとして，衆院選を表す2種類のダミー変数を投入したということである。

32 厳密には，当該選挙における各党の獲得議席数から算出した有効政党数である。

当該選挙での有効政党数を一定とした時，参院選における与党の相対得票率は，中選挙区制下の衆院選，並立制下の衆院選に比べ約3.5％低いのである。

　この分析のような，衆参両院選挙における与党の相対得票率のばらつきを説明するモデルではなく，図1-1に見られる，衆院選から次の参院選にかけての与党の相対得票率の低下のばらつきを説明するモデルにおいても，同様の傾向が確認される。具体的には，1993年衆院選・95年参院選を除く，1960年衆院選以降の36回の衆参両院選挙について，衆院選とその次の参院選とをペアにして，18のケースを対象に次のような分析を行った。衆院選における与党の相対得票率（政権交代が起こった2009年・12年は選挙後に与党になる政党の相対得票率）とその次の参院選における与党の相対得票率との差を従属変数，衆院選直前の内閣支持率から不支持率を引いた値（2009年・12年はマイナス1を掛けた値）とその次の参院選直前の内閣支持率から不支持率を引いた値の差，衆院選直前の与党支持率（2009年・12年は選挙後に与党になる政党の支持率）とその次の参院選直前の与党支持率の差，衆院選における有効議会政党数と参院選における有効議会政党数の差，中選挙区制下の衆院選か並立制下の衆院選かを表すダミー変数を独立変数にとった，OLSによる回帰分析である。

　補表1-1の下段に示したその結果に関して注目すべきは定数項である。衆院選と参院選の間での内閣支持率・与党支持率・有効議会政党数の差の値を一定とした時，政権与党は，衆院選に比べ次の参院選において，中選挙区制下でも並立制下でも4％ほど相対得票率を低下させているということをこの分析結果は意味している。つまり，上段の分析とほぼ同様の結果が得られたことになるのである。

　このように補表1-1の分析結果から，他の要因の影響を統制してもなお，参院選における政権与党の相対得票率は衆院選に比べ有意に低いと言える。

第2章
先行研究

1．導入

　本章では，本研究の二つのリサーチ・クェスチョン，すなわち一般になぜ衆院選に比べ参院選では与党の得票率が伸び悩む傾向にあるのか，「ねじれ国会」が生じた場合それは次の国政選挙にいかなる影響を及ぼすのか，という問いと類似した問題関心の下で行われた，欧米の先行研究を紹介する。

　我が国の参院選と同様，政権選択選挙のサイクルの中盤に行われる選挙で，時の政権党が苦戦を強いられるという事例は，米国でも頻繁に見られる。44・45頁の表2-1は，第二次世界大戦後の共和・民主両党の上下両院における議席数，および大統領の出身政党を議会期ごとにまとめたものである。奇数回が大統領選挙と同時に行われる連邦議会議員選挙で選出された議員で構成される議会期，偶数回が中間選挙として行われる連邦議会議員選挙で選出された議員で構成される議会期を表す。この表からは，大統領の政党が中間選挙で苦戦する様子がはっきりと読み取れる。奇数回の議会期で分割政府（大統領の政党と連邦下院の多数党が異なる状態）となったのは半分以下の8議会期にとどまるのに対し，中間選挙後の偶数回の議会期で分割政府状態に陥ったのは7割強の12議会期に上る。また，奇数回の議会期から偶数回の議会期にかけて，大統領の政党が連邦下院で占める議席数にどの程度の増減が生じているのかを見ていくと，実に15の偶数回の議会期で大統領の政党は前の期に比べ議席を減らしており，表に示

した期間の平均はマイナス23.65議席にもなる。このように，中間選挙で大統領の政党が敗北を喫することがほぼ常態化していることから，米国の政治行動研究では，なぜこうした規則性が生じるのかを解明することを目的とした分析が数多く行われてきた。

そこで第2節から第4節では，米国の中間選挙で大統領の政党が苦戦を強いられる原因を説明する理論仮説であるコートテイル効果仮説，レファレンダム仮説，政策バランス仮説の概要を説明するとともに，選挙単位・選挙区単位の集計データやANES（American National Election Studies）などの調査データを用いてそれぞれの仮説の妥当性を検証した実証研究を紹介する。

続く第5節では，欧州で発展した理論仮説である二次的選挙モデルについて概説する。欧州における選挙研究では，国政レヴェルの政権選択選挙となる，大統領制の国における大統領選挙，議院内閣制の国における第一院の議員選挙を「一次的選挙」，補欠選挙や各レヴェルの地方選挙，第二院の議員選挙，そして欧州議会議員選挙などを「二次的選挙」と分類することがある。そして，二次的選挙が一次的選挙のサイクルの中盤に一種の中間選挙のような形で行われる場合，各国の政権党が苦戦する傾向にあることを確認している。このため，米国で中間選挙における大統領の政党の敗北が生じる要因を明らかにする研究が進められてきたのと同様に，欧州の選挙研究でも，二次的選挙で各国の政権党が苦戦する要因の解明が試みられている。

そこで第5節では，一次的選挙に比べ二次的選挙は結果がもたらす利害が相対的に小さく，有権者にとっての重要度が相対的に低いが故に，二次的選挙で政権党は苦戦を強いられるとする，二次的選挙モデルが想定する因果メカニズムを説明した上で，その考え方の妥当性を検証した実証研究の概要をまとめる。

先に指摘したように，米国ではとくに中間選挙後を中心に，分割政府が頻繁に生じる。このため，第2節から第4節で紹介するような，分割政府を生み出す原因となる有権者の政治行動を明らかにすることを目的とした研究だけでなく，分割政府状態となった結果として見られる有権者の政治行動の特徴を解明することを目指した研究も行われている。統一政府と分割政府の最大の違いは，政策の帰結に関する責任の所在がどの程度明確か

表2-1 米連邦下院・上院の党派別議席数および大統領の出身政党

		下院				上院			
		定数	民主党	共和党	その他	定数	民主党	共和党	その他
第81議会	(1949-1951)	435	263	171	1	96	54	42	0
第82議会	(1951-1953)	435	235	199	1	96	49	47	0
第83議会	(1953-1955)	435	213	221	1	96	47	48	1
第84議会	(1955-1957)	435	232	203	0	96	48	47	1
第85議会	(1957-1959)	435	232	203	0	96	49	47	0
第86議会	(1959-1961)	436	282	153	1	100	65	35	0
第87議会	(1961-1963)	437	264	173	0	100	64	36	0
第88議会	(1963-1965)	435	260	175	0	100	66	34	0
第89議会	(1965-1967)	435	295	140	0	100	68	32	0
第90議会	(1967-1969)	435	248	187	0	100	64	36	0
第91議会	(1969-1971)	435	243	192	0	100	57	43	0
第92議会	(1971-1973)	435	255	180	0	100	54	44	2
第93議会	(1973-1975)	435	243	192	0	100	56	42	2
第94議会	(1975-1977)	435	291	144	0	100	61	37	2
第95議会	(1977-1979)	435	292	143	0	100	61	38	1
第96議会	(1979-1981)	435	279	156	0	100	58	41	1
第97議会	(1981-1983)	435	243	192	0	100	46	53	1
第98議会	(1983-1985)	435	269	166	0	100	45	55	0
第99議会	(1985-1987)	435	255	180	0	100	47	53	0
第100議会	(1987-1989)	435	258	177	0	100	55	45	0
第101議会	(1989-1991)	435	262	173	0	100	55	45	0
第102議会	(1991-1993)	435	267	167	1	100	56	44	0
第103議会	(1993-1995)	435	258	176	1	100	57	43	0
第104議会	(1995-1997)	435	206	228	1	100	48	52	0
第105議会	(1997-1999)	435	207	226	2	100	45	55	0
第106議会	(1999-2001)	435	211	223	1	100	45	55	0
第107議会	(2001.1-01.6)	435	213	220	2	100	50	50	0
	(2001.6-02.11)	435	213	220	2	100	50	49	1
	(2002.11-03.1)	435	213	220	2	100	48	50	2
第108議会	(2003-2005)	435	205	229	1	100	48	51	1
第109議会	(2005-2007)	435	201	233	1	100	44	55	1
第110議会	(2007-2009)	435	233	202	0	100	49	49	2
第111議会	(2009-2011)	435	257	178	0	100	57	41	2
第112議会	(2011-2013)	435	193	242	0	100	51	47	2
第113議会	(2013-2015)	435	201	234	0	100	53	45	2
第114議会	(2015-2017)	435	188	247	0	100	44	54	2

出典：http://history.house.gov/Institution/Party - Divisions/Party - Divisions/
http://www.senate.gov/history/partydiv.htm

大統領	政府の状態	議席の増減
民主党	統一	
民主党	統一	−28
共和党	統一	
共和党	分割	−18
共和党	分割	
共和党	分割	−50
民主党	統一	
民主党	統一	−4
民主党	統一	
民主党	統一	−47
共和党	分割	
共和党	分割	−12
共和党	分割	
共和党	分割	−48
民主党	統一	
民主党	統一	−13
共和党	分割	
共和党	分割	−26
共和党	分割	
共和党	分割	−3
共和党	分割	
共和党	分割	−6
民主党	統一	
民主党	分割	−52
民主党	分割	
民主党	分割	+4
共和党	統一	
共和党		
共和党		
共和党	統一	+9
共和党	統一	
共和党	分割	−31
民主党	統一	
民主党	分割	−64
民主党	分割	
民主党	分割	−13

という点にある。第6節では，この責任所在の明確性（clarity of responsibility）に関する差異が，統一政府下・分割政府下の米国の有権者の意識と行動にいかなる違いを生むのかについて検討した諸研究を紹介する。

2．コートテイル効果仮説

なぜ米国の中間選挙では，大統領の政党が敗北を喫するという事態が頻発するのであろうか。この規則性を説明する理論仮説としてまず挙げられるのが，中間選挙として行われる連邦下院議員選挙を選挙サイクルの中に位置づけ，2年前の大統領選挙およびそれと同時に行われた連邦下院議員選挙との関連という観点から説明することを試みる，「コートテイル効果仮説」である。この仮説は，有権者の行動に影響を及ぼす「短期的要因（short‐term political stimulation）」の顕出性が，大統領選挙から中間選挙にかけて大きく低下するという点に着目する。短期的要因の顕出性が高い大統領選挙と低い中間選挙とで，特定の有権者群の投票参加の度合（A. Campbell 1960）や投票選択のあり方（J. Campbell 1997a）が異なることが，規則性が生じる原因だと考えるのである。

一般に，米大統領選挙では，国政レヴェルの重要争点をめぐって激しい論争が展開されたり，高い人気を誇る候補者が出馬したりするなど，有権者の行動に影響を与える短期的要因の顕出性が相対的に高くなる。こうした，短期的要因の顕出性が高い選挙における投票行動は，次のようなものになると考えられる。まず，普段から政治に関心を持ち，特定の政党に対する帰属意識が強いよう

な有権者(中核的投票者：core voters)のうち，短期的要因が有利に働く候補者の政党に帰属意識を持つ者に関しては，当然，その政党帰属意識に従って投票する。これに対し，短期的要因が逆に不利に働く候補者の政党に帰属意識を持つ者に関しては，その短期的要因の影響を受けて，政党帰属意識に反する投票行動をとったり，棄権を選択したりする者も少なからず出ることが想定される。棄権は，短期的要因と政党帰属意識との間で生じる「交差圧力(cross-pressure)」に伴う一種の認知的不協和の状態を解消する手段になるからである(J. Campbell 1997a)。一方，普段は政治にあまり関心を示さないような有権者(周縁的投票者：peripheral voters)の中からも，短期的要因の刺激を受けて選挙への関心を高め，投票所へと足を運ぶ者が出てくる。周縁的投票者の多くは，政党帰属意識が弱い，またはないということもあり，短期的要因の影響を受けやすく，それが追い風となる候補者に投票する傾向がある。

　大統領選挙において，一方の候補者にとって有利に働くような短期的要因が浮上すると，その影響は，同時に行われる連邦下院議員選挙にも波及する。短期的要因の刺激を受け，それが追い風となる候補者に投票することを大統領選挙で選択した人の多くが，連邦下院議員選挙でも，大統領選挙で投票するのと同じ政党の候補者への投票を選択するという，いわゆる「コートテイル効果」[1]が生じると考えられるからである。

　このように，短期的要因の顕出性が高い大統領選挙と同時に行われる連邦下院議員選挙では，参加が「増進(surge)」する政党帰属意識を持たない人や，大統領選挙で劣勢にある候補者の政党に帰属意識を持つ人の投票選択に，コートテイル効果の形で，大統領選挙における短期的要因が作用する。その結果，投票率が上昇するとともに，大統領選挙に勝利する政党の得票率・獲得議席数が伸びる。

　これに対し，中間選挙として行われる連邦下院議員選挙では，大統領選挙との同時選挙ではないため短期的要因の顕出性は相対的に高くなく，ま

1　コートテイル効果とは，「政党帰属意識や一般的な経済状況に対する評価，あるいは他の要因の影響からは独立して，争点に対する立場も含めた大統領候補の特性に対する評価が，連邦下院議員選挙における投票行動に直接的な影響を及ぼすこと」を指す(Calvert and Ferejohn 1983: 407)。

たコートテイル効果は論理的に生じ得ない。このため，2年前に「増進」した周縁的投票者の参加に「減退(decline)」が生じる。また，大統領の政党に対してであろうと反対党に対してであろうと帰属意識を持つ投票者の多くが，交差圧力を感じることなく投票所へと足を運び，選挙権を行使して自らの政党帰属意識を表明する。こうして連邦下院中間選挙では，2年前に生じた，大統領(選挙で勝利することになる候補者)の政党に対する帰属意識を持たない有権者の行動に影響する，短期的要因によるコートテイル効果が消失する。その結果，投票率，および現職大統領の政党の得票率・獲得議席数が2年前に比べ伸び悩む。そして，政党間の得票分布は，「長期的要因」である政党帰属意識の分布，言い換えれば"normal vote" (Converse 1966)の分布へと回帰する。

つまりこの仮説は，大統領(選挙で勝利する候補者)の政党に対する帰属意識を持たない人が，コートテイル効果によって，その政党の候補者に連邦下院議員選挙で投票するという行動に着目する。そうした行動は，短期的要因の顕出性が高い，大統領選挙と同時に行われる連邦下院議員選挙でのみ見られ，中間選挙として行われる同選挙では見られない。このことが，後者における大統領の政党の敗北の原因である，と考えるのである。

中間選挙における大統領の政党の敗北という規則性が生じる原因として，大統領選挙と同時に行われる連邦下院議員選挙と中間選挙として行われる同選挙とで短期的要因の顕出性の高さが異なることによって有権者の行動に差異が生じる可能性がある点に着目する，このコートテイル効果仮説は，次の二つの切り口から実証に付されている。

コートテイル効果仮説が想定するメカニズムが妥当であるためには，大統領選挙における投票行動が同時に行われる連邦下院議員選挙における投票行動に直接的に影響を及ぼすという関係が成り立っていることが不可欠である。このため，一つ目の切り口として，コートテイル効果そのものについての検証が行われている。

Calvert and Ferejohn（1983）は，1956年から80年までの大統領選挙と同時に行われた連邦下院議員選挙における投票行動について，ANES調査のデータを用いて分析した。そして，大統領選挙に勝利する候補者に対する評価が相対的に高いことで，連邦下院議員選挙において棄権する確率や，大統領選挙で敗北を喫する政党の候補者に投票する確率が低下する一

方で，大統領選挙で勝利を収める政党の候補者に投票する確率が上昇するという，コートテイル効果の存在を確認した。ただ分析結果は，1956年から80年にかけてコートテイル効果が次第に弱化していることも示唆していた[2]。

1952年から80年までの8回の選挙について，選挙区単位の集計データの分析を行ったのがBorn (1984)である。彼は，分析対象期間を通じて一貫して，民主党大統領候補の得票率が高い選挙区ほど，大統領選挙の年の連邦下院議員選挙における民主党候補の得票率も有意に高いこと，ただし1952年から64年までの4回の選挙と1968年から80年までの4回の選挙とに分けて比較すると，前者に比べ後者の方が関連性が弱いことを明らかにした。言い換えれば，コートテイル効果自体は変わらず存在してはいるものの，効果は弱まったと考えられるのである[3]。

J. Campbell (1997a)は，1900年から92年までの24回の選挙を対象とする，選挙単位の集計データの分析を行っている。そして，大統領選挙で民主党候補が高い得票率を記録した年ほど，民主党は2年前の中間選挙に比べ，連邦下院議員選挙で得票率・議席数を大きく伸ばす傾向があるとの結果を得た。また，コートテイル効果の強さの時系列的変化を見るために，同じ分析を1900年から28年まで，1936年から60年まで，1964年から96年までという三つの時期に分けて行った。その結果，中間選挙から大統領選挙の年にかけての連邦下院議員選挙における民主党の得票率の

---

2 彼らは，1896年から1980年までの大統領選挙の年を対象とした，選挙単位の集計データの分析でも，同様の結果を得ている（Ferejohn and Calvert 1984）。ニューディール期と第二次世界大戦前後を除いて考えると，1896年から1928年までの大統領選挙と同時に行われた連邦下院議員選挙では強いコートテイル効果が見られたのに対し，1952年から80年までの選挙では効果が非常に弱化していることを明らかにした。

3 分析結果を額面通りに受け止めればこのような結論になるはずである。しかしBorn (1984)は，政党間で比較した場合民主党大統領候補のコートテイル効果は時間とともに弱化しているが共和党大統領候補のコートテイル効果は弱化していないこと，大統領選挙に勝利する候補者のコートテイル効果は弱化しているが敗北する候補者のコートテイル効果は弱化していないことなどをもって，コートテイル効果の影響力が以前と比べて弱くなっているということはないと主張している。

第 2 章　先行研究　49

変化，議席数の変化に対する民主党大統領候補の得票率の影響は，どの時期においても統計的に有意ではあるものの，その影響の強さ，つまりコートテイル効果の強さは，時代とともに弱まっていることが判明した。調査データに基づく Calvert and Ferejohn（1983），選挙区単位の集計データに基づく Born（1984）で見られたのと同様の傾向が，選挙単位の集計データに基づく分析結果でも確認されたのである[4]。

　これに対し，上記の三つの研究より少し後の時期（1976年～2000年）の大統領選挙と同時に行われた連邦下院議員選挙を対象に，選挙区単位の集計データの分析を行った Mattei and Glasgow（2005）は，コートテイル効果の弱化は見られないと反論する。彼らが行った，大統領選挙の年の連邦下院議員選挙における共和党候補の相対得票率を従属変数にとった分析の結果は，現職が立候補している選挙区でも空白区でも，大統領選挙における共和党候補の相対得票率が従属変数に及ぼす影響の大きさ，つまりコートテイル効果の強さは，分析対象期間を通じてほぼ不変であるというものであった。この結果からは，1980年代以降，コートテイル効果の弱化の傾向がある程度収まったことがうかがえる。

　大統領選挙における投票選択が同時に行われる連邦下院議員選挙における投票選択に直接的に影響を及ぼすコートテイル効果の力は，政党脱編成（party dealignment）が進行したこと，連邦下院議員選挙における現職優位が強まったこと[5]，共和党支持の方向への政党再編成（party realignment）が

4　彼は，1976年・84年という2回の選挙の選挙区単位の集計データを用いたコートテイル効果の検証も行っている。分析の結果，選挙運動支出額や候補者が現職か否かなどの影響を統制してもなお，大統領選挙に勝利する候補者の得票率が高い選挙区ほど，その候補者の政党の連邦下院議員候補の，(1)大統領選挙と同時に行われる連邦下院議員選挙における得票率も高い，(2)2年前の中間選挙から大統領選挙の年にかけての得票率の上昇度が大きいという，コートテイル効果の存在を示す傾向が確認された。

5　Mattei and Glasgow（2005）が行った選挙区単位の集計データの分析の結果によると，現職が立候補している選挙区でも，大統領選挙における共和党候補の相対得票率が高いほど，同時に行われる連邦下院議員選挙における共和党候補の相対得票率も高いという，コートテイル効果が見られる。しかし，現職が立候補していない空白区では，現職が立候補している選挙区に比べ，大統領選挙における共和党候補の得票率が連邦下院議員選挙における共和党候補の得票

大統領選挙で先行し，連邦下院議員選挙でそれが生じるまで時間がかかったことなどが相まって（J. Campbell 1991, 1997b），かつてに比べれば低下した。しかし近年では，その傾向に下げ止まりの兆しが見える。コートテイル効果は，現代においても確かに存在するのである[6]。

　もう一つの切り口は，一つ目で確認されたコートテイル効果の存在を前提に，中間選挙でコートテイル効果の影響が消失しているのか否かを検証するというものである。

　大統領選挙の年に生じたコートテイル効果が中間選挙における大統領の政党の敗北と関連しているのであれば，大統領選挙で強さを発揮して勝利した候補者の政党ほど，大統領選挙の年から中間選挙にかけて，連邦下院議員選挙における得票と獲得議席を大きく減らすはずである。選挙単位・選挙区単位の集計データを用いて，この予測の妥当性の検証に精力的に取り組んだのが，J. Campbell（1985, 1991, 1997a, 1997b）であ

率に及ぼす影響が有意に大きいという。また，Mondak and McCurley（1994）は，1976年から88年までの4回の大統領選挙時に行われたANES調査のデータをプールして分析し，現職が立候補している選挙区の投票者に比べ，空白区の投票者の間では，二大政党の大統領候補に対する感情温度の差が連邦下院議員選挙における投票行動に及ぼす影響が有意に大きいことを明らかにした。これらの分析結果は，現職優位の効果が働かないことでコートテイル効果は空白区においてより強く生じること，裏を返せば，現職優位の選挙政治がコートテイル効果を弱めることを意味している。

　なお，Mondak and McCurley（1994）は，大統領候補に対する感情温度の差が連邦下院議員選挙における投票行動に及ぼす影響が，現職が立候補している選挙区の投票者に比べ空白区の投票者の間で有意に大きい，教育水準の高い投票者に比べ低い投票者の間で有意に大きいという分析結果は，コートテイル効果の影響を受けた投票行動が認知的効率性を志向する行動であることを示唆すると指摘している。

6　本文中で紹介したもの以外の，コートテイル効果に関する研究として，Mondak（1990）がある。彼は，1984年大統領選時にインディアナ州サウスベンド市で実施した調査の分析を通じて，共和・民主両党の大統領候補の争点への対応能力に関する評価に差がない人に比べ差がある（つまり，一方の候補者の能力を相対的に高く評価する）人において，大統領選挙における投票行動が連邦下院議員選挙における投票行動に及ぼす影響，すなわちコートテイル効果が有意に大きいことを明らかにしている。

る。用いたデータ・手法はそれぞれ少しずつ異なるものの、いずれの研究も結論自体は同じであるので、ここではJ. Campbell（1997a）の分析結果を紹介しよう。

　1946年から94年までの中間選挙を対象とした選挙単位の集計データに関しては、大統領の政党の、連邦下院中間選挙における得票率／獲得議席数とその2年前（の大統領選挙と同時）に行われた連邦下院議員選挙における得票率／獲得議席数の差を従属変数にとった分析にかけた。そして、2年前の大統領選挙での得票率が高いほど、また中間選挙時点での大統領支持率が低いほど、大統領の政党の連邦下院議員選挙における得票率や獲得議席数が大統領選挙の年から中間選挙にかけて大きく低下することを明らかにした。

　一方、選挙区単位の集計データに関しては、次のような予測の下で分析を行っている。2年前の大統領選挙で勝利した政党の連邦下院議員候補が、4年前の中間選挙から2年前の（大統領選挙と同時に行われた）選挙にかけて伸ばした得票率の大きさが、2年前の選挙で生じたコートテイル効果の強さを表すと考えられる。このため、4年前の選挙から2年前の選挙にかけてコートテイル効果を受けて得票率を大きく伸ばした選挙区ほど、逆に、2年前の選挙から中間選挙にかけてコートテイル効果の影響が消失するあおりを受けて、得票率を大きく低下させることが予測される。そこで、1978年・86年という2回の中間選挙を対象とする分析を行った結果、この予測を支持する傾向が認められた。

　つまり、大統領選挙と同時に行われた連邦下院議員選挙でコートテイル効果が強く作用し、大統領選挙に勝利する政党が大きく得票や獲得議席を増やすと、コートテイル効果が生じない2年後の中間選挙では、その反動として大統領の政党が得票・獲得議席を大きく減らすという、コートテイル効果仮説から想定される関係が実際に成り立っていることが、選挙単位・選挙区単位の集計データを多変量解析にかけた結果確認されたのである。

　さて、コートテイル効果仮説が妥当性を有するのであれば、次のような予測も成り立つはずである。仮に短期的要因の影響を受けなかったとすれば、大統領選挙と同時に行われる連邦下院議員選挙において、大統領選挙で敗北する政党の候補者に投票したと想定される。しかし、短期的要因の

影響を受けたため，同選挙において，大統領選挙で勝利する政党の候補者に投票した。こうした投票者は，短期的要因に基づくコートテイル効果が消失する2年後の連邦下院中間選挙では，反対党の候補者に投票する確率が高いということが，仮説からは予測される。

Born（1990）は，ANESの1972年－74年－76年パネル調査を用いて，この予測の検証を行った。短期的要因（大統領選挙に勝利する候補者に対する高評価）の影響を受けることで1972年の大統領選挙・連邦下院議員選挙の両方で大統領選挙に勝利する政党の候補者に投票したが，短期的要因の影響がなければ大統領選挙に敗北する政党の候補者に連邦下院議員選挙で投票したと想定される回答者の，1974年中間選挙における行動を分析したのである。そして，こうした回答者(すなわち，一種の周縁的投票者)は，短期的要因の影響を受けても受けなくても行動は変わらないと想定される回答者(すなわち，一種の中核的投票者)に比べ，2回の連邦下院議員選挙の両方で大統領（選挙に勝利する候補者）の政党に投票するという行動ではなく，大統領選挙の年には大統領選挙に勝利する候補者の政党に，中間選挙では反対党に投票するという行動を選択する確率が有意に高いことを明らかにした。

Burden and Kimball（2002）は，これと同様の結論を，連邦下院議員選挙の選挙区単位の集計データを分析することで導き出した。彼らは，生態学的推論（ecological inference）の手法を用いて，大統領選挙の年の連邦下院議員選挙で共和党／民主党候補に投票した人のうちどの程度の割合が，中間選挙で投票政党を変更しているのかについて，1984年－86年，1988年－90年，1992年－94年という三つの大統領選挙－中間選挙のサイクルで推定した。

その結果，分析した3回の中間選挙のいずれについても，2年前の連邦下院議員選挙において，同時に行われた大統領選挙で敗北する政党の候補者に投票した人に比べ勝利する政党の候補者に投票した人の間で，投票政党の変更がより大きな割合で生じていることが判明した。また，1990年・94年の2回の中間選挙に関して，2年前の大統領選挙で勝利した候補者の得票が多かった選挙区ほど，大統領選挙と同時に行われた連邦下院議員選挙から中間選挙として行われる同選挙にかけて，大統領の政党から反対党へと投票先を変える投票者の割合が有意に高いことを明らかにした。

これらの分析結果は，短期的要因に基づくコートテイル効果が消失するが故に，連邦下院中間選挙において，大統領の政党から反対党へと投票先を変えるという行動をとる投票者が実際に存在することを示唆する。
　以上の議論を要約しよう。中間選挙における大統領の政党の敗北という規則性が生じる一因は，その2年前の大統領選挙に求められる。大統領選挙では，投票行動を左右し得る短期的要因の顕出性が高まる。このため，政党帰属意識からは独立して，短期的要因の影響を受けて，大統領選挙における投票行動を決める投票者が多く出てくる。それらの投票者の中には，大統領選挙における投票行動を直接的な判断材料として，同時に行われる連邦下院議員選挙でも同じ政党の候補者に投票するという選択を行う者も多くいる。こうして，いわゆるコートテイル効果が生じることにより，大統領選挙と同時に行われる連邦下院議員選挙では，短期的要因の追い風を受けて勝利を収める大統領候補の政党が，得票率・獲得議席数を伸ばす。
　これに対し，2年後の中間選挙では，大統領選挙との同時選挙ではないということもあり，短期的要因の顕出性が低まる。このため，政党帰属意識を持つ投票者は，基本的にそれに従って行動する。また，政党帰属意識を持たない投票者の選択も，大統領の政党に一方的に偏るということにはならない。このように中間選挙では，短期的要因の顕出性が低いことで，2年前の連邦下院議員選挙時にコートテイル効果によって大統領選挙に勝利する候補者の政党への投票に流れた人の中から，反対党への投票に回帰する者が多く出てくる。その結果，中間選挙において大統領の政党は，2年前に比べ相対的に，得票と獲得議席を減らすことになるのである。

3．レファレンダム仮説

　コートテイル効果仮説には一つの限界がある。中間選挙として行われる連邦下院議員選挙を相対的に見た場合に，2年前に大統領選挙と同時に行われた同選挙に比べ一貫して大統領の政党が得票と獲得議席を減らす理由を説明することはできる。しかし，中間選挙を単体として絶対的に見た場合に，大統領の政党の敗北の度合にばらつきが生じる理由を説明することはできない，ということである。

そこで，コートテイル効果仮説に代わり，後者の理由を説明する理論仮説として関心を集めるようになったのが，「レファレンダム仮説」である。有権者は政権の将来に対する期待に基づいて投票行動を決めるとするDowns (1957)のような立場ではなく，政権の過去の実績を判断材料に投票行動を決めるとするKey (1966)のような立場をとると，中間選挙は，現政権の2年間(ないし6年間)の実績に賞罰を与える機会と位置づけられる。一般に，政権発足後，いわゆる「ハネムーン期間」を経て，政権に対する有権者の評価は次第に厳しいものとなっていきがちである。このため，中間選挙までの現政権の実績を良いと評価すれば大統領の政党の候補者に投票し，悪いと評価すれば反対党の候補者に投票するという賞罰理論の考え方に立てば，中間選挙では，現政権の実績への否定的評価から，反対党への投票が増え，大統領の政党は苦戦を強いられることが想定される。しかも，実績に対する評価の善し悪しは政権ごとに異なることから，中間選挙で業績評価投票が行われていると考えれば，コートテイル効果仮説の限界とされた，大統領の政党の敗北の度合にばらつきが生じることに対する説明も可能となる。

このように，時間の経過とともに政権の仕事ぶりに対して有権者の厳しい視線が注がれるようになっていく中で迎える中間選挙を，政権のそれまでの実績に対するレファレンダムの機会と有権者が捉えていると想定し，業績に対する否定的評価から反対党の候補者への投票を選択する者が多く出てくることが，中間選挙における大統領の政党の敗北という規則性が生じる原因であると考えるのが，レファレンダム仮説である。

この仮説は，Kramer (1971)を嚆矢とする経済投票の議論において提示され，検証が進められた。Tufte (1975, 1978)は，1948年から76年までの大統領選挙と同時に行われた連邦下院議員選挙と，1946年から74年までの中間選挙として行われた同選挙を対象に，選挙単位の集計データの分析を行った。そうしたところ，大統領選挙の年の経済状況が良化しているほど，大統領の政党が大統領選挙と同時に行われる連邦下院議員選挙で得票率を上昇させる度合が大きかった。また，現職大統領の実績に対する評価が低いほど，中間選挙の年の経済状況が悪化しているほど，大統領の政党が連邦下院中間選挙で得票率を下落させる度合が大きくなることも明らかとなった(cf. Born 1986; Jacobson and Kernell 1983)。

そして彼は，いわゆる「政治的景気循環(political business cycle)」の理論仮説とこの分析結果とを考え合わせることで，中間選挙における大統領の政党の敗北という規則性を大方説明できると主張した。すなわち，政治的景気循環によって中間選挙の年には概して経済状況が悪くなる中で，有権者が中間選挙を政府の経済政策に対するレファレンダムの機会として活用することにより，大統領の政党は中間選挙で苦戦を強いられる。ただし，中間選挙の年の経済状況の悪さは年ごとに一定ではないため，大統領の政党の敗北の度合にも選挙ごとにばらつきが生じる，と論じたのである。

この主張に対し，調査データの分析を通じて反論したのがFiorina (1978)である。1956年以降の各選挙時に行われたANES調査には，回答者の家計状態に関する回顧的評価を尋ねる質問項目が含まれている。集計レヴェルでの分析結果に基づくTufte (1975, 1978)の主張が正しいのであれば，有権者個人レヴェルでも，家計状態が「良くなった」，「変わらない」と感じている人に比べ「悪くなった」と感じている人の方が，連邦下院中間選挙において大統領の政党の候補者に投票する確率が有意に低いという傾向が認められるはずである。そこで，1958年から74年までの5回の中間選挙を対象に，ANES調査を用いて，家計状態に関する回顧的評価と連邦下院議員選挙における投票行動の関係を分析した。しかしながら，分析したいずれの中間選挙についても，Tufte (1975, 1978)の主張を支持する結果は得られなかった。投票者の政党帰属意識如何にかかわらず，家計状態が良くなったと認識する人ほど現職大統領の政党の候補者に投票し，悪くなったと認識する人ほど反対党の候補者に投票するという関係は見られないのである。

同様に，経済政策に関するレファレンダム仮説を支持する分析結果が得られなかった研究として，Abramowitz (1985)がある。彼は，1974年・78年・82年という3回の中間選挙時に行われたANES調査を分析し，1年前と比べた現在の家計状態や景気状態に対する評価は，連邦下院議員選挙で現職大統領の政党の候補者に投票するか反対党の候補者に投票するかの選択に有意な影響を与えていないことを明らかにした[7]。

---

7 この他，1978年中間選挙時に行われたANES調査を分析したKuklinski and

一方,Erikson (1990a)は,選挙単位の集計データの分析を通じてレファレンダム仮説に否定的な見解を示した。具体的には,中間選挙における大統領の政党の得票率を従属変数にとり,直近(2年前)の連邦下院議員選挙における当該政党の得票率を独立変数に加えることでトレンドの影響を統制した上で,一人あたり実質可処分所得の変化と中間選挙前時点での大統領支持率が従属変数に及ぼす影響を推定するという回帰モデルを分析した。しかし,この分析で得られたのは,中間選挙の年の経済状況も大統領の実績全般に対する評価も,中間選挙における大統領の政党の得票率に対し有意な影響を及ぼしていないという,レファレンダム仮説とは相容れない結果であった(この論文への批判およびそれへの反論として,Jacobson 1990; Erikson 1990b 参照)[8]。

　これに対し J. Campbell (1997b)は,共和党支持の方向への政党再編成が1980年代前半以降長期的に続いているということを考慮に入れると,中間選挙の結果に対する経済状況の直接的な影響を確認できると主張する。大統領の政党の,中間選挙の前後での議席数の変化を従属変数,2年前の大統領選挙で勝利した候補者の相対得票率,一人あたり実質可処分所得の変化,中間選挙前時点での大統領支持率などを独立変数にとった分析を,1946年から94年までの13回の中間選挙をケースとして行った。そして,コートテイル効果の消失の影響を統制してもなお,経済状況が相対的に良い年に行われた中間選挙ほど,大統領の政党が連邦下院議員選挙で

　West (1981)も,1年前と比較して家計状態が悪化したと感じる人ほど連邦下院議員選挙で反対党の候補者に投票するという傾向は認められないと報告している。

8　Bafumi, Erikson, and Wlezien (2010)は,大統領の実績に対する有権者の評価が投票行動に及ぼす影響は,選挙の半年以上前に形成される投票意図に吸収されてしまうこと,中間選挙の年に大統領の支持率はあまり低下しておらず,支持率が低下したとしても,それが大統領の政党にマイナスに作用するとは言えないことを,1946年から2006年までの16回の中間選挙における民主党の相対得票率を従属変数にとった分析を通じて明らかにした。これらの分析結果は,中間選挙における大統領の政党の敗北を説明するモデルとして,レファレンダム仮説は妥当とは言えないことを示唆している。

減らす議席数が少なくなるという分析結果を得たのである[9]。

このように，1970年代後半から90年代前半にかけて，中間選挙が政府の経済政策に対するレファレンダムの機会となっているか否かをめぐり，論争が繰り広げられた。調査データの分析では，家計状態・景気状態に関する回顧的評価が連邦下院中間選挙における投票行動に影響を及ぼすメカニズムとして想定されるものを適切にモデル化できていないということなどもあり[10]，経済政策に関するレファレンダム仮説の当否を判断するに足る結果はこれまでのところ示されていない。一方，選挙単位の集計データの分析では，対象とする期間やモデルの特定化のあり方次第で，経済状況が中間選挙に影響を及ぼしていることを示す結果が得られた場合もあれば，得られなかった場合もある。つまり，論争を展開したErikson（1990a, 1990b）とJacobson（1990）の両者がともに認めているように，少なくとも経済政策に関しては，レファレンダム仮説の妥当性について結論が出ていないというのが実情である[11]。

---

[9] ただし，1946年から82年までの10回の中間選挙をケースとして同様の分析を行った際には，一人あたり実質可処分所得の変化が従属変数に及ぼす影響は統計的に有意ではないと報告している（J. Campbell 1985）。

[10] たとえばAbramowitz, Cover, and Norpoth（1986）は，経済状況に関する評価と中間選挙における投票行動を媒介する要因として，政党の統治能力に関する相対的評価（今日の最も重要な問題に対し，どちらの政党がよりよく対処できるか）を導入し，モデル化した。1974年・78年・82年という3回の中間選挙を対象とするANES調査の分析によると，1974年と82年に関しては，政党の統治能力に関する相対的評価が連邦下院議員選挙における投票選択に対し有意な影響を及ぼしていた。有意な影響が確認された1974年は第1次石油危機後の不況，1982年はいわゆるレーガノミクスへの評価と，経済争点の顕出性が高い中で中間選挙を迎えた。これに対し，有意な影響が確認されなかった1978年にはそうした顕出性の高い経済争点が見当たらない。このため彼らは，経済争点の顕出性が高い中間選挙において，有権者の経済状況に対する評価と投票行動とを媒介する要因として，政党の統治能力に関する相対的評価が機能しているのではないかと指摘する。

[11] 本文中では，中間選挙のみを対象とした分析を行っている研究に焦点を当てて論を進めたが，経済投票に関しては，中間選挙として行われる選挙に限らず大統領選挙と同時に行われる選挙も含めて，より広く連邦下院議員選挙に経済状況は影響するのかをめぐって論争が展開されている。

もっとも，だからと言ってレファレンダム仮説が完全に棄却されるわけでは決してない。言うまでもなく，政府が所管する政策は多岐にわたる。あくまで経済状況に関する回顧的評価は，業績評価を構成する一要素に過ぎない[12]。経済政策に関してレファレンダム仮説を支持する確たる分析結果が得られていないとしても，より広く，政策全般に関する現政権の実績に対する評価が中間選挙における有権者の投票行動，ひいては大統領の政党の戦績に影響を及ぼしているということは十分に想定できる。

　そして実際に，多くの先行研究で，この想定の妥当性が確認されている。調査データを分析した論考(Abramowitz 1985; Born 1986; Cover 1986; Piereson 1975; cf. Mann and Wolfinger 1980)では，大統領の実績への評価を反映していると考えられる大統領に対する感情温度や，大統領の実績に対する評価そのものが，連邦下院中間選挙で大統領の政党の候補者に投票するか反対党の候補者に投票するかの選択に有意な影響を及ぼしていることが確認されている。また，選挙単位の集計データを分析した論考(Jacobson 1990; Jacobson and Kernell 1983; J. Campbell 1985, 1997b; Tufte 1975, 1978; cf. Bafumi, Erikson, and Wlezien 2010; Erikson 1990a)では，Gallup調査による中間選挙前時点での大統領支持率が中間選挙にお

　本研究は，経済投票を主たるテーマとしたものではないため，深く立ち入った議論は差し控えるが，経済状況が連邦下院議員選挙における投票行動や選挙結果に影響を及ぼしていることを明らかにした主な研究としてOppenheimer, Stimson, and Waterman (1986), Waterman, Oppenheimer, and Stimson (1991), 影響を及ぼしてはいるものの大統領選挙における投票行動や選挙結果に及ぼす影響に比べれば相対的に小さいとする研究としてChappell and Suzuki (1993), 直接には影響を及ぼしていないと主張する研究としてAlesina and Rosenthal (1989, 1995), Marra and Ostrom (1989)を挙げておく。なお，経済投票をめぐる議論の詳細についてはレヴュー論文(Lewis - Beck and Stegmaier 2000, 2007; Linn, Nagler, and Morales 2010; Niemi, Weisberg, and Kimball 2011: Ch.9)を参照されたい。

12　米大統領に対する支持／不支持を規定する要因としては，経済状況の他，ウォーターゲート事件やイラン－コントラ事件のようなスキャンダル，ヴェトナム戦争や湾岸戦争への関与などが挙げられる(e.g. Beck 1991; Kernell 1978; MacKuen 1983: Norpoth 1984, 1996a; Ostrom and Simon 1985)。

ける大統領の政党の敗北度合を有意に左右することが報告されている[13]。つまり、レファレンダム仮説は妥当であり、大統領の実績全般に対する否定的評価が中間選挙での反対党への投票に結びつくことで、中間選挙における大統領の政党の敗北が生じているとも考えられるのである。

4．政策バランス仮説

1970年代から80年代にかけて検証が重ねられたコートテイル効果仮説、レファレンダム仮説に代わり、1990年代以降、政策バランス仮説をめぐる議論が盛り上がりを見せている。これは、厳密には、中間選挙における大統領の政党の敗北という規則性を説明する仮説ではない。中間選挙として行われる選挙に限らず、大統領選挙と同時に行われる選挙も含めて、連邦下院議員選挙で大統領（選挙に勝利する候補者）の政党が過半数議席の確保に失敗するのはなぜか、言い換えれば分割政府が生じるのはなぜかを説明する仮説として、Fiorina（1988, 1992, 2003）が提示したものである。

しかし、Alesina and Rosenthal（1995）が論じるように、「大統領選挙の結果に関する不確実性」を考慮に入れることで、中間選挙における大統領の政党の敗北を説明する仮説としてこれを捉えることが可能となる。そこで以下では、まずFiorina（1988, 1992, 2003）による仮説について概説

---

[13] 経済に関して、有権者が大統領への支持／不支持を判断する際にその材料としているのは経済の現状に関する認識なのか将来に対する期待なのかをめぐって、激しい論争が展開されているのは周知のとおりである（回顧的評価の優位を主張するものとしてNorpoth 1996a, 1996b、将来的期待の優位を主張するものとしてMacKuen, Erikson, and Stimson 1992, 1996; Erikson, MacKuen, and Stimson 2000、両方に同等の効果を認めるものとしてClarke and Stewart 1994）。

ここで、米国の有権者は経済の現状に関する認識の他、持ち合わせる全ての情報から、将来の景気動向に関する「合理的期待（rational expectation）」を形成し、その合理的期待に基づいて大統領への支持／不支持を判断しているとする、将来的期待の優位を主張する論者の視点に立てば、たとえ大統領支持率が大統領の政党の戦績と有意に関連していたとしても、それはレファレンダム仮説を支持する結果とは純粋には言えないということになろう。

し，それを受けて，大統領選挙の結果に関する不確実性をモデルに組み込むAlesina and Rosenthal（1995）の論を説明するという形で，政策バランス仮説の概要を紹介する[14]。

　第2次世界大戦後の米国では，分割政府が半ば常態化している。先に示した表2-1（44・45頁）を見ると，1950年から2014年までの17回の中間選挙のうち12回で，大統領の政党は連邦下院の過半数議席の確保に失敗している。加えて，コートテイル効果が生じる大統領選挙の年の連邦下院議員選挙でも，1948年から2012年までの17回のうち8回は，大統領選挙に勝利する候補者の政党の獲得議席が過半数に届いていない。このように，大統領（選挙に勝利する候補者）の政党が連邦下院議員選挙で度々敗北を喫する要因として，政策バランス仮説は，中道的な政策選好を持つ有権者が，望ましいと考える政策の実現のために，分割政府状態をあえて作り出すことを意図した投票行動をとっている可能性が考えられると指摘する。

　連邦政府の政治制度には，合衆国憲法によって，チェック＆バランスの機能が埋め込まれている。立法に際しては，原則として，連邦議会の賛成多数による可決と大統領の署名の両方が必要となる。こうした，大統領と連邦議会（とくに下院）の双方が国家レヴェルの政策決定に影響を及ぼすという米連邦政府の政治制度の下で実現する政策は，次のような形でモデル化できる。すなわち，大統領の政党の政策的立場と連邦議会（下院）の多数党の政策的立場に関して，大統領と連邦下院が政策決定過程で有する相対的な権限の強さ（'q'と'$1-q$', $0<q<1$）[15]によって重み付けて平均をとったもの，つまり「q（*大統領の政党の政策*）＋$(1-q)$（*連邦下院の多数党の政策*）」という式である。このモデルによれば，共和党による統一政府の下では共和党の政策が，民主党による統一政府の下では民主党の政策が実現する。これに対し，共和党の大統領と民主党が多数を握る連邦下院とが併存する分割政府の下では「q（*共和党の政策*）＋

14　邦語によるレヴューとして尾野（2009）がある。
15　ただし，米国の政治史を見ると，ニューディール期頃から大統領の影響力が連邦下院の影響力を上回っているため，$q>0.5$という前提を置くのが妥当とされている。

図2-1 政策バランス仮説のモデル

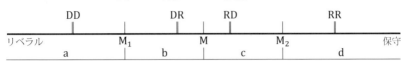

$q = 0.6$　DD＝*民主党の政策*　RR＝*共和党の政策*
DR＝q *(民主党の政策)* ＋ $(1-q)$ *(共和党の政策)*　RD＝q *(共和党の政策)* ＋ $(1-q)$ *(民主党の政策)*

「$(1-q)$*(民主党の政策)*」という政策が，民主党の大統領と共和党が多数を握る連邦下院とが併存する分割政府の下では「q*(民主党の政策)*＋$(1-q)$*(共和党の政策)*」という政策が，それぞれ実現することになる。

　ここで，こうした政治制度の構造，その下での政策決定のあり方や，政策アウトプットの特徴について，大まかにであれ有権者が理解しているとする。その場合，共和・民主両党が分極化する中で，いずれの政党が掲げる政策に対しても全面的には同意できない有権者が，自らの選好により近い，保守過ぎもせずリベラル過ぎもしない中道的な政策の実現を企図した投票行動をとり得ることが，理論的に考えられる（cf. Ingberman and Villani 1993）。

　ある政策（あるいはイデオロギー）次元上に，図2-1のような形で，それぞれの政府形態の下で実現する政策が位置しているという状況を例に説明しよう。「DD」は民主党の統一政府の下で実現する政策を，「DR」は大統領を民主党が占める形の分割政府の下で実現する政策を，「RD」は大統領を共和党が出す形の分割政府の下で実現する政策を，「RR」は共和党の統一政府の下で実現する政策を，それぞれ表す。また，「M_1」は「DD」と「DR」の中点，「M」は「DD」と「RR」の中点，「M_2」は「RD」と「RR」の中点である。

　こうした配置の下で，この次元上の様々な位置にある有権者は，それぞれ次のような投票行動をとることが想定される。まず，「M_1」よりリベラルな立場をとる有権者にとって，最も近くに位置するのは「DD」である。このため，「a」の領域にある有権者は，民主党の統一政府の下で民主党の政策（「DD」）が実現することを期待して，大統領選挙・連邦下院議員選挙の双方で民主党候補に一貫投票（straight - ticket voting）する。同様に，「M_2」よりも保守的な「d」に位置する有権者は，共和党の統一政府の下で共和

党の政策(「RR」)が実現するのが最善と考えて，共和党候補への一貫投票を選択する。これに対し，「M_1」と「M_2」の間に自己を位置づける中道的な有権者にとっては，統一政府の下で実現する「DD」や「RR」といった政策よりも，分割政府の下で実現する「DR」や「RD」といった政策の方が，自身の選好により近い。このため，「b」(「M_1」と「M」の間)に位置する有権者は，大統領選挙で民主党候補が勝利する一方で，連邦下院議員選挙では共和党が過半数議席を獲得し，分割政府状態が生じることを期待して，大統領選挙では民主党候補を支持し，連邦下院議員選挙では共和党候補に一票を投じるという形で，分割投票(split - ticket voting)する。他方，「c」(「M」と「M_2」の間)に位置する有権者は，大統領選挙で共和党が，連邦下院議員選挙で民主党が勝利した結果，分割政府となることを望んで，共和党の大統領候補と民主党の連邦下院議員候補にそれぞれ投票する。

このように，大統領(選挙に勝利する候補者)の政党とは別の政党に連邦下院の多数を占めさせることで政策的・イデオロギー的にバランスをとるということを念頭に置いて，大統領選挙と連邦下院議員選挙とで意識的に分割投票するような人が，多くを占める中道的な政策選好を持つ有権者の中に一定の割合で存在すると，理論的には考えられる。Fiorina（1988, 1992, 2003)は，そのことが分割政府の常態化を招く一因となっているのではないかと問題提起した。これが，政策バランス仮説である。

このFiorina（1988, 1992, 2003)による政策バランス仮説には，大統領選挙の結果に関する不確実性という要素が組み込まれていない。大統領選挙の結果(に関する予測)如何にかかわらず，自らの選好に最も近い政策を実現することが期待される政府形態を選択することを意味する投票行動をとると想定したモデルになっている。これに対しAlesina and Rosenthal（1995)は，分割政府状態を作り出すことを意図した投票行動をとることで政策アウトプットの穏健化を図る中道的な有権者が存在するとする政策バランス仮説の基本的な考え方は是認した上で，モデル化に際して，大統領選挙の結果に関する不確実性の存否を考慮に入れることの必要性を指摘する。不確実性の存否が，中道的な有権者がとる政策バランスを志向した投票行動のあり方を大きく左右することになるからである。この点について，「c」に位置する中道的な有権者の行動を例に説明しよう。

政策バランス仮説のモデルから予測される彼(女)の投票行動は，共和党の大統領候補と民主党の連邦下院議員候補に対する分割投票である。しかし，大統領選挙で接戦が繰り広げられている場合には，その結果次第では，彼(女)にとって最も望ましくない民主党の統一政府が成立してしまうという可能性も十分にある。そこで彼(女)は，民主党の統一政府という最悪の結果を回避したいという意識から，次善の策として，共和党候補への一貫投票を選択することになると考えられる[16]。つまり，大統領選挙の結果に不確実性が伴う状況では，穏健な政策を望む中道的有権者にとって，どちらの政党が連邦下院の多数派となることが自らの選好に近い政策の実現につながるのかが判然としない。このため，分割政府状態を生み出すことを意図した分割投票という政策バランス仮説が想定する行動を，中道的有権者は選択しにくくなるのである。

それでは，たとえば選挙後に民主党が大統領職を占めることが確実視されるという場合はどうであろうか。この場合，選挙後に実現する政策は「DD」もしくは「DR」のいずれかである。これは，彼(女)の選好に最も近い「RD」の実現性がないことを意味するため，政策バランス仮説のモデルから予測される，大統領選挙で共和党候補に投票し連邦下院議員選挙で民主党候補に投票する，という選択を彼(女)が行う蓋然性は低い。その一方で，彼(女)にとっては「DD」に比べ「DR」の方が相対的にまだ望ましいことから，この状況における彼(女)の行動は，共和党候補への一貫投票になると考えられる[17]。つまり，大統領選挙の結果に不確実性が伴わな

---

[16] 本文中の共和党を民主党に，民主党を共和党にそれぞれ置き換えると，「b」に位置する中道的な有権者の行動の説明になる。

[17] この状況における「b」に位置する有権者の行動は，大統領選挙の結果(に関する確度の高い予測)を考慮に入れて判断したとしても，政策バランス仮説のモデルから予測されるのと同じ，民主党の大統領候補と共和党の連邦下院議員候補に対する分割投票になると考えられる。

　一方，本文中の例とは逆に，選挙後に大統領職を共和党が占めることが確実視されるという場合，「c」に位置する有権者は，大統領選挙の結果(に関する確度の高い予測)を考慮に入れて判断したとしても，大統領選挙で共和党候補に，連邦下院議員選挙で民主党候補にそれぞれ投票することになると予測される。これに対し「b」に位置する有権者に関しては，本文中で説明したのと同

い状況では，政策アウトプットの穏健化を図るにはどちらの政党に連邦下院の過半数議席を握らせればよいかが明白である。このため中道的有権者は，大統領選挙の結果(に関する確度の高い予測)を踏まえて反対党(になることが確実視される政党)の候補者に一票を投じるという形で，分割政府状態を生み出すことを意図した投票行動を連邦下院議員選挙においてとることができるのである。

これらの例が示すとおり，大統領選挙の結果に関する不確実性の存否を考慮に入れることで，政策バランス仮説はより現実に即したものとなる。そこで，この点を考慮に入れて仮説を再定式化すると，次のようになる。大統領選挙の結果に関する不確実性がない状態で投票日を迎える連邦下院議員選挙では，大統領(選挙に勝利することが確実視される候補者)の政党とは別の政党に連邦下院の多数を占めさせることで政策的・イデオロギー的にバランスをとるということを念頭に置いて，反対党(になることが確実視される政党)の候補者に投票するような人が，多くを占める中道的な政策選好を持つ有権者の中に一定の割合で存在する――これがAlesina and Rosenthal（1995）による政策バランス仮説である。

ところで，米国の文脈で言えば，大統領選挙の結果に関する不確実性がある中で迎えるのは，大統領選挙と同時に行われる連邦下院議員選挙の大部分，不確実性がない中で迎えるのは，中間選挙として行われる同選挙，ということになる。そこで，選挙結果の不確実性の存否を考慮に入れた政策バランス仮説を米国の選挙サイクルに当てはめて考えると，中間選挙における大統領の政党の敗北という規則性をこの仮説で説明できる可能性があることがわかる。

一方の候補者が地滑り的圧勝を収める場合を除き，概して，大統領選挙は接戦となることが多い。大統領選挙の結果に関する不確実性が存在することにより，どちらの政党が連邦下院の過半数議席を占めることが分割政府の成立につながるかが判然としないため，中道的有権者は，分割政府状態を生み出すことを意図した投票行動をとろうにもとれない。このため，大統領選挙の年の連邦下院議員選挙では，中道的有権者による政策バラン

様のロジックにより，民主党候補への一貫投票を選択することになると考えられる。

スを志向した投票行動によって，大統領選挙に勝利する候補者の政党が常に不利な戦いを強いられる，ということにはならない。

これに対し，政権の任期の折り返し地点で迎える中間選挙では，言うまでもなく，選挙後に政権を担当する政党がわかっている。大統領選挙の結果に関する不確実性が存在しないため，分割政府状態を作り出すには反対党に連邦下院の多数を握らせればよいということが明らかである。このため，連邦下院中間選挙では，政策の穏健化を望む中道的有権者は，反対党の候補者への投票を選択することになる。その結果，大統領選挙と同時に行われる連邦下院議員選挙に比べ中間選挙として行われる同選挙では，大統領の政党が得票と獲得議席を減らすことになると考えられるのである[18]。

---

18 大統領選挙の結果に関する不確実性を考慮に入れていないか入れているかの他にもう一つ，Fiorina（1988, 1992, 2003）のモデルとAlesina and Rosenthal（1995）のモデルには大きな違いがある。それは，連邦議会（下院）の構成および実現する政策に関する変数化の方法である。本文中で詳述したとおり，前者は，連邦下院の多数派をどちらの政党が握るか，大統領をどちらの政党が出すかの組み合わせによって，実現する政策は「DD」，「DR」，「RD」，「RR」の四つのうちのいずれかになると想定する。つまり，連邦下院の多数派が替われば実現する政策も一変する，言い換えれば，議席率50％を境に実現する政策は不連続であるとの前提を置いている。

これに対し後者は，連邦下院議員選挙で大統領の政党がどの程度の得票率（＝議席率と前提）を記録するかに応じて，実現する政策は連続的に変化すると想定する。具体的には，共和党・民主党の政策位置をθ_R・θ_D，連邦下院議員選挙における共和党・民主党の得票率をV_R・$1-V_R$，政策決定過程における大統領・連邦下院の相対的影響力をα・$1-\alpha$として，選挙後に共和党，民主党が大統領職を占めることが確実視される場合に実現する政策をそれぞれ$\alpha\theta_R+(1-\alpha)[V_R\theta_R+(1-V_R)\theta_D]$，$\alpha\theta_D+(1-\alpha)[V_R\theta_R+(1-V_R)\theta_D]$とモデル化するところから議論を組み立てている。

ただ，本文中でこの後紹介するように，政策バランス仮説に関する実証研究の大部分がFiorina（1988, 1992, 2003）のモデルを立脚点としていること，日本の文脈で考えた場合，議席率というよりもむしろ（連立）与党が参議院で過半数議席を保持しているか否かが政策決定に重大な影響を及ぼすことから，本研究では，Fiorina（1988, 1992, 2003）のモデルをベースに，Alesina and Rosenthal（1995）が重要性を指摘する大統領選挙の結果に関する不確実性を考

当然この仮説も妥当性を検証する実証分析に付されることになったが，その多くは，Alesina and Rosenthal（1995）による仮説というよりもFiorina（1988, 1992, 2003)による政策バランス仮説を検証することを目的としている(数少ない例外としてBurden and Kimball 2002: Ch.5; Scheve and Tomz 1999)[19]。そこで以下では，Fiorina（1988, 1992, 2003)による政策バランス仮説の検証を行っている研究を中心に，先行研究の概要を紹介することにする。仮説を検証する分析の従属変数および独立変数に着目して整理すると，先行研究が検討している変数間の関係性は大きく四つにまとめることができる[20]。

慮に入れる形で，政策バランス仮説を定式化する。

19 Alesina and Rosenthal（1989, 1995）やErikson（1988）は，大統領の政党がほぼ確実に中間選挙で得票と獲得議席を減らすという規則性が生じていること自体をもって，政策バランス仮説を支持する論拠としている。しかし，中間選挙における大統領の政党の敗北を説明する理論仮説が政策バランス仮説の他にも存在する以上，この主張には無理があると言わざるを得ない。

20 この図式にはうまく当てはまらないが，ナイーヴな有権者に対して精緻な数理理論を適用してその行動を確率的選択モデルとして定式化し，政策的バランスを志向した投票行動について調査データを用いて検証した重要な先行研究として，Mebane（2000）およびMebane and Sekhon（2002）がある。

Fiorina（1988, 1992, 2003）の議論は，どの有権者の選択も他の有権者の選択のあり方によって左右されない，言い換えれば選挙結果に関する予測を考慮に入れていないという意味で，「非戦略的モデル」に基づくものである。これに対しこの議論は，選挙結果に関する有権者間で共有された知識や個人的に保持する情報から，大統領選挙・連邦下院議員選挙で自分以外の全ての有権者がとるであろう最善の投票行動の集計(つまり選挙結果)を可能な限り正確に予測し，その予測(合理的期待)に基づいて最適の(政策に関する期待損失を最小化する)行動をとるという「協調(coordination)モデル」を採用することで，Fiorina（1988, 1992, 2003）の理論仮説を発展させている。

そして，1976年から96年までの6回の大統領選挙時に行われたANES調査のデータをプールしたものの分析を通じて，政策的観点から大統領と連邦議会の間でバランスをとろうとするインセンティヴを潜在的に持ち得る人々，すなわち二大政党の政策的立場の間に位置する中道的な有権者の数はかなり多いこと，その中で，政策形成過程における大統領と連邦議会の相対的な力関係や選挙結果の予測を考慮に入れて，実際に中道的な政策の実現を志向した分割投票

政策バランス仮説では，中道的な政策選好を持つ有権者は，分割政府の下で大統領と連邦下院の多数派の間に抑制・均衡の機能が働くことで，穏健な政策が実現することを期待する，と想定する。このため仮説からは，中道的な有権者は保守的／リベラルな有権者に比べ，政府の形態として統一政府ではなく分割政府を望む傾向があることが予測される。そこで一つ目の視角（①）として，政策（イデオロギー）態度と政府形態に関する選好の関係性を分析するという観点からの仮説の検証が試みられている。

ANES調査（1992年）のデータを分析したBorn（2000）は，主観的に認識する二大政党の立場の間に自己を位置づけた回答者ほど，分割政府ではなく統一政府を望む確率が有意に高いという，仮説から予測されるのとは全く逆の傾向を見出した。これに対し，2000年大統領選挙の直前にイリノイ州で行われた電話調査のデータを分析したCarsey and Layman（2004）は，仮説に整合的な結果を導き出している。すなわち，他の変数の影響を統制してもなお，二大政党の立場に大きな違いがあると認識し，かつ両党の間に自身を位置づける中道的な回答者ほど，統一政府ではなく分割政府を望む傾向があった。また，自身の立場にかかわらず，二大政党の立場に大きな違いがあると認識している人に比べ，大きな違いはないと認識して

を行う人は，それほど多いとは言えないものの一定数存在することを明らかにした。

　また，中間選挙における大統領の政党の敗北という規則性が生じる一因として，有権者の政策次元上の理想点と，彼（女）らが主観的に認識する二大政党の政策次元上の立場との関係が，大統領選挙の年から中間選挙にかけて，大統領の政党にとって不利な方向に規則的に変化することが考えられると指摘する。大統領選挙からの2年間で，有権者は，二大政党の真の政策的立場や，選出された政治家の能力，実際の政策アウトプットについて学習する。これにより，多くの有権者にとって，自身の政策的立場と主観的に認識する大統領の政党の政策的立場との距離が，中間選挙にかけての2年間で広がる。そう感じた有権者の多くが中間選挙で反対党の候補者に投票することで，中間選挙で大統領の政党は敗北を喫しやすくなる。その結果，中間選挙後に実現する政策は，選挙前に比べ，中間選挙時点での反対党の立場に相対的に近いものとなる。つまり，中間選挙を通じて政策の中道化が図られるということを，1978年から98年までの6回の中間選挙時に行われたANES調査のデータをプールしたものの分析を通じて明らかにしたのである。

いる人の方が，統一政府を望む確率が高いという傾向が，弱いながらも見られたのである(cf. Smith et al. 1999)。

①の関係性において従属変数とされていた政府形態に関する選好を独立変数にとり，それが投票行動に及ぼす影響について検討するというのが，二つ目の分析視角(②)である。分割政府の実現を真に望むのであれば，心理的態度としての分割政府志向を，分割政府状態を生み出すことにつながる投票行動に反映させるはずである。このため，統一政府を望む人ほど大統領選挙と連邦下院議員選挙とで一貫投票する確率が高く，逆に分割政府を望む人ほど分割投票する確率が高いということが，仮説からは予測される。

Sigelman, Wahlbeck, and Buell (1997)は，1992年選挙時に行われたANES調査のデータを用いて，大統領選挙・連邦下院議員選挙における投票政党の組み合わせを従属変数，政府形態に関する選好を主たる独立変数にとった分析を行った。そして，統一政府を望む人に比べ分割政府を望む人の方が，また統一政府か分割政府かに関する選好のない人に比べ分割政府を望む人の方が，分割投票を選択する確率が有意に高いという傾向は認められないことを明らかにした。統一政府か分割政府かという問題が争点として常になく顕在化していた1992年選挙においてさえ，大統領と連邦下院の間でチェック＆バランスの機能が働くことを期待して分割政府を望む意識──「認知的マディソン主義(cognitive Madisonianism)」──が分割投票に結びついているとは言えないという分析結果が得られたのである。これを受けて彼らは，認知的マディソン主義のような考え方に基づいて米国の有権者が投票行動を決めていると想定するのは非現実的ではないかと主張する。

また彼らは，こうした分析結果が得られた一つの理由として，統一政府と分割政府のどちらが望ましいかという問題について多くの回答者が「実質的態度なし(non‑attitude)」であることが考えられると指摘する。分割政府を志向するか否かは難解な問題であり，有権者の多くは普段そのような問題について考えることはない。調査で突然「統一政府がよいか分割政府がよいか」と尋ねられた際，その場で答えを作り出すことはできたとしても，その回答は信条体系の核に位置するものではない。このため，他の意識や行動との間に理論的に想定されるような関係が見られないのではな

いかというのである。

これに対しLewis - Beck and Nadeau（2004）は，同じANES調査（1992年）のデータを分析したにもかかわらず，全く異なる結果を得た。彼らが行ったのは，大統領選挙と連邦下院議員選挙とで一貫投票したか分割投票したかを従属変数，政府形態に関する選好の他，Sigelman et al.（1997）と同様の変数群を独立変数にとった分析である[21]。そして，他の変数の影響を統制してもなお，統一政府が望ましいと考えている人は，そうは考えていない人に比べ，一貫投票を選択する確率が有意に高いことを明らかにした。また，1992年・2000年・2004年のANES調査のデータをプールして同様の分析を行ったMulligan（2011）も，分割政府志向を持つ人ほど大統領選挙と連邦下院議員選挙とで異なる政党の候補者に投票する傾向があることを確認している。

①における従属変数であり，②における独立変数である政府形態に関する選好（分割政府志向）を媒介させることなく，①における独立変数である政策（イデオロギー）態度と②における従属変数である投票行動とを直接結びつけてその関係性を検討するのが，三つ目の分析視角（③）である。

この視角からの研究として，中道的な政策選好を持つ人ほど分割投票する確率が高いという傾向が実際に見られるかどうかを検証するものが挙げられる。具体的には，大統領選挙と連邦下院議員選挙とで一貫投票したか分割投票したかを従属変数，イデオロギー次元上で主観的に認識する二大政党の立場の間に自己を位置づけているか否かを表すダミー変数を主たる独立変数にとった分析が行われている。

Alvarez and Schousen（1993）とBorn（1994a）[22]は1972年から88年までの5回の選挙，Born（2000）は1972年から96年までの7回の選挙時

---

[21] なお，二つの論文の間で，従属変数のとり方だけでなく，独立変数の定義についても違いが見られる。とくに，政府形態に関する選好については，Sigelman et al.（1997）が統一政府志向を表すダミー変数と選好なしを表すダミー変数の二つを投入しているのに対し，Lewis - Beck and Nadeau（2004）は分割政府志向／選好なしを表す一つのダミー変数を投入しているという点で異なる。

[22] 同論文に対する反論および再反論として，Fiorina（1994）とBorn（1994b）もあわせて参照。

に行われたANES調査のデータを分析にかけた。ただ，いずれの分析においても，仮説に整合的な結果は得られていない[23]。イデオロギー的に二大政党の間に位置する中道的な立場をとる人は，それ以外の人に比べて，分割投票する確率が有意に高いという傾向は認められなかったのである(cf. Garand and Lichtl 2000)。

　しかし，政策(イデオロギー)態度の変数化の方法如何で分析結果は大きく変わる。③の視角から政策バランス仮説を検証するにあたり，イデオロギー次元上で主観的に認識する二大政党の立場の間に自己を位置づけるか否かを表すダミー変数を主たる独立変数とするのは，あくまで数ある中の一つの方法に過ぎない。政策(イデオロギー)態度の操作化の方法としては，他にも，イデオロギー次元上における自身の立場と，帰属意識を持たない政党について主観的に認識する立場との距離(Lewis‑Beck and Nadeau 2004)，自身の政策的立場と大統領選挙で投票した政党の政策的立場との不一致度(Saunders, Abramowitz, and Williamson 2005)，イデオロギー次元上の自身の立場と，二大政党のうち自身により近いと主観的に認識している方の立場との距離と，自身の立場と主観的に認識する二大政党の立場の中間との距離の差(Mulligan 2011)といったものが考えられる。

　このような三つの方法で変数化した政策(イデオロギー)態度を独立変数としてそれぞれ投入して分析したところ，仮説から予測されるとおりの傾向を示す分析結果が得られた。帰属意識を持たない政党とのイデオロギー的立場の違いが小さいと感じている人。大統領選挙で投票した政党の政策的立場と自身の立場との不一致度が大きい人。二大政党のいずれか一方のイデオロギー的立場よりも二大政党の立場の中間の方が自身の立場により近いと感じている人。こうした人ほど，一貫投票ではなく分割投票を選択する確率が有意に高かったのである。

　先に，仮説に否定的な分析結果を得た研究として紹介したBorn

---

[23] 厳密には，Born (1994a)が分析した5回の選挙のうち1回(1988年)，Born (2000)が分析した7回の選挙のうち1回(1996年)については，自身のイデオロギー的立場が二大政党の間に位置するか否かを表す変数の従属変数に対する影響は統計的に有意であった。しかし，これらの選挙をあくまで例外と位置づけ，政策バランス仮説の妥当性を疑問視するのが，Born (1994a, 2000)の論旨である。

(1994a)も，別の分析では仮説に親和的な結果を導出している。政策決定過程における大統領の影響力は連邦下院の影響力に比べ相対的により強いということを前提とすると，政策バランス仮説が妥当であるならば，穏健な政策アウトプットを期待して行われる分割投票は，自身の政策的立場に相対的により近い政党の候補者に大統領選挙で投票し，もう一方の政党の候補者に連邦下院議員選挙で投票するという形をとると想定される。

そこでBorn (1994a)は，1972年から88年までの5回の選挙時に行われたANES調査のデータを用いて，分割投票したと回答した人のみを対象とした分析を行った。そして，5回の選挙のいずれにおいても，イデオロギー次元上で民主党の立場に比べ共和党の立場の方が自身の立場に相対的により近いと認識している人ほど共和党の大統領候補と民主党の連邦下院議員候補に一票を投じるという組み合わせの分割投票を選択し，共和党の立場に比べ民主党の立場の方が相対的により近いと認識している人ほど逆の組み合わせの分割投票を選択するという，仮説から想定されるとおりの傾向が見られることを確認した。

Lacy and Paolino (1998)も，③の関係性について検討し，仮説を支持する分析結果を得た研究である。彼らが分析に用いた，1996年9月にテキサス州の有権者を対象に行った電話調査の特徴は，大統領候補のイデオロギー的立場に関する主観的認識と，その候補者が当選した場合に成立する政権のイデオロギー的立場に関する主観的認識を，別個に問うている点にある。統一政府の下で実現する政策に比べ分割政府の下で実現する政策はより穏健なものになると有権者は考えているとする仮説の前提が妥当であるとしよう。そうであれば，選挙の結果共和党が連邦下院の多数を占めると予想する人ほど，民主党大統領候補のイデオロギー的立場に比べ民主党政権の立場をより中道／保守寄りに認識し，逆に民主党が連邦下院の多数派になると予想する人ほど，共和党大統領候補のイデオロギー的立場に比べ共和党政権の立場をより中道／リベラル寄りに認識するはずである。この点を検証する分析を行ったところ，民主党の大統領候補と民主党政権のイデオロギー的立場の関係について，仮説から予測されるとおりの傾向が見て取れた。分割政府の下で，共和党が多数を握る連邦下院が，民主党の大統領自身が望む政策の実現に制約をかけ得ることを，有権者が理解できていることをうかがわせる分析結果が得られたのである。

さらに彼らは，1996年大統領選挙における投票意図を従属変数にとり，両大統領候補のイデオロギー的立場と自身の立場との相対的距離，両政権のイデオロギー的立場と自身の立場との相対的距離を主たる独立変数として投入する分析を行った。両大統領候補との相対的なイデオロギー的近接性に関しては，大統領選挙における投票意図に有意な影響を与えていなかった。これに対し，共和党政権・民主党政権との相対的なイデオロギー的近接性に関しては，民主党政権に比べ共和党政権の方が自身のイデオロギー的立場により近いと認識している人ほど共和党の大統領候補への投票意図を表明し，逆に共和党政権に比べ民主党政権の方が自身の立場により近いと認識している人ほど民主党の大統領候補への投票意図を表明する傾向があるという形で，投票意図に有意な影響を与えていることが判明した。この分析結果は，政策バランス仮説が想定するように，大統領候補が公約として掲げる政策よりもむしろ大統領と連邦議会の相互作用を経て実現する政策に注目して，有権者は投票行動を決めていることを示唆する。少なくとも分析対象の1996年選挙においては，政策バランス仮説が想定する行動を有権者が実際にとっていたことがうかがわれるのである[24]。

24　この他，連邦下院議員選挙の候補者のイデオロギー的立場に着目する研究も行われている。1988年選挙時に行われたANES（Senate）調査を分析したFrymer, Kim, and Bimes（1997）は，大統領選挙で共和党候補に投票した中道的有権者は，選挙区の民主党候補のイデオロギー的立場を保守寄りと認識するほど，連邦下院議員選挙でその民主党候補に分割投票する確率が高くなるという傾向を見出した。

　1972年から2000年までの8回の選挙を対象に，生態学的推論の手法を用いて，連邦下院議員選挙の選挙区単位の集計データを分析したBurden and Kimball（2002）も，同様の結果を得た。1992年を除く7回の選挙において，民主党現職のイデオロギー的立場が保守寄りである選挙区ほど，共和党の大統領候補と民主党の連邦下院議員候補に分割投票する割合が高かった。また，分析した8回全ての選挙において，共和党現職がリベラル寄りの立場をとる選挙区ほど，民主党の大統領候補と共和党の連邦下院議員候補に分割投票する割合が高かったのである。

　これらの論考は，分析結果をもとに，政策（イデオロギー）態度と投票行動（分割投票）の関係について，政策バランス仮説とは別の形で解釈する方が適切であると主張する。すなわち，政策的観点から大統領選挙と連邦下院議員選挙

ここまで見てきたとおり、①から③の関係性を検討した先行研究から導かれる政策バランス仮説に関する結論は一致しているとは言えない。どの選挙を分析対象とするか、あるいは分析の従属変数・独立変数をどのように操作化するか次第で、仮説を支持する結果が得られることもあれば得られないこともあるというのが実情である。このように分析結果が不安定になる一因として、変数間の関係を条件付ける別の変数が存在するということが考えられる。すなわち、仮説から予測される関係が実際に成り立ってはいるものの、実証分析の対象のケース全てについて成り立っているわけではなく、一部の有権者、あるいは一部の選挙についてのみ成り立っているのだとすれば、そのことを考慮せずに行われた分析において、仮説を支持する結果が得られなかったとしても、不思議ではないのである。

そうした、変数間の関係のあり方を条件付ける効果を持つ第三の変数として、先行研究では次の二つが取り上げられている。

一つは、政治的洗練性である。仮説が想定する行動を有権者がとるには、多大な認知的コストがかかると考えられる。政治に対してさして関心も示さず、政治について無知な多くの一般市民について、政策アウトプットの穏健化を意図した投票行動をとると想定することには無理があると言えなくもない[25]。このため、仮説が妥当性を有するとしても、それは、比

とで分割投票が行われたとしても、それは、政策バランス仮説が想定するような、実現する政策の中道化を意図した行動である可能性は低い。むしろ、同じ政党の中でも連邦下院議員選挙の候補者ごとにイデオロギー的立場が大きく異なる中で、保守的な民主党の連邦下院議員候補と共和党の大統領候補に投票する、リベラルな共和党の連邦下院議員候補と民主党の大統領候補に投票するというように、政策的に一貫した候補者選択を意図した行動として分割投票を解釈すべきであると論じている(選挙単位、選挙区単位の集計データの分析をもとに同様の論を張るものとして、Brunell and Grofman (2009)、Grofman et al. (2000)がある)。

25 一般的にはこのように考えられがちであるが、Bafumi, Erikson, and Wlezien (2010)は、中間選挙で政策アウトプットの穏健化を意図した投票行動をとるにあたり有権者に求められるのは、二大政党の政策の方向性について理解していること、連邦下院議員選挙における投票行動の決定に際してそれを考慮すること、およびどちらの政党が大統領を出しているか知っていることのみであると指摘する。

較的政治的に洗練された有権者の行動に限られる可能性がある。そこで，仮説から予測される関係性を検証するにあたり，政治的洗練度と主たる独立変数との交互作用項を投入することで，政治的洗練度の条件付け効果を考慮するという研究が行われている。

　もう一つは，大統領選挙の結果に関する不確実性である。先に詳述したとおり，実現する政策の中道化を意図した投票行動を連邦下院議員選挙でとれるのは，選挙後にどちらの政党が大統領職を占めるのかが明らかであるという状況に限られる。そこで，大統領選挙の結果に関する不確実性がない状況において，仮説から予測される関係がより顕著に見られるかを検証するという観点からの分析が行われている。

　政治的洗練性や大統領選挙の結果に関する不確実性の条件付け効果について，調査データの分析を通じて検討した主な先行研究として，次の四つが挙げられる[26]。

　Garand and Lichtl（2000）は，ANES調査（1992年）のデータを用いて，政治的洗練性が②の関係性に及ぼす影響について検討した。その結果，政治的洗練度が高まるにつれ，分割政府を望む人ほど分割投票し，逆に統一政府を望む人ほど一貫投票するという関係性が強まることが明らかとなった。少なくとも政治的に洗練された有権者の間では，分割政府状態を支持するという選好に基づく，意図的な分割投票が行われていることを示唆する。

　Mattei and Howes（2000）は，同じANES調査（1992年）に基づいて，③の関係性に対する政治的洗練性および大統領選挙の結果に関する主観的不確実性の条件付け効果について分析している。その結果は次のとおりであ

---

[26] その他，2000年大統領選挙の結果に関する不確実性の高さを逆手にとり，実験的手法を用いて政策バランスを志向した投票行動の検証を行った研究として，Geer et al.（2004）がある。不確実性が高いことで，大統領選挙および連邦下院議員選挙の結果に関する予測を，被験者に疑念を持たれることなく提示することができる。そこで，被験者（主要大学の学部学生）をランダムに五つのグループに分けて，仮想の世論調査による最新の選挙結果予測を操作して提示する（言い換えれば，選挙結果の不確実性を操作する）という実験を，実際の選挙期間中の2000年9月後半に行った。しかしながら，実験の結果は政策バランス仮説に基づく理論的予測を支持するものでは全くなかった。

る。政治的洗練度が低い回答者に関しては，イデオロギー次元上で主観的に認識する二大政党の立場の間に自己を位置づける人とそうでない人の間で，分割投票を選択する確率に有意な差はなかった。これに対し，洗練度が高く，かつ，自分が大統領選挙で投票した候補者が勝利すると思っている回答者に関しては，二大政党の立場の間に自己を位置づける人の方が，そうでない人に比べ，分割投票する確率が有意に高いことが判明した。政治的洗練性と大統領選挙の結果に関する主観的不確実性が，政策(イデオロギー)態度と投票行動の関係のあり方を条件付けることをうかがわせる分析結果が得られたのである[27]。

　大統領選挙の結果に関する不確実性が選挙ごとに大きく異なるという点に着目したSaunders et al.（2005）は，比較的支持率が高かった現職大統領が再選を目指して出馬し，投票日前に結果を予測しやすかった1996年大統領選挙と，新人同士の接戦となり結果を予測しにくかった2000年大統領選挙について，ANES調査を用いた分析を行った。その結果，大統領選挙で勝利する候補者に投票した人は敗北する候補者に投票した人に比べ一貫投票ではなく分割投票を選択する確率が有意に高いという傾向が，大統領選挙の結果に関する不確実性が高かった2000年選挙では見られないのに対し，不確実性が低かった1996年選挙では認められることが明らかとなった。

　さらに，回答者の政治的洗練性がもたらす媒介的効果に関する検証を試みたところ，大統領選挙で勝利する候補者に投票した人は敗北する候補者に投票した人に比べ分割投票する確率が有意に高いという傾向は，回答者の政治的洗練度が高いほど強まるという，理論的に想定されるとおりの結

---

[27] ただし，Mattei and Howes（2000）の論旨としては，政策バランス仮説に否定的である。確かに，二大政党のイデオロギー的立場の間に自己を位置づける人ほど分割投票する確率が高いという，仮説に整合的な分析結果が得られはした。しかし，そのような有権者は数として多くはないので，実現する政策の中道化を狙った分割投票と解釈し得る行動が選挙結果に及ぼす影響は小さいと言わざるを得ない。分割投票については，政策的バランスを志向して行われているというよりも，大統領選挙と連邦下院議員選挙とを同時に行われる全く別の選挙と捉え，それぞれ別の要因を考慮に入れて投票行動を決めた結果として行われていると理解する方が自然であると主張する。

果が得られた。このようにSaunders et al. (2005)は，大統領選挙の結果に関する不確実性の有無や，有権者の政治的洗練性が，仮説から予測される変数間の関係のあり方を条件付けることを確認したのである[28]。

最後に挙げるScheve and Tomz (1999)は，Alesina and Rosenthal (1995)の主張を実証的に検討した論考である。Alesina and Rosenthal (1995)の議論の中に，中間選挙における大統領の政党の敗北の度合は，2年前の大統領選挙の結果がどの程度の驚きをもって有権者に受け止められたかによって左右される，というものがある。大統領選挙の結果に関する不確実性が低い場合，中道的な有権者は，大統領選挙とともに行われる連邦下院議員選挙において，政策的バランスを志向した投票行動(つまり，大統領選挙で敗北することが確実視される政党の候補者への投票)を選択しやすい。このため，2年後の中間選挙にかけて，中道的な有権者の投票行動は相対的に変化しにくい。これに対し，大統領選挙の結果に関する不確実性が高く，その結果が多くの有権者に驚きをもって受け止められることになる場合，中道的な有権者の多くが，大統領選挙とともに行われる連邦下院議員選挙において，政策的バランスを志向した投票行動を選択しにくくなる。このため，大統領選挙の結果に関する不確実性が高く，その結果が驚きを生むものであるほど，2年後の中間選挙にかけて，中道的な有権者の投票先が大統領の政党から反対党へと変化しやすくなる，というのである。

そこでScheve and Tomz (1999)は，ANESパネル調査(1956年－58年，1972年－74年，1992年－94年)のデータをプールして分析にかけ，Alesina and Rosenthal (1995)の議論を支持する傾向を確認した。中道的な(政党帰属意識を持たない)回答者のうち，大統領選挙の結果を予想外のものと受け止めなかった人に比べ予想外のものと受け止めた人の方が，2年後の中間選挙において反対党の候補者に投票する確率が有意に高かった。また，同様に大統領選挙の結果を予想外のものと受け止めた回答者の

28　彼らはまた，1996年選挙について，自身の政策的立場と大統領選挙で投票した候補者の政党の政策的立場との不一致度が高いほど分割投票を選択するという傾向が，回答者の政治的洗練度に応じて強まることを確認している。つまり，③の関係性を政治的洗練性が条件付けることも明らかにしたのである。

中でも，政党帰属意識が強い人に比べ帰属意識を持たない人の方が，2年後の中間選挙において反対党の候補者に投票する確率が有意に高かったのである。

　以上の議論を要約しよう。イデオロギー的に中道的な立場をとる有権者にとって，共和党ないし民主党が大統領職と連邦議会の多数を占める統一政府よりも，共和党(／民主党)出身の大統領と民主党(／共和党)が多数党である連邦議会とが対峙する分割政府の方が望ましい。自身の中道的な立場により近い政策が実現することが期待されるからである。そこで，中道的な有権者の中には，穏健な政策の実現を期して，分割政府状態を生み出すべく，大統領選挙と連邦下院議員選挙とで意図的に異なる政党の候補者に分割投票する者もいると考えられる。こうした投票行動——政策バランス投票——は，選挙後にどちらの政党が大統領を出すかがはっきりしている状況においてとくにとられやすい。このため，中道的な立場をとる有権者が，選挙後の政権形態が既知である中間選挙で反対党の候補者に一票を投じるという形で，政策的バランスを志向した投票を行う可能性が想定される。このような政策バランス投票が実際に行われているとすれば，これもまた中間選挙における大統領の政党の敗北の一因となり得る。

　この政策バランス仮説の検証を試みた先行研究の分析結果は必ずしも一貫していない。仮説を支持する結果を得た研究もあれば，仮説とは整合しない検証結果を報告する研究もある。ただ，少なくとも政策バランス仮説が妥当しやすいと理論的に想定される有権者，具体的には大統領選挙の結果に関する不確実性を感じていない，政治的に洗練された中道的な有権者に関しては，政策アウトプットの穏健化を企図した行動をとっていると言えそうである。もっとも，この条件に該当する有権者は数としては多くないので，政策バランス投票が中間選挙における大統領の政党の敗北に多少は寄与しているとしても，その主たる原因とは言えない。

5．欧州における「二次的選挙(second‐order election)」モデル

　ここまで，米国の中間選挙で大統領の政党の戦績が振るわない理由を説明する主要な理論仮説を紹介してきた。こうした，国政レヴェルの政権選択選挙のサイクルの中盤で行われる選挙において時の政権党が苦戦を強

いられるという傾向は，米国のみに見られるわけではなく，欧州各国でも確認されている。この現象を説明する理論枠組として Reif and Schmitt（1980）は，有名な二次的選挙モデルを提示した（Norris 1997; Reif 1984, 1997; Van der Brug and van der Eijk 2007; Van der Eijk and Franklin 1996; Van der Eijk, Franklin, and Marsh 1996；cf. 日野，2005）。

　このモデルでは多様な選挙を二つに大別する。一つは「一次的選挙（first-order election）」で，大統領制の国における大統領選挙，議院内閣制の国における第一院の議員選挙がこれに当てはまる。もう一つはその他の選挙，たとえば補欠選挙，各レヴェルの地方選挙，第二院の議員選挙，そして欧州議会議員選挙などが該当する「二次的選挙（second-order election）」である。このように選挙を分類した上で，投票率が低くなる，各国の国政レヴェルの大政党の得票が伸び悩む一方で小政党が得票を伸ばす，国政レヴェルの政権党が苦戦を強いられる，といった特徴が二次的選挙には見られると指摘する[29]。

　それではなぜ二次的選挙にこのような特徴的な傾向が生じるのであろうか。二次的選挙モデルはその理由として，一次的選挙と二次的選挙とを分かつ最も重要な差異，すなわち結果がもたらす利害（stake）の大きさに差があることに着目する。一次的選挙は，直接的ないし間接的に国レヴェルの行政府の長を選ぶ機会であり，結果がその後数年間の政策の方向性を決めることになる。このため，有権者にとって，一次的選挙の結果がもたらす利害は一般に大きく，重要度が高い。これに対し二次的選挙は，国レ

29　Reif and Schmitt（1980）は，二次的選挙では一次的選挙に比べ無効票が増えると考えられるとも述べている。

　なお，他の変数の影響を統制しても，直近の国政選挙に比べ欧州議会議員選挙では，小政党は得票率を上昇させ，大政党は得票率を下落させるのに対し，中規模の政党の得票率はあまり変化しない（Ferrara and Weishaupt 2004; Hix and Marsh 2007; Hobolt, Spoon, and Tilley 2009; Marsh 1998; cf. Koepke and Ringe 2006），国政レヴェルで政権を担っている政党は，他の政党よりも，直近の国政選挙に比べ欧州議会議員選挙で得票率を低下させる（Ferrara and Weishaupt 2004; Hix and Marsh 2007; Hobolt and Høyland 2011），といった傾向が見られることが，集計データ・調査データの多変量解析によって明らかになっている。

ヴェルの政権選択という性格を持ち合わせていない分，一次的選挙に比べ相対的に，結果がもたらす利害が小さく（"less at stake"），重要度も低い。このように，結果がもたらす利害の大きさ，有権者にとっての重要度が一次的選挙と二次的選挙とで異なることが，先に挙げた二次的選挙の特徴を生むとして，二次的選挙モデルはそのメカニズムを仮説的に提示している。

以下では，本研究の問題関心に直接関連する，国政レヴェルの大政党の得票が伸び悩む一方で小政党が得票を伸ばす，国政レヴェルの政権党が苦戦を強いられるという特徴を生み出すメカニズムに関する二つの仮説（Reif 1984; Reif and Schmitt 1980），およびその妥当性を集計データ・調査データを用いて検証した実証研究を紹介する[30]。

一つは，小政党の支持者の中に，一次的選挙では「戦術的投票（tactical voting）」を行って大政党に投票するのに対し，二次的選挙では「誠実投票（sincere voting）」を行って支持する小政党に投票する者が存在することが，一次的選挙に比べ二次的選挙で国政レヴェルの大政党の得票が伸び悩む一方で小政党が得票を伸ばす原因だと考える仮説である（ここでは「戦術的／誠実投票仮説」と呼ぶ）。一次的選挙の結果は，選挙後の政権のあり方，ひいては政策の方向性を規定することから，もたらす利害が大きい。このため，選挙後に政策形成過程に参画する可能性の低い小政党に対してイデオロギー的に親和性を感じる有権者の中には，自分の一票を無駄

---

[30] 二次的選挙では一次的選挙に比べ投票率が低くなるという特徴に関しては，二次的選挙で投票するか棄権するかの選択に影響を及ぼす要因を解明するという観点から，研究が積み重ねられている。具体的には，二次的選挙（欧州議会議員選挙）における投票参加の有無を左右する要因として，投票習慣（habitual voting）を身に付けている度合（Franklin and Hobolt 2011; Schmitt and Mannheimer 1991），EUや欧州議会に関する知識・態度（Blondel, Sinnott, and Svensson 1997; Flickinger and Studlar 2007; Mattila 2003; Stockemer 2012; これに否定的な論文としてSchmitt and Mannheimer 1991; Schmitt and van der Eijk 2007），欧州議会議員選挙から次の国政選挙までの時間（Flickinger and Studlar 2007; Franklin 2007; Franklin, van der Eijk, and Oppenhuis 1996; これに否定的な論文としてMattila 2003），各レヴェルの政策決定の重要度に関する主観的認識（Lefevere and van Aelst 2014）などが挙げられている。

にしないよう，次善の策として，政権獲得の可能性のある大政党の中で自身の政治的選好に最も近い政党に一次的選挙で「戦術的に」投票する者がいると考えられる。これに対し二次的選挙の結果は，国政レヴェルの政権のあり方に直接的には影響を及ぼさない。結果がもたらす利害が相対的に小さいため，二次的選挙では，小政党を支持する有権者も自分の一票が無駄になるかどうかを考慮に入れる必要がなく，自身の気持ちに従って支持政党に「誠実に」投票することができる。これが，二次的選挙における大政党の不振・小政党の躍進を生む一因だというのである。

この仮説を検証した研究は管見の限り2件しかないが，いずれも仮説に整合的な分析結果を得ている。Kousser（2004）は，1999年までの5回の欧州議会議員選挙を戦った小規模野党を対象に，直近の国政選挙における得票率と欧州議会議員選挙における得票率の差を従属変数にとった分析を行った。その結果，閾値が欧州議会議員選挙に比べ国政選挙の方が高い国ほど，国政選挙から欧州議会議員選挙にかけての小規模野党の得票率の上昇度が有意に大きくなることが判明した。また彼は，1994年のEurobarometerを用いて，直近の国政選挙で政権党に投票した人を対象とした，欧州議会議員選挙における投票行動の分析も行っている。この分析で，選挙制度の閾値が欧州議会議員選挙に比べ国政選挙の方が高い国の回答者ほど，国政選挙から欧州議会議員選挙にかけて政権党から小規模野党へと乗り換える確率が高くなるという結果を得た。これらの分析結果は，閾値が相対的に高い国政選挙では戦術的投票を行うのに対し，閾値が相対的に低い欧州議会議員選挙では誠実投票を行う傾向が小政党の支持者にあることを示唆している。

Hix and Marsh（2007）は，1995年までにEUに加盟した西側15ヵ国で，2004年までの6回の欧州議会議員選挙を戦った各政党を対象に，直近の国政選挙における得票率と欧州議会議員選挙における得票率の差を従属変数，政党の規模を表す変数などを独立変数にとった分析を，国政選挙の閾値が高い国と低い国とに分けて行った。そうしたところ，直近の国政選挙から欧州議会議員選挙にかけて，規模の大きな政党は得票率を低下させるのに対し，中規模の政党の得票率は変わらず，小政党は得票率を上昇させるという非線形の関係が，国政選挙の閾値が高い国（つまり，小政党が議席を獲得しにくい選挙制度が国政選挙でとられている国）においてのみ見

られることが判明した。この分析結果からも，閾値が高い国政選挙では戦術的に大政党に投票する小政党の支持者が，欧州議会議員選挙では誠実に自らが支持する小政党に一票を投じているという可能性を読み取ることができる。

　もう一つは，第3節で紹介したのと同様の，国政に満足していない有権者が，二次的選挙を国政に関するレファレンダムの機会として活用し，反対党への投票の形でその意思表示をすることが，二次的選挙で国政レヴェルの政権党が苦戦を強いられる原因だと考える仮説（レファレンダム仮説）である。たとえ二次的選挙で政権党が敗北を喫したとしても，国政レヴェルの政権の形態には直接の影響がない。このように選挙結果がもたらす利害が小さいことから，現政権党による政権が続くことを望んではいるものの，その時点までの政権の実績に満足しない有権者が，二次的選挙における反対党への投票という形で，政権に対する「警告」を発することが考えられる。これが，一次的選挙に比べ二次的選挙において政権党の得票が伸び悩む一因だというのである。

　このレファレンダム仮説の検証は，二つの切り口から行われている。一つ目の切り口は，二次的選挙が行われるタイミングに着目するというものである。一次的選挙（国政選挙）のサイクルの中で，二次的選挙が行われる時間的位置は，国ごとに，地域ごとに異なる。二次的選挙が一次的選挙の直前直後に行われる場合もあれば，一次的選挙のサイクルの中盤にいわば中間選挙のような形で行われる場合もある。どのタイミングで二次的選挙を迎えるかによって，国政レヴェルの業績評価投票の行われやすさ，ひいては政権党の苦戦の度合に違いが生じる可能性がある。

　先行研究（Miller and Mackie 1973）では，政権および政権党の支持率は，t-1期の一次的選挙の直後に少し上昇した後は，一次的選挙のサイクルの中盤にかけて徐々に低下し，任期の半ばに底を打った後，t期の一次的選挙にかけて回復し，その選挙で予想される戦績を表す値になるとされている。このため，二次的選挙が一次的選挙から時間を置かずに行われる場合には，国政レヴェルの政権の業績に対する否定的評価に基づく投票はあまり見られず，政権党の得票が一次的選挙に比べ伸び悩むということにはなりにくい。

　これに対し，一次的選挙のサイクルの中盤に中間選挙のような形で行わ

れる場合には，一般に政権に対する支持率が一次的選挙の時点に比べ低下していることから，業績評価投票によって政権党が苦戦を強いられ，逆に反対党が伸長することになると想定される。こうした理由から，レファレンダム仮説が妥当である場合，二次的選挙が行われるタイミングによって政権党の戦績が異なることが予測されるのである。

　この切り口からのレファレンダム仮説の検証は，従属変数に直近の一次的選挙(国政選挙)における得票率と二次的選挙(欧州議会議員選挙)における得票率の差，独立変数に国政選挙のサイクルの中での二次的選挙の時間的位置をとった，政党単位の集計データの分析(Ferrara and Weishaupt 2004; Hobolt and Høyland 2011; Kousser 2004; Marsh and Franklin 1996; Schmitt 2005)[31]や，欧州議会議員選挙で国政レヴェルの政権党に投票したか否かを従属変数，国政選挙のサイクルの中での欧州議会議員選挙の時間的位置を独立変数にとった，調査データの分析(Hobolt, Spoon, and Tilley 2009; Kousser 2004; Tilley, Garry, and Bold 2008)を通じて行われている。そしていずれの研究でも，レファレンダム仮説の妥当性を支持する結果が出ている。欧州議会議員選挙が行われるタイミングが国政選挙のサイクルの中盤に近づくにつれて，国政選挙で政権党に投票した人が欧州議会議員選挙でも政権党に投票する確率が下がるという傾向をうかがわせる結果を得たのである。

　その一方で，二次的選挙のタイミングが同選挙における政権党の戦績に及ぼす影響の大きさを条件付ける要因が存在することも指摘されている。その要因とは，国政レヴェルでの政権交代の頻度である。政権交代が常態化している国では，一次的選挙(国政選挙)が政権選択選挙としての色彩を強く帯びるため，二次的選挙の重要性が相対的により低くなる。

31　二次的選挙として1950年から91年までに行われた英補欠選挙と1950年から92年までに行われた独州議会議員選挙を取り上げ，選挙を単位に同様の分析を行ったC.J. Anderson and Ward（1996）も，英補欠選挙の分析において，仮説を支持する結果を得ている。
　また，1979年から2009年までの7回の欧州議会議員選挙に見られる時系列的変化の観点から分析した研究としてHix and Marsh（2011）が，2004年に新たにEUに加盟した中東欧諸国を対象とした分析を行った研究としてKoepke and Ringe（2006）がある。

その結果，政権交代があまり生じない国の二次的選挙に比べ，頻繁に生じる国の二次的選挙に，その特徴がより顕著に出やすくなると考えられるのである。

　Marsh（1998）は，1994年までの4回の欧州議会議員選挙を戦った各国の政党を対象に，直近の国政選挙における得票率と欧州議会議員選挙における得票率の差を従属変数，国政選挙のサイクルの中での欧州議会議員選挙の時間的位置を表す変数などを独立変数にとった分析を，政権交代が頻繁に生じている国とそうでない国とに分けて行った。一方 Schakel and Jeffery（2013）は，17ヵ国の313の地域で行われた地方選挙を戦った政党をケースとして，直近の国政選挙における得票率と地方選挙における得票率の差を従属変数にとったMarsh（1998）と同様の分析を，選挙を通じた政権交代が常態化している国としていない国に分けて，さらに，政権党と反対党に分けて行った。そうしたところ，政権交代が頻繁に生じている国を対象とした分析でのみ次のような結果が得られた。二次的選挙が直近の一次的選挙の直後に行われた場合，両選挙における政権党の得票率に大きな差は見られない。これに対し，選挙が行われるタイミングが一次的選挙のサイクルの中盤に近づくにしたがって，二次的選挙での政権党の得票率が国政選挙に比べ大きく低下していく。しかしサイクルの中盤以降に行われると，政権党の得票率の下落度が小さくなる，という分析結果である。つまり，レファレンダム仮説が妥当である場合に予測される，二次的選挙が行われるタイミングによって政権党の戦績が左右されるという傾向が，政権交代が常態化している国においてとくに顕著に見られることを，集計データを分析したこれらの研究は確認したのである[32]。

　このように，一次的選挙のサイクルのどのタイミングで二次的選挙が行われるかが政権党の得票に大きく影響することを示す実証分析の結果が提示されてはいる。しかし，レファレンダム仮説の検証としては，これらの分析では十分とは言えない。一次的選挙のサイクルの中盤で行われる二次的選挙において政権党が苦戦を強いられるというマクロレヴェルの傾向を示しているに過ぎず，政権に対する支持率の変動に関する先行研究を論拠

32　これと同趣旨の分析結果は，Hix and Marsh（2007），Marsh（2007），Schakel（2013）でも報告されている。

としたとしても，なぜサイクルの中盤付近で政権党の敗北度合が最も強くなるかについて十分な説明ができていないからである[33]。

そこで二つ目の切り口として，より直接的に政権の実績に対する評価を表す変数を独立変数として投入し，それが二次的選挙における政権党／反対党の得票や有権者の政党選択にいかなる影響を及ぼしているかを確認することで，レファレンダム仮説の妥当性を検証するという研究も行われている。

意外にも，集計データを用いてこの切り口からの仮説の検証を行った研究はそれほど多くない。直近の国政選挙から欧州議会議員選挙にかけて失業率が上昇した国ほど，欧州議会議員選挙が国政選挙のサイクルの中盤に行われる場合に，主要野党の得票率が有意に高くなるという傾向を見出したKousser（2004）[34]。欧州議会議員選挙前年のGDP変化率は，国政選挙から欧州議会議員選挙にかけての政権党の得票率の増減に有意な影響を及ぼしていないとするMarsh（2007）。インフレ率が高いほど直近の国政選挙に比べての政権党の得票率の落ち込み度合が有意に大きくなるという傾向が，英補欠選挙の分析では確認されるものの独州議会議員選挙の分析で

---

33 Weber（2007）は，国政選挙のサイクルの中盤付近で政権党の敗北度合が最も強くなる原因として，次のような考え方を挙げている。国政選挙のサイクルの中盤で欧州議会議員選挙を迎える場合，直近の国政選挙で掲げた国内政治に関する公約（左右軸に象徴される伝統的な社会経済政策に関する公約）の実績に対する評価を有権者が下せるだけの十分な時間が経過している。このため，政権党は欧州議会議員選挙において，公約に掲げたほど特徴的（極端）な，はっきりとした政策を訴えることができない。言い換えれば，国政選挙の公約による縛りを受け，訴える政策の自由度が低下する。その結果，欧州議会議員選挙で政権党が掲げる政策は，有権者にとって魅力的には映らない。これに対し反対党は，国政選挙の公約による縛りを受けないため，欧州議会議員選挙でもはっきりとした政策を訴えることができ，有権者を引きつけることができる。しかしサイクルの後半に入ると，反対党だけでなく政権党も，次の国政選挙に向けて新たなはっきりとした公約を掲げる選挙キャンペーンを活発化させるため，政権党に不利に働く度合が弱まる。これらが相まって，国政選挙のサイクルの中盤で行われる欧州議会議員選挙では政権党が苦戦を強いられる度合が相対的に強くなるというのである。

34 ただし，政権党の得票率は有意には変化しない。

は確認されないこと[35],政権に対する支持率は英補欠選挙・独州議会議員選挙における政権党の得票に有意な影響を及ぼしていないことを明らかにしたC.J. Anderson and Ward (1996)。これら三つがあるくらいで,しかも研究間で分析結果は一貫していない。

対照的に,調査データを用いた分析を行った研究では,レファレンダム仮説を支持する結果が報告されている。

1994年のEurobarometerを分析したKousser (2004)とCarrubba and Timpone (2005)は,欧州議会議員選挙で経済投票が行われていることを示す分析結果を得た。国政選挙から欧州議会議員選挙にかけて失業率が上昇した国や,欧州議会議員選挙直前のGDP成長率が低い国の回答者ほど,国政選挙では政権党に投票しながら欧州議会議員選挙では反対党へと投票先を変える確率が高いという傾向を見出したのである。欧州議会議員選挙が国政レヴェルの経済政策に関するレファレンダムの機会として機能していることを示唆する結果と言える。

2004年の欧州議会議員選挙で国政レヴェルの政権党に投票したか反対党に投票したかを説明する要因について分析したTilley, Garry, and Bold (2008)は,経済政策に関する責任の所在が明確である単独政権の国では,景気が良くなったと感じる人は政権党に,悪くなったと感じる人は反対党に投票するという有意な傾向が見られることを明らかにした[36]。

Marsh (2007, 2009), Hobolt, Spoon, and Tilley (2009)は,1999年・2004年のEES (The European Election Studies)を用いて,直近の国政選挙で政権党に投票した回答者を対象とした,欧州議会議員選挙における投票行動の分析を行った。その結果,欧州議会議員選挙までの国政運営を否定的に評価し,政権を支持できないと考える場合には,欧州議会議員選挙で政権党には投票せず,別の政党に投票先を変えたり棄権したりする傾向があることが確認された。1999年・2004年の欧州議会議員選挙におい

---

35 失業率の影響に関しては,一貫した傾向は確認されなかった。
36 経済政策の責任の所在が不明確になる連立政権の国では,景気状態が有権者の認識(景気向上感)を通じて欧州議会議員選挙における投票行動に影響を及ぼすという有意な関係は見られない。なお,実際の景気の状態に基づいて景気向上感を形成できるのは,政治的に洗練された有権者に限られるということも併せて示している。

て，国政レヴェルの業績評価投票が行われたことがうかがわれる[37]。

このように，調査データを用いて二次的選挙(欧州議会議員選挙)における投票行動を分析した諸研究は一様に，二次的選挙の時点で国の景気が良くなったと感じていなかったり，政権の実績を否定的に評価したりすると，直近の一次的選挙で政権党に投票した人でも，二次的選挙では反対党への投票を選択する傾向があるという，レファレンダム仮説を支持する分析結果を得ている。

さて，ここまで，戦術的／誠実投票仮説，レファレンダム仮説のメカニズムおよび実証研究で得られた知見を紹介してきた。先述のとおりこれらの仮説は，一次的選挙に比べ二次的選挙では政権党／大政党の得票が伸び悩む一方で反対党／小政党が得票を伸ばすという，二次的選挙に見られる特徴が生じる原因を，二次的選挙の結果がもたらす利害が相対的に小さいことに求めている。これに対し，原因を別の点に求める「対抗仮説」も存在する。すなわち，一次的選挙では国政レヴェルの要因を考慮して政権党／大政党に投票した人の中に，二次的選挙ではその選挙のレヴェルの政策争点に対する態度に基づいて反対党／小政党を選択したという人が存在することが，二次的選挙に見られる特徴が生じる原因だと考える仮説(争点投票仮説)である。この仮説を検証した二つの先行研究を紹介しよう。

Marsh (2007, 2009)は，1999年のEESの分析において，欧州統合に反対する人ほど，国政選挙では政権党に投票しながら欧州議会議員選挙では反対党への投票に回ったり，棄権したりするという，欧州レヴェルの争点に対する態度の投票行動に対する影響を見出した[38]。一方，Hobolt, Spoon, and Tilley (2009)は2004年のEESの分析において，欧州統合強化に否定的な報道が多い国で，政権党に比べ欧州統合強化により消極的な立場をとる人ほど，欧州議会議員選挙で政権党ではなく別の政党に投票し

---

37 Hobolt, Spoon, and Tilley (2009)では，間接的に政権の業績評価を表す独立変数として投入された景気向上感の効果について，直近の国政選挙から欧州議会議員選挙にかけて景気が良くなったと感じていない人ほど，欧州議会議員選挙において，国政選挙で投票した政権党を見捨てて他党への投票や棄権に回る傾向が見られた。

38 ただ，2004年のEESの分析では，政権党と反対党のいずれに投票するかの選択に対する欧州統合に対する賛否の有意な影響を確認できなかった。

たり棄権したりする確率が高くなることを明らかにした。大部分のEU加盟国で，政権党が親欧州統合，反対党が反欧州統合の立場をとっていることを考え合わせると，この分析結果は，欧州統合強化に反対する有権者が加盟各国に多くいることが，欧州議会議員選挙での政権党の苦戦の一因であることを示唆している。

このように，欧州議会議員選挙と同じ欧州レヴェルの争点(欧州統合の強化)に対する賛否が，国政選挙で政権党に投票した有権者の欧州議会議員選挙における行動の変更に作用することは確かに確認されている。ただ，その影響の大きさは，国政レヴェルの政権に対する業績評価の影響に比べれば小さいとされる。このため，一次的選挙に比べ二次的選挙で国政レヴェルの政権党の得票が伸び悩む理由を説明する仮説としては，争点投票仮説よりもレファレンダム仮説の方が優位するということになる[39]。

以上の議論を要約しよう。欧州でも，国政選挙の中間選挙として行われる選挙(欧州議会議員選挙や地方選挙)で各国の政権党が苦戦を強いられる傾向が見られる。その苦戦の原因を説明する理論枠組として，二次的選挙モデルが提示されている。このモデルでは，各種の選挙を二つに大別する。

一つは，大統領選挙や議院内閣制下の第一院の選挙など，結果が国政レヴェルの政権形態，政策の方向性を左右するため利害が大きく，有権者が重要な意味を持つと認識している選挙で，一次的選挙と呼ぶ。もう一つは，欧州議会議員選挙や地方選挙，第二院の選挙など，結果が国政レヴェルの政権形態に直接的には影響しないため利害が相対的に小さく，有権者があまり重要でないと認識している選挙で，二次的選挙と呼ぶ。

このように二次的選挙は，結果がもたらす利害が相対的に小さいため，有権者は二次的選挙において思い切った行動をとることができると予測される。具体的には，二次的選挙が一次的選挙(国政選挙)のサイクルの中盤

---

39 なお，本文中で紹介した研究の他に，欧州議会議員選挙における欧州レヴェルの要因の影響を検討した研究として，De Vries et al. (2011)，Ferrara and Weishaupt (2004)，Hobolt and Spoon (2012)，Hobolt and Wittrock (2011)，Van Spanje and de Vreese (2011)が，地方選挙における地方レヴェルの要因の影響を検討した研究として，Cutler (2008)，Heath et al. (1999)がある。

に行われる場合，その時点までの国政運営に満足していない有権者の多くが，実績に対する否定的評価に基づいて，二次的選挙で政権党への投票を選択しないことで，政権党への警告を発しようとすると考えられる。こうして，国政選挙のサイクルの中盤に行われる二次的選挙を，有権者が国政に関するレファレンダムの機会として活用しようとすることが，国政レヴェルの政権党が二次的選挙で苦戦を強いられる要因であるとする仮説を二次的選挙モデルは立てる。集計データ・調査データを用いた実証分析の結果，他に考えられる仮説よりもこのレファレンダム仮説の方が，現象をよく説明できることが確認されている。米国と同様欧州でも，中間選挙として行われる選挙（二次的選挙）が有権者にとって一種のレファレンダムの機会となっており，それによって中間選挙で政権党の得票が伸び悩むという現象が生じているのである[40]。

6．分割政府の下での有権者の意識と行動

表2-1（44・45頁）で示したとおり，第二次世界大戦後の米国では，分割政府が常態化している。このため，第2節から第4節で紹介したような，分割政府が生じる「原因」を探求することを目的とした研究だけでなく，分割政府が生じた「結果」として特徴的に見られる有権者の意識と行

---

[40] 欧州統合をめぐる国民投票における行動にも二次的選挙の特徴が見られるのか。より具体的には，欧州統合に肯定的か否定的かに加えて，各国の政権への支持／不支持や政党に対する態度が国民投票における行動に有意な影響を及ぼしているのか，欧州統合に対する態度と国内政治に関する態度のいずれの影響が相対的により強いのか，そしてそれぞれの影響の強さを条件付ける効果のある変数は何かを明らかにすることを試みる研究も数多く発表されている（Elkink and Sinnott 2015; Garry 2013, 2014; Garry, Marsh, and Sinnott 2005; Glencross and Trechsel 2011; Hobolt 2005, 2006, 2007; Hobolt and Brouard 2011; Lubbers 2008; Marsh 2015; Svensson 2002）。

二次的選挙モデルの観点から見ると，これらの研究の結果は，欧州統合をめぐるレファレンダムにおける投票行動に対する国政レヴェルの政権や政党への支持／不支持の態度の影響も確かにあるものの，直接関係する欧州統合への態度の影響の方が相対的により強い，ということで一貫している（cf. Franklin 2002; Schuck and de Vreese 2015）。

動を明らかにすることを目的とした研究も，数多く行われている。

有権者の政治行動，とりわけ業績評価（投票）に影響し得る，統一政府と分割政府の違いとして研究上注目を集めているのが，「政策の帰結に関する責任所在の明確性」である。有権者が，政策評価を大統領に対する支持／不支持や投票行動に反映させるという場合，その政策の責任を負うのは大統領であると認識していることが前提として必要となる。大統領の政党が連邦議会の多数を占める統一政府の下では，大統領（の政党）は，善政の成果を独占的に主張できる一方で，失政の責任を他の政治アクター（連邦議会の多数党）に押しつけることができない。このため，政府の政策に対する責任の多くを大統領個人もしくは大統領の政党が負うということが比較的はっきりしており，そのことを認識するのは，有権者にとって難しいことではない。結果，統一政府の下では，政策を肯定的に評価すれば大統領を支持する／大統領の政党の候補者に投票する，否定的に評価すれば大統領を支持しない／反対党の候補者に投票するといった形で，業績評価が大統領に対する(不)支持や投票行動に結びつきやすいと考えられる。

これに対し，大統領の政党と連邦議会の多数党とが一致しない分割政府の下では，大統領（の政党）は，善政の成果を独占的に訴えることができない一方で，失政の責任を連邦議会の多数党という別の政治アクターになすりつけることができる。これにより，良い政策にせよ悪い政策にせよ，それが大統領によってもたらされたのか，反対党が多数を占める連邦議会によってもたらされたのか，判然としなくなる。こうして政策に関する責任の所在が不明確になることで，有権者も責任を負うべき政治アクターを認識するのが難しくなる。結果，分割政府下では統一政府下に比べ，業績評価が大統領に対する(不)支持や投票行動に結びつきにくくなると考えられる。

以上の議論から，「業績評価の大統領支持や投票行動に及ぼす影響の強さは，統一政府か分割政府かによって条件付けられる」という理論仮説が導かれる。先行研究では，主にいわゆる経済投票の文脈において，様々な角度から仮説の妥当性の検証が行われている。

一方では，この仮説に否定的な見解も存在する。Norpoth（2001）は，分割政府状態にあることを考慮に入れて有権者は投票行動を決めているのか検証した。共和党が大統領を出す形の分割政府の下で，経済状況が

悪い中で迎えた1992年の選挙と，民主党が大統領を出す形の分割政府の下で，経済状況が良い中で迎えた1996年の選挙をケースとした，出口調査のデータ分析を行った。その結果，1992年・96年の両方の，大統領選挙・連邦下院議員選挙のいずれにおいても，経済状況が良いと考える人ほど現職大統領の政党の候補者に投票し，悪いと考える人ほど反対党の候補者に投票するという傾向が確認された。これを受けて彼は，統一政府か分割政府かにかかわらず，経済状況に関する責任は大統領が負うものと認識して有権者は行動していると結論づけた[41]。

また，1956年から96年までの11回の大統領選挙時に行われたANES調査のデータをプールして，大統領選挙における投票行動を分析したNadeau and Lewis - Beck（2001）も，同様の結果を得ている。現職大統領の政党の候補者に投票したか否かを従属変数，選挙を統一政府下で迎えたか分割政府下で迎えたか，景気向上感，両変数の交互作用項を主たる独立変数にとった分析を行ったところ，景気向上感の主効果が正で有意となる一方で，交互作用項の影響は有意とはならなかった。分割政府の下で迎えた大統領選挙だからといって，経済状況（に基づく業績評価）が投票行動に及ぼす影響が有意に弱まるわけではない。統一政府か分割政府かにかかわらず，経済状況に関する認識が大統領選挙における投票行動を左右するということを，この結果は意味している。つまり，Norpoth（2001）と同じく，統一政府状態にあるか否かにかかわらず，有権者は経済政策に関する責任を専ら大統領に帰していることを示唆する結果が得られたのである。

他方で，仮説を支持する分析結果も数多く発表されている。Jones and

---

41 この結論を導くには，この論文で行われた分析だけでは不十分であり，統一政府の下での選挙を題材とした同様の分析の結果との比較が必要となるはずである。というのも，経済の現状に関する認識が大統領選挙・連邦下院議員選挙における投票行動に及ぼす影響が，分割政府下で迎える選挙に比べ統一政府下で迎える選挙において有意に大きいということであれば，有権者は統一政府か分割政府かを考慮に入れて投票行動を決めていることになるからである。

もっとも，この点については彼も認識しており，「もちろん，分割政府下に比べ統一政府下では経済投票がより顕著に見られるという可能性はある。ただ，近年統一政府があまりないことから，これを検証するのは容易なことではない」（Norpoth 2001: 426-27）と述べている。

McDermott（2004）は，統一政府下の1994年，分割政府下の1990年・98年の中間選挙時に行われた出口調査のデータを用いて，選挙前時点での議会の多数党の候補者に投票したか少数党の候補者に投票したかを従属変数にとった分析を行った。そして，大統領の仕事ぶりに対する評価，連邦議会の仕事ぶりに対する評価が連邦上下両院議員選挙における投票行動に及ぼす影響のあり方が，統一政府下で迎える選挙と分割政府下で迎える選挙とで異なることを明らかにした。具体的には，大統領の仕事ぶり，連邦議会の仕事ぶりの両方を否定的に評価する（言い換えれば，政策の責任を両者に帰属させる）人は，大統領の仕事ぶりのみを否定的に評価する人に比べ，統一政府下で迎える連邦上下両院中間選挙では大統領の政党の候補者に投票する確率が有意に低いのに対し，分割政府下で迎える同選挙では逆に大統領の政党の候補者に投票する確率が有意に高いという結果を得たのである。分割政府の下で責任の所在が不明確になり，有権者が大統領と連邦議会の双方に責任があると認識すると，中間選挙において大統領の政党に不利な形での業績評価投票を行いにくくなるというこの分析結果は，仮説から予測されるとおりの傾向を示していると言える。

　分割政府状態は連邦レヴェルだけでなく州レヴェルでも生じることから，州レヴェルの分析を通じて仮説の検証を試みた研究もある。Leyden and Borrelli（1995）は，選挙を統一政府の下で迎えるか分割政府の下で迎えるかが投票行動に及ぼす影響を，州レヴェルの集計データを用いて検証した。1972年から91年の間に行われた，43州の5回の知事選挙における，現職知事の政党の候補者（現職本人もしくは後継者）の得票率を従属変数にとった分析の結果，次の2点が明らかとなった。

　第1に，知事の政党が州議会上下両院の多数を占める統一政府の下で知事選挙を迎える場合，選挙の前年から選挙の年にかけて州の失業率が上昇（／低下）するほど，現職知事の政党の候補者の得票率が有意に低く（／高く）なる。これに対し，分割政府の下で知事選挙を迎える場合には，州の経済状況は現職知事（もしくは後継者）の得票率に有意な影響を及ぼしていなかった。

　第2に，現職が引退してその後継者が知事を目指す場合，前の期が統一政府状態にあったか分割政府状態にあったかは得票率を左右しない。これに対し，現職知事が再選を目指す場合には，統一政府下で迎える選挙に比

べ分割政府下で迎える選挙では，現職の得票率が有意に高くなるという傾向が見られた。

いずれの分析結果も，選挙を統一政府の下で迎えるか分割政府の下で迎えるかが投票行動に影響を与えている（具体的には，統一政府の下で迎える知事選挙に比べ分割政府の下で迎える知事選挙では，有権者は業績評価投票を行いにくい）ことを示唆するものと解釈できる。

1968年から92年までに41州で行われた知事選挙・州議会下院議員選挙を分析したLowry, Alt, and Ferree（1998）は，「イシュー・オーナーシップ」の議論を加味する形で，統一政府か分割政府かが業績評価投票の行われやすさを条件付けるとする仮説の検証を試みている。知事選挙に関しては，共和党による統一政府の下で選挙を迎える場合，その州政府の下での財政規模が共和党による州政府の下で通常想定されるよりも大きくなるほど，共和党候補の得票率が伸び悩む傾向がある。これに対し，分割政府状態の下で知事選挙を迎える場合には，財政規模と共和党候補の得票率との間に有意な関係は見られない，との分析結果を得た。その理由として次の点を挙げている。共和党の州政府では，本来的に，財政規模が小さくなることが期待されている。にもかかわらず財政規模が大きくなったという場合，統一政府状態にあれば，その責任を全面的に共和党に負わせることができるため，民主党に有利に働く形で業績評価投票が行われる。これに対し，分割政府状態にある場合には，財政規模が肥大した責任が共和党の知事にあるのか民主党が多数を占める州議会（下院）にあるのかはっきりしないので，知事選挙で業績評価投票が行われにくくなるというのである。

一方，知事選挙と同じ年に行われる州議会下院議員選挙に関する分析で得られた結果は，次のようなものであった。共和党による統一政府状態の下で選挙を迎えた場合，州財政のバランスが悪くなって歳入超過が大きくなるほど，共和党の得票率が伸び悩む傾向があった。これに対し，共和党出身の知事と民主党が多数を占める州議会下院が対峙する分割政府状態の下で迎えた選挙では，歳入と歳出のバランスが結果を有意に左右することはなかった。この分析結果も，共和党の州政府に期待される理想と現実のギャップから説明できる。共和党の州政府には，小さな政府や減税が期待されている。にもかかわらず，減税が行われず歳入超過が生じたという場合，共和党の統一政府状態にあれば，同党は責任を逃れることができない

ので，民主党に有利に働く形で業績評価投票が行われる。これに対し，分割政府状態にある場合には，減税が行われなかった責任を共和党出身の知事に負わせるべきか民主党が多数を占める州議会下院に負わせるべきか判然としないため，州議会下院議員選挙で業績評価投票は行われにくくなるというのである。つまりこの論文も，統一政府下で迎える選挙に比べ分割政府下で迎える選挙では業績評価投票が行われにくくなるという理論仮説を支持する結果を得たのである。

Nicholson and Segura(1999)とNicholson, Segura, and Woods(2002)は，連邦議会の多数党(言い換えれば統一政府なのか分割政府なのか)を正しく認識できているか否かを鍵としてこの論点の検証を行ったものである。

前者は，統一政府下の1978年・94年，分割政府下の1982年・86年・90年という5回の中間選挙を対象に，ANES調査のデータをプールして分析にかけた。まず，政党帰属意識や政治的知識量の影響を統制してもなお，統一政府下に比べ分割政府下では下院の多数党を正しく認識できている度合が有意に低いことを確認した。続いて，中間選挙で大統領の政党の候補者に投票したか反対党の候補者に投票したかを従属変数にとった分析を行った。そして，政党帰属意識を持たず，かつ下院の多数党を正しく認識できている人に関して，統一政府下の中間選挙に比べ分割政府下の選挙では，大統領の政党の連邦下院議員候補に投票する確率が有意に高くなるという傾向があることを明らかにした。このような人は，政党帰属意識を持たない分，投票行動の決定に際して業績評価の影響を受けやすくなる。ただ，政策の帰結について大統領が負う責任が相対的に大きくなる統一政府下で迎える選挙なのか相対的に小さくなる分割政府下で迎える選挙なのかを理解できているため，業績評価の投票行動に与える影響は，統一政府下の選挙に比べ分割政府下の選挙では相対的に小さくなる。その結果として，前者の選挙に比べ後者の選挙では大統領の政党の連邦下院議員候補に投票する確率が有意に高くなるという分析結果が得られたと解釈できる。

一方後者のNicholson, Segura, and Woods (2002)は，統一政府の場合と分割政府の場合とで大統領の仕事ぶりに対する評価に違いが見られるのかについて検証している。政策の帰結に関する責任を大統領に負わせやすい統一政府の下では，失政を受けて大統領の仕事ぶりに対する評価が大き

く，急激に低下する。これに対し，大統領への責任帰属が相対的に困難である分割政府の下では，大統領に対する評価の下がり方は比較的小さく，ゆっくりしたものになる，と理論的に想定される。ここから，統一政府下に比べ分割政府下では，大統領に対する有権者の評価が相対的に高くなるとの予測が立てられる。そこで彼らは，1972年から94年までの選挙時に行われたANES調査のデータ分析を行い，大統領に対する支持／不支持を左右すると考えられる諸変数の影響を統制してもなお，統一政府下の調査に比べ分割政府下の調査の方が，回答者が大統領の仕事ぶりを肯定的に評価する確率が有意に高いという，予測どおりの傾向を確認した[42]。

さらに，連邦議会の多数党（統一政府か分割政府か）を正しく認識できているかどうかが果たす役割についても検討している。連邦議会の多数党を正しく認識できている人についてのみ予測が当てはまるのであれば，①統一政府の下では，正しく認識できていない人に比べ認識できている人において，大統領を肯定的に評価する確率が有意に低くなる，②分割政府の下では，正しく認識できていない人に比べ認識できている人において，逆に大統領を肯定的に評価する確率が有意に高くなる，③統一政府下の大統領評価と分割政府下の大統領評価の差は，正しく認識できていない人に比べ認識できている人においてより大きくなると考えられるが，このうち①と③について，想定どおりの分析結果が得られた。つまり，統一政府状態にあるか分割政府状態にあるかが大統領評価に影響を及ぼすが，影響の大きさは，連邦議会の多数党を正しく認識できているか否かによって条件付けられることを明らかにしたのである。

ここまで紹介した研究はいずれも，統一政府下に比べ分割政府下では政策に関する責任の帰属が難しくなるということを所与として，仮説の検証を試みている。これに対し，分割政府状態が有権者の責任帰属のあり方に及ぼす影響についてより直接的に検討した論文として，Rudolph（2003a, 2003b）がある。

---

42 彼らはまた，1949年から96年までの四半期を単位に，Gallupの世論調査における大統領支持率を従属変数にとった分析を行い，他の変数の影響を統制してもなお，統一政府下に比べ分割政府下の方が，大統領支持率が有意に（2％程度）高いという結果も得ている。

Rudolph（2003a）は，知事の政党が議会上下両院で多数を握る州もあれば，いずれか一院でのみ多数を握る州や，いずれの院でも少数派である州もあるというように，州ごとに知事と議会の党派的な力関係が異なることに着目し，1991年夏に全米の45州の有権者が回答した調査のデータを用いて次のような分析を行った。

まず，州の財政状況に対する責任は知事にあると思うか，議会における知事の政党にあると思うか，議会における反対党にあると思うかを従属変数にとった分析を行った。そして，知事の政党が議会のいずれの院でも多数を保持している統一政府下の州の回答者に比べ，いずれの院でも少数派である分割政府下の州の回答者の方が，州の財政状況に関する責任は知事ではなく反対党にあると考える傾向があることを明らかにした。

さらに，有権者が認識する州の財政状況が知事の仕事ぶりに対する支持／不支持に及ぼす影響の大きさは，責任帰属のあり方によって条件付けられることを示した。すなわち，州の財政状況に対する責任を知事に求める人には，財政状況が良いと思えば知事を支持し，悪いと思えば支持しないという有意な傾向が見られる。これに対し，責任を議会における反対党に求める人は，財政状況に関する認識を知事に対する支持／不支持に反映させていないことを明らかにした。これらの分析結果は，理論的に予測されるとおり，分割政府状態が責任の所在を不明確にし，ひいては業績評価投票を行いにくくすることを示唆している。

Rudolph（2003b）は，分割政府下で迎えた1998年の選挙時に行われたANES調査のデータに基づき，同じ論点について連邦レヴェルで検討を加えたものである。

まず，過去数年の経済状況に関して最も責任を負うのは大統領，連邦議会，労働者，経営者のいずれと思うかを従属変数にとった分析を行い，分割政府状態にあることを正しく認識できていない人に比べ認識できている人は，大統領に責任を負わせる確率が有意に低いことを明らかにした[43]。その上で，大統領の仕事ぶりに対する評価，連邦議会の仕事ぶりに対する評価を従属変数，経済状況に関する認識，経済状況の責任を誰が負うべき

---

43 ただしその影響の大きさは，経済的イデオロギーや（民主党に帰属意識を持つ人の間での）経済状況に関する認識の影響に比べれば小さい。

と思うか，それらの交互作用項を主たる独立変数にとった分析を行った。そうしたところ，大統領に責任を負わせる人に比べ，連邦議会に責任を求める人の間では，経済状況に関する認識が大統領の仕事ぶりに対する評価に及ぼす影響が有意に小さかった。また，経済状況に関する認識が連邦議会の仕事ぶりに対する評価に及ぼす影響は，大統領に責任を帰属させる人の間では有意ではなく，連邦議会に責任を帰属させる人の間でのみ有意であった[44]。

　以上，統一政府か分割政府かの違いが有権者の政治行動に与える影響について検証した研究を概観した。全体として，「業績評価の大統領支持や投票行動に及ぼす影響の強さは，統一政府か分割政府かによって条件付けられる」という仮説は支持されると言えるだろう。統一政府下に比べ分割政府下では，政策に関する責任の所在が曖昧になる。このため，とくに統一政府状態にあるのか分割政府状態にあるのかを正しく認識できている人に関して，分割政府の下では業績評価を大統領に対する支持／不支持や投票行動にあまり反映させないという傾向が見られるのである[45]。

7．小括―日本の政治的文脈への援用可能性―

　本章では，一般になぜ衆院選に比べ参院選では与党の得票率が伸び悩む傾向にあるのか，「ねじれ国会」が生じた場合それは次の国政選挙におけ

---

[44] 2000年大統領選挙時に行われた電話調査のデータを分析したRudolph and Grant（2002）も同様の結果を得ている。好景気がもたらされた原因を企業経営者，連邦議会，連邦準備制度理事会に求める人の間では，景気向上感が2000年大統領選挙における投票行動に及ぼす影響が有意でなかったのに対し，大統領に求める人の間では，景気が良くなったと感じている人ほど現職大統領の政党（民主党）の候補者に投票する確率が高いという有意な傾向が認められた。

[45] この他，大統領選挙を統一政府下で迎えるか分割政府下で迎えるかが投票率に及ぼす影響を分析したものとしてFranklin and Hirczy de Miño（1998）がある。彼らは，1840年から1992年までに行われた39回の大統領選挙をケースに，投票率を従属変数，選挙時点で分割政府状態にある年数を主たる独立変数にとった分析を行った。その結果，政府の業績を評価する際の情報コストが高まるため，分割政府状態が長くなるほど大統領選挙の投票率が下がる，という傾向を見出した。

る有権者の政治行動にいかなる影響を及ぼすのか，という本研究のリサーチ・クェスチョンと類似の問題関心に基づく，欧米における先行研究を概観した。最後に，各節で紹介した理論仮説の要点をまとめるとともに，我が国の政治的文脈に援用することの可否，および援用するにあたり考慮に入れるべき点を検討してみたい。

　第2節から第4節では，米国の中間選挙で大統領の政党が敗北を喫する原因を解明することを目指した先行研究を取り上げた。

　まず第2節では，コートテイル効果仮説を紹介した。大統領選挙と同時に行われる連邦下院議員選挙における投票行動には，大統領候補に対する評価など，大統領選挙に関わる短期的要因が波及的に作用し，それが大統領選挙に勝利する候補者の政党に有利に働く。これに対し，中間選挙として行われる連邦下院議員選挙における投票行動にはそれが作用しないため，2年前に比べ相対的に大統領の政党が得票・獲得議席を減らす，というのがコートテイル効果仮説である。

　大統領制と議院内閣制の違いがある以上，この仮説を日本の政治的文脈にそのまま当てはめることは当然できない。ただ，この仮説の根幹をなす発想，すなわち政権選択選挙（と同時に行われる議会議員選挙）で選挙後の政権党への投票を促進した要因が，中間選挙における投票行動には作用しないことが，中間選挙における政権党の退潮を生む一因であると考える点は，日本にも援用可能である。衆院選における投票行動に影響を及ぼす特有の要因があり，これが衆院選では与党に有利に働くのに対し，参院選における政治行動にはこの要因が作用しないため，衆院選に比べ参院選では与党の得票率が相対的に伸び悩む，ということが想定されるのである。本研究では，衆院選において自民党候補への投票を促すいわゆる候補者要因が，ここで言う衆院選で与党（自民党）に有利に働く要因に該当すると考える。次章で，自民党政権下の衆院選および参院選における有権者の行動に候補者要因がどのように作用していたのかを分析し，衆院選における候補者要因に基づく行動が参院選における与党の得票率の相対的な伸び悩みに寄与していたのかについて検討する。

　第3節で紹介したのはレファレンダム仮説である。有権者の多くが中間選挙を大統領の政策全般に対する中間評価を下す機会と位置づけており，一般に任期の半ばにかけて政権に対する有権者の評価は厳しいものとなっ

ていく傾向にあることから，中間選挙では大統領の政党が苦戦を強いられると考えるのがこの仮説である。日本でも同様に，衆院選のサイクルの間に行われる参院選を，それまでの政権の実績に対する評価を表明する機会と捉える有権者は少なくないと想定される。このため，衆院選に比べ参院選で与党の得票率が伸び悩む原因を説明する有力な理論仮説にレファレンダム仮説はなり得る。ただ，レファレンダム仮説を日本の政治的文脈に援用する場合に考慮に入れておくべき重要な点がある。それは，衆院選には政権選択の側面があるのに対し，参院選にはそのような側面がないという，衆院選と参院選の性格の違いである。

衆院選も参院選も，ともに政権の業績に対する評価を下す機会を提供する。しかし，一部の有権者，具体的には現政権の枠組み自体は支持するが政権の実績は評価できないと考える有権者は，衆院選では，野党への投票という形での業績評価投票を選択しにくい。衆院選は政権選択選挙である以上，現与党が敗北すると，望まない政権交代が生じてしまうからである。つまり，現政権の枠組みの継続を望む一方で政権の実績は否定的に評価するという有権者は，衆院選では一種の交差圧力を受けることになる。この交差圧力による認知的不協和の状態を解消しつつ，現政権の実績は評価できないという意思を表示するために，こうした有権者は，衆院選では棄権を選択すると想定される。

これに対し，参院選は政権選択選挙ではないため，投票行動の決定にあたって政権交代の是非を考慮に入れる必要がない。このため，現政権の枠組みの継続を望む一方で政権の実績は否定的に評価するという有権者も，参院選では衆院選時のような交差圧力を感じることがなく，現政権の実績は評価できないという意思を野党に投票するという形で明確に示すことができる。

このように，現政権の枠組みは持続して欲しいと望むものの，政権自体は評価できないと考える有権者には，政権選択選挙である衆院選では，棄権という形の業績評価投票を選択する傾向がある。他方，政権選択選挙ではない参院選では，現政権の枠組みの転換を望む有権者と同様に，野党候補への投票という形の業績評価投票を選択する傾向がある，と想定される。この理論的想定が妥当であるならば，現政権の枠組みの継続を望むが政権の実績は評価できないと考える有権者が衆院選と参院選とで異なる

形の業績評価投票を行うことが，衆院選に比べ参院選で与党の得票率が伸び悩むという傾向が生じる一因となっていると考えられよう。そこで，レファレンダム仮説を日本の政治的文脈の下で再構成することで導出したこの仮説の妥当性を，第4章の前半で検証する。

続いて，第4章の後半では，第5節で紹介した欧州における二次的選挙モデルを日本の政治的文脈に援用して導出した仮説の検証を行う。欧州の選挙研究では，国政レヴェルの政権選択選挙を一次的選挙，それ以外の選挙を二次的選挙と分類した上で，二次的選挙に見られる，直近の一次的選挙に比べ投票率が低くなる，各国の国政レヴェルの大政党の得票が伸び悩む一方で小政党が得票を伸ばす，国政レヴェルの政権党が苦戦を強いられる，といった特徴的傾向が生じる要因についての検討を行っている。その際に注目するのが，一次的選挙と二次的選挙とで結果がもたらす利害（stake）の大きさに差があり，それによって有権者にとっての選挙の重要度にも差があるということと，一次的選挙のサイクルの中で二次的選挙が行われる時間的位置である。すなわち，国政レヴェルの政権選択選挙ではないが故に利害が相対的に小さい二次的選挙が一次的選挙のサイクルの中盤に行われると，有権者の多くは，あまり重要ではない選挙と認識しているため，その時点までの国政レヴェルの業績評価に基づいて，思い切って反対党への投票を選択する。そうした国政レヴェルの業績評価投票が，異なるレヴェルの選挙であるにもかかわらず行われることによって，二次的選挙で各国の政権党は苦戦を強いられる，とこのモデルは想定するのである。

この欧州における選挙研究の文脈に即して言えば，我が国の参院選も二次的選挙に該当する。それ故，二次的選挙モデルを援用することで，次のような仮説を導ける。衆院選のサイクルの中盤に非政権選択選挙である参院選が行われると，現政権の業績に対する評価の程度が，与党候補に投票するか野党候補に投票するかの選択に結びつく。とくに，衆院選を一次的選挙，参院選を二次的選挙と捉える投票者——言い換えれば，衆院選に比べ参院選を相対的に軽視する投票者——において，この結びつきはより強くなる，という仮説である。

この仮説が妥当であるならば，非政権選択選挙であるが故に結果がもたらす利害が相対的に小さいため，参院選をあまり重要ではない選挙と認識

している有権者が，その時点までの政権の業績評価に基づいて思い切って反対党への投票を選択することが，参院選における与党の得票率の相対的な伸び悩みを生む一因であると考えることができる。

　ただし，二次的選挙モデルを援用する際には注意すべき点がある。それは，欧州の研究で対象とされている二次的選挙が，欧州議会議員選挙や地方選挙といった，国政とは明らかに異なるレヴェルの選挙であるのに対し，日本の参院選は，衆院選と同じく国政レヴェルの選挙だということである。このため，二次的選挙モデルを援用して参院選の分析を行う場合には，日本の有権者が国政選挙である参院選を実際に二次的選挙と捉えているのか，言い換えれば，衆院選を政権選択選挙，参院選を非政権選択選挙と認識しているのか，そうした認識が衆院選に比べ参院選を相対的に軽視するという意識に結びついているのかをまず確認する必要がある。そこで第4章の後半では，衆院選を政権選択選挙，参院選を非政権選択選挙と認識している人ほど，衆院選に比べ参院選を相対的にあまり重視しない傾向がある，という仮説を検証した上で，二次的選挙モデルをもとに導出した先述の仮説の妥当性を検証する。

　このように第4章では，米国におけるレファレンダム仮説，欧州における二次的選挙モデルを援用して，我が国の衆参両院選挙における業績評価投票について検討するという観点から，一つ目のリサーチ・クェスチョンへの接近を試みる。

　第4節では，政策バランス仮説について概説した。分権的な政治制度をとる米国では，統一政府下で実現する政策に比べ，分割政府下で実現する政策の方が，穏健なものになりやすいとされる。このため，中道的な立場をとる有権者が，自らの理想に近い穏健な政策の実現を期待して，分割政府を作り出すことを意図した投票行動をとる可能性が考えられる。その可否を左右するのが，大統領選挙の結果の不確実性である。どちらの政党が大統領を出すか定かではない状況では，どちらの政党を連邦議会の多数党とすれば分割政府状態となるのか判然としないからである。中間選挙に関しては，選挙後にどちらの政党が政権を担うのかはっきりしている。それ故，とくに中間選挙において，中道的な有権者が，バランスのとれた穏健な政策の実現を期待して，反対党の候補者への投票を選択するということが想定される。こうした行動をとる中道的有権者の存在が，中間選挙にお

ける大統領の政党の敗北につながっていると考えるのが，政策バランス仮説である。

翻って，二院制という分権的な政治制度をとる我が国では，野党が参議院で占める議席数が増えるほど，政策形成過程における野党の影響力が強まり，実現する政策はより穏健なものになりやすいと考えられる。このため，中間選挙として行われる参院選において，中道的な立場をとる有権者が，自らの理想に近い穏健な政策の実現を期待して，野党候補への投票を選択するという可能性が想定される。

そこで第5章では，保革イデオロギー次元上で，民主党に比べ自民党をより保守的であると（正しく）認識し，かつ，自民党と民主党の間に自己を位置づける，中道的な有権者の意識と行動に焦点を当てる。政策的バランスを考慮に入れて，衆院選では政権を担当することになる政党の候補者に投票しながら参院選では野党第一党の候補者に時間差で分割投票するという傾向が，こうした中道的な有権者に見られるのか否かについて分析する。

このように，第2節から第5節では，米国および欧州において，国政レヴェルの政権選択選挙のサイクルの中盤に行われる選挙（中間選挙，二次的選挙）でなぜ政権党が苦戦を強いられるのかを説明する理論仮説を紹介した。これに対し第6節では，米国の連邦／州レヴェルで分割政府が生じた場合に，それが有権者の意識と行動にいかなる影響を及ぼすのかについて検討した論考を概説した。分割政府下では統一政府下に比べ，政策の帰結に関する責任所在が不明確になる傾向がある。その結果，分割政府下では相対的に，業績評価投票を行いにくくなるということが想定され，実際先行研究でもその傾向が確認されている。

我が国では1989年の参院選以降，参議院の第一党が過半数議席を確保できないという状況が四半世紀以上にわたって続き，この間「ねじれ国会」が生じることもたびたびあった。この，議院内閣制・二院制下の日本における「ねじれ国会」は，大統領制下の米国における分割政府と非常によく似た状況と言える。分割政府下と同様，衆参「ねじれ」の状況下でも，政策の帰結に関する責任所在が不明確になる傾向が生じ，責任が現政権にあるのか「ねじれ国会」にあるのか定かではなくなる。このため，第6節で紹介した理論仮説を援用すると，政策の責任を現政権だけでなく

「ねじれ国会」にも帰する人――言い換えれば，「ねじれ」状況を問題視する人――は，「ねじれ国会」の下で政権を担った内閣の業績を相対的に甘く（高く）評価する，「ねじれ」状況下で迎える選挙において業績評価を投票行動にあまり結びつけない，といった傾向を示すという仮説が導ける。第7章では，これらの仮説の検証を試みる。

補論　中間選挙における大統領の政党の敗北を説明するその他の仮説
エクスポージャー仮説

コートテイル効果仮説と基本的な考え方が類似するものとして，Oppenheimer, Stimson, and Waterman（1986），Waterman, Oppenheimer, and Stimson（1991）の提示した「エクスポージャー仮説」がある。この仮説は，各政党が平時に獲得できる連邦下院議員選挙の議席数には，長期間の平均から割り出される適正規模があると前提する。そして，選挙前時点での適正規模からのズレの大きさを「エクスポージャー」（exposure：議席喪失の危険にさらされている議席数の意）と定義し，このエクスポージャーの程度が選挙結果に影響を及ぼすと考える。具体的には，ある政党の選挙前時点での議席数が適正とされる数より多いと，適正規模へと戻す力が働くことで，その政党は選挙で議席を減らすのに対し，選挙前時点での議席数が適正とされる数より少ないと，適正規模へと戻す逆の力が働くことで，選挙で議席を増やすことになると主張する。

中間選挙における大統領の政党の敗北の原因として，選挙前時点で大統領の政党が議席を多く持ちすぎていることに着目するという点では，エクスポージャー仮説とコートテイル効果仮説の基本的な考え方は類似していると言える。しかし，コートテイル効果仮説は，大統領選挙の年に同選挙に勝利する候補者の政党が連邦下院議員選挙で議席を多く獲りすぎることが次の中間選挙に負の影響を及ぼすという関係にのみ焦点を当てているのに対し，エクスポージャー仮説は，大統領の政党であれ反対党であれ，また大統領選挙の年に行われる連邦下院議員選挙であれ中間選挙として行われる同選挙であれ，適正規模を超える議席を獲得すると，そのことが次の選挙にマイナスに影響すると想定する点に，二つの仮説の違いがある。

中間選挙における大統領の政党の敗北という規則性を説明するモデルとしては，コートテイル効果仮説の方がより妥当性が高いと言えるのではな

いかと考える。

否定的投票(negative voting)仮説

　レファレンダム仮説に類似した仮説として，Kernell（1977）が提示した「否定的投票(negative voting)仮説」がある。社会心理学の知見からは，現職大統領の善政よりも失政の方が有権者にとって重要な意味を持つこと，大統領の業績に対する否定的評価が中間選挙における投票行動に及ぼす影響の方が，肯定的評価が及ぼす影響よりも大きいことが想定される。これに基づき，連邦議会中間選挙において，現職大統領の実績に満足している有権者が大統領の政党の候補者に投票する可能性に比べ，不満を抱いている有権者が反対党の候補者に投票する可能性の方が高くなることが，中間選挙における大統領の政党の苦戦の要因であると考えるのがこの仮説である。彼は仮説の妥当性を検証するために，1946年から66年までの6回の中間選挙直後に行われた調査のデータを用いて，政党帰属意識と大統領の業績評価が投票行動に対して及ぼす交互作用的影響に着目した分析を行い，次のような三つの結果を引き出した。

　第1に，大統領の実績に対する評価が政党帰属意識と一致しない場合，大統領の政党に帰属意識を持つが実績を否定的に評価する有権者が反対党に投票する確率の方が，反対党に帰属意識を持つが実績を肯定的に評価する有権者が大統領の政党に投票する確率よりも高い。言い換えれば，実績に対する評価が政党帰属意識と相容れない状況では，否定的評価の方が肯定的評価に比べ，政党帰属意識に反する投票行動を生みやすいということである。第2に，実績に対する評価が政党帰属意識と一致する場合，大統領の政党に帰属意識を持ち実績を肯定的に評価する有権者が大統領の政党に投票する確率に比べ，反対党に帰属意識を持ち大統領を否定的に評価する有権者が反対党に投票する確率の方が高い。そして第3に，政党帰属意識を持たない場合，実績を肯定的に評価する有権者が大統領の政党に投票する確率に比べ，否定的に評価する有権者が反対党に投票する確率の方が高い。

　第2・第3の点は，言い換えれば，肯定的評価に比べ否定的評価の方が投票行動を強く規定するということを意味する。これらはいずれも否定的投票仮説から予測される結果であることから，中間選挙における大統領の

政党の敗北を説明する仮説として，否定的投票仮説が妥当であると彼は結論づけている(cf. Born 1990; Cover 1986; Patty 2006)。

戦略的政治アクター仮説

　レファレンダム仮説に関連して，経済状態や大統領支持率は，政治アクターの行動に影響を与え，それを通じて間接的に選挙結果を左右するという考え方も提示されている。Jacobson and Kernell（1983)による，「戦略的政治アクター仮説」がそれである。

　彼らは，連邦下院議員選挙に出馬する候補者の「質」に着目する。良質な候補者が出馬するか否かは，選挙時点での政治状況の影響を受けるという。ある政党に逆風が吹く状況において，その政党を支援する団体は，当選可能性が低い新人候補ではなく，当選可能性がまだ高い現職候補の支援に資源を集中させる。このため，逆風が吹く政党の良質な新人候補は，敗北によって政治家としてのキャリアに傷がつくというリスクを回避するために，当選可能性が低いと判断した場合は，その選挙での立候補を取りやめる。加えて，逆風が吹く政党では，当選可能性が低い現職の中から，落選の憂き目を見るのを回避するために自発的に引退するという者も出てくる。こうして，逆風が吹く政党は，良質な候補者をあまり擁立できなくなり，苦戦に拍車がかかる。

　これに対し，追い風が吹く政党を支援する団体は，当選可能性が高い現職候補ではなく，接戦を繰り広げる新人候補に支援を集中させる。このため，追い風が吹く政党からは，良質な新人候補が積極的に出馬し，結果その政党の優位がさらに強まる。以上のような政治アクターの戦略的行動が相まって，逆風を受ける政党は実際に敗北を喫することになる。

　このような戦略的行動を生む，政党にとって逆風／追い風となる要因の一つとして，政府の政策に対する業績評価がある。具体的には，経済状態の悪さや大統領支持率の低さは，大統領の政党にとっては逆風となる一方で，反対党にとっては追い風となる。つまり，経済状態が悪かったり，大統領支持率が低かったりすると，来る連邦下院議員選挙で大統領の政党からの出馬を検討していた良質な新人候補の多くが戦略的に出馬を見送り，それによって大統領の政党は敗北を喫することになる——このように考えるのが，「戦略的政治アクター仮説」である。

これは，大統領選挙と同時に行われる連邦下院議員選挙と中間選挙として行われる同選挙のいずれにも適用可能な仮説であるが，中間選挙の文脈に当てはめれば，中間選挙における大統領の政党の敗北という規則性を説明する一つの仮説と位置づけることができる。Jacobson（1989）は，この仮説を支持する実証分析の結果を提示している（cf. Born 1986）。

第3章
衆参両院選挙におけるパーソナル・ヴォート

1. 導入

　前章第2節で概説したとおり，米国では，大統領選挙と同時に行われる連邦下院議員選挙で生じるコートテイル効果が中間選挙として行われる同選挙では生じないことが，中間選挙で大統領の政党が苦戦を強いられる一因であるとの仮説が提起されている(cf. 森，2005)。議院内閣制をとる我が国の参院選で，政権与党の得票率が直近の衆院選に比べ伸び悩むという傾向が生じる要因について検討するにあたり，大統領制をとる米国の政治的文脈の下で提起されたこの理論仮説をそのまま援用することは当然できない。しかし，仮説の普遍的な要点を抽出し，我が国の政治的文脈の下で類推適用することはできる。そうすると，日本でも，衆院選における投票行動には与党に有利な形で作用するが参院選における投票行動には影響を及ぼさないような何らかの要因が存在するならば，それが参院選での与党の得票率低下を生む一因だと考えられるということになる。そうした要因の一候補として挙げられるのが，衆院選で見られた候補者中心の選挙政治である。

　戦後，衆議院の選挙制度として約半世紀にわたって採用されてきたいわゆる中選挙区制の下で，単独での政権獲得を目指す自民党は，大多数の選挙区に複数の公認候補を擁立した。同一政党の候補者間での激しい同士討ちが展開される衆院選では，政権の実績に対する評価といった時間とともに変化しやすい要因よりはむしろ，時の政治情勢の影響を受けにくい，候

補者個人に対する評価に基づいて,どの自民党候補に投票するか決める有権者が一定数存在した。これに対し参院選では,候補者個人に対する評価に重きを置いて自民党に投票する人は,衆院選に比べ相対的に少なかった。参院選の選挙区は半数以上が一人区であり,候補者中心の選挙を生み出す同士討ちが全体として起こりにくいこと,選挙区が都道府県単位と広いため,個々の有権者と候補者との関係が密になりにくいことなどがその理由とされている。1994年に衆議院の選挙制度改革が実現し,1996年衆院選から小選挙区比例代表並立制が導入されたことで,こうした1955年体制下・中選挙区制下で見られた傾向は弱まった。ただそれでも,少なくとも民主党への政権交代が実現した2009年衆院選までは,(小)選挙区で候補者要因を重視して自民党に投票するという行動をとる人が衆院選に比べ参院選では相対的に少ないという状態が続いた。

このように,政党支持率や内閣支持率に表れる時の政治情勢の影響を受けにくい,候補者個人に対する評価を重視して——すなわち,「パーソナル・ヴォート」を行って——自民党を選択する投票者が,衆院選では一定数存在したのに対し,参院選では衆院選に比べ相対的に少なかったことで,参院選の選挙区選挙では,衆院選の小選挙区選挙に比べ,自民党政権の実績に対する評価が結果に反映されやすかった。このことが,衆院選では自民党に有利に働いた一方で,参院選では常に有利に働くとは限らず,結果として衆院選に比べ参院選で与党・自民党の得票率が伸び悩む一因となったということが想定される。

本章では,「JEDS96 (Japanese Elections and Democracy Study 96)調査」および「東京大学蒲島＝谷口研究室・朝日新聞共同世論調査」を用いて,この想定の妥当性について検証する。まず次節では,公益財団法人明るい選挙推進協会(明推協)が1972年衆院選調査・74年参院選調査から継続して尋ねている,投票に際して政党を重視したか候補者を重視したかに関する質問に対する回答の分布を見ることで,衆議院の選挙制度改革以降も,候補者を重視して自民党に一票を投じる人が衆院選に比べ参院選で相対的に少なかったことを確認する。それを踏まえて第3節で本章の仮説を提示するとともに,その仮説を検証するための分析手法について説明する。そして第4節で検証結果を紹介し,第5節で本章の議論をまとめる。

2. 背景

　有権者が選挙区における投票行動を決める際，政党に関わる要因（候補者を公認（推薦）している政党に対する好感度や，その政党のマニフェストに対する支持／不支持，与党として支える政権の実績に対する評価など）を重視するのか，それとも，候補者個人に関わる要因（候補者の人柄や掲げる政策，政治家としての実績に対する評価など）を重視するのかという問題は，日本の選挙について分析する上で注目すべき，非常に重要な論点である。明推協が国政選挙のたびに実施している意識調査に，1972年の衆院選時以来40年以上にわたって一貫して，「今回の選挙では政党を重く見て投票したのか，候補者個人を重く見て投票したのか，一概には言えないのか」を尋ねる質問項目が組み込まれているということが，選挙・投票行動研究におけるこの論点の重要性を物語っている。図3-1・図3-2は，この質問項目に対する回答の分布を，衆院選・参院選という選挙の種別

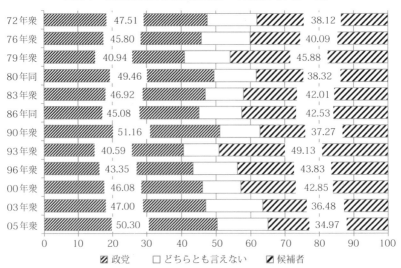

図3-1　政党重視か候補者重視か：衆院選（単位：％）

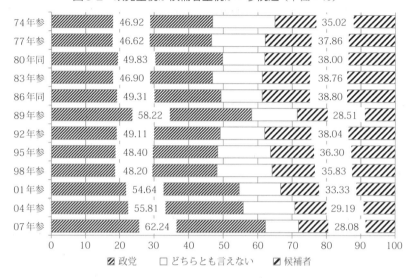

図3-2 政党重視か候補者重視か：参院選（単位：％）

に，時系列的に示したものである[1]。この二つの図からは，投票行動の規定要因としての政党・候補者の相対的重要性が，衆院選と参院選とで異なっていたこと，衆議院の選挙制度改革の前後で大きく変化したことが読み取れる。

まず，各選挙区に原則3から5の定数が割り振られるいわゆる中選挙区制の下で行われた1993年までの8回の衆院選に関しては，選挙ごとのばらつきはあるものの，平均すると，政党を重視する投票者の割合が45.99％，候補者を重視する投票者の割合が41.58％と，両者の比率は概ね一対一であった。一つの選挙区に同一政党（主に自民党）から複数の候補者が立つことの多かった中選挙区制下では，政党要因に着目するだけで

---

[1] 2009年・12年・14年衆院選, 2010年・13年参院選時に行われた調査にも，この質問項目が含まれてはいる。ただ，本章では民主党への政権交代前の選挙に関心を置いていること，2012年衆院選以降，調査手法が訪問面接調査から郵送調査へと変更になったことから，2005年衆院選・07年参院選までの選挙に焦点を絞って議論を進める。

は，「自民党候補に投票するか野党候補に投票するか」を決めることはできても，「どの自民党候補に投票するか」まで決めることはできなかった。このため，後者の選択を行う際，候補者要因が重要な役割を果たした(今井，2004；三宅，1995，第2章)[2]。候補者重視の投票者が政党重視の投票者とほぼ同数存在したというこの数字は，こうした中選挙区制の制度的特徴を反映していると言える。

　1994年に選挙制度改革が実現し，現行の小選挙区比例代表並立制の下で衆院選が行われるようになった。その最初の2回の選挙(1996年・2000年)では，投票行動決定に際して政党を重視するか候補者を重視するかという点に関し，それほど大きな変化は生じていない。多くの有権者・候補者が中選挙区制下の衆院選を経験していたこともあって，制度改革の影響がすぐには表れなかったものと考えられる。

　一方，同時期(1974年～98年)の参院選に関しては，自民党が惨敗を喫した1989年を除き，各回の選挙でほぼ同様の数字を示している。1989年以外の8回の選挙について平均すると，政党重視の投票者の割合が48.15％，候補者重視の投票者の割合が37.34％と，前者の方が10ポイント強高い。衆院選とは異なるこうした傾向が参院選で見られた理由としては，先述のとおり，参院選の選挙区は都道府県単位と面積が広く，しかも一人区が半数以上を占めるため，候補者中心の選挙になりにくかったことなどが挙げられる。

　ところが，2000年代に入ってから，四半世紀にわたって見られたこうした傾向が大きく変化する。衆院選でも参院選でも，政党重視の投票者の比率が一貫して上昇し，候補者重視の投票者の比率が一貫して低下したのである。

　衆院選に関しては，政党重視の投票者の比率は，2000年に46.08％であったのが，03年に47.00％，05年に50.30％と，少しずつ上昇しているのに対し，候補者重視の投票者の比率は，2000年の42.85％から，03年の36.48％，05年の34.97％へと，7.88ポイント低下している。選挙

---

[2] 三宅(1995，第2章)は，まず政党支持に基づき政党を選択し，次いで候補者を選ぶというような中選挙区制下の日本の有権者の投票行動を，「党派的傘モデル」と表現している。

制度改革の一つの目的は，候補者中心の選挙から政党本位の選挙へと改めることにあった．この意識調査の2000年以降の回答分布を見る限り，衆院選における有権者の投票行動は，徐々にではあるが，制度改革の目指した方向に進みつつあるようである．

参院選ではその傾向がより顕著に見られる．1998年と2007年とで数字を比較すると，政党重視の投票者の比率がプラス14.04ポイント，候補者重視の投票者の比率がマイナス7.75ポイントとなっている．その結果，2007年参院選時には，政党重視の投票者が候補者重視の投票者の2倍以上を占めるに至った．

このように，2000年代に入ってから，日本の有権者の投票行動には質的変化が生じている．衆院選でも参院選でも，選挙区における投票行動の決定に際して政党を重く見る人が増加し，候補者を重く見る人が減少したのである．ただし，衆院選と参院選とで同じ方向の変化を見せているとはいえ，それでもなお，両選挙の間に重要な差異が存在することも見逃してはならない．すなわち，候補者（／政党）を重視する投票者の比率は衆院選に比べ参院選においてより低い（／高い）という，衆議院の選挙制度改革以前に見られた傾向は，2007年参院選までは，統計的に有意なレヴェルで依然残存していたのである[3]．

それでは，衆院選における投票行動と参院選における投票行動の間にあったこうした質的な差異は，量的な差異，すなわち参院選における与党・自民党の得票率の相対的な伸び悩みと何らかの関連を有しているのであろうか．図3-3・図3-4は，2000年以降の6回の国政選挙について，政党を重視して自民党／民主党の候補者に投票した人，候補者を重視して自民党／民主党の候補者に投票した人，棄権した人の，全回答者に占める比

---

[3] 参考までに，2009年・12年・14年衆院選，2010年・13年参院選における分布は以下のとおりである．
（出典：公益財団法人明るい選挙推進協会HP　http://www.akaruisenkyo.or.jp/）
2009年衆院選：政党重視＝61.2%，候補者重視＝29.0%
2012年衆院選：　　　　＝53.4%，　　　　＝29.0%
2014年衆院選：　　　　＝48.6%，　　　　＝29.9%
2010年参院選：　　　　＝59.2%，　　　　＝30.4%
2013年参院選：　　　　＝52.6%，　　　　＝27.2%

図3-3　政党重視の投票者の政党選択（単位：％）

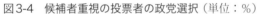

図3-4　候補者重視の投票者の政党選択（単位：％）

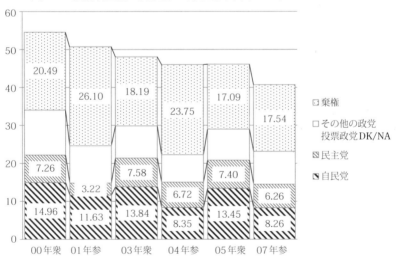

率をまとめたものである。図3-3を見ると，政党重視の投票者が選択した政党は，選挙のたびに大きく変わっていることがわかる。「小泉旋風」が

吹き荒れた2001年参院選では，自民党に投票した人が2000年衆院選に比べ7.71ポイント増加して20.80％となった。これに対し2003年衆院選では，自民党を選択した人が14.64％，民主党を選択した人が14.36％と拮抗し，続く2004年参院選では，自民党が13.30％，民主党が18.48％と，民主党が自民党よりも5ポイント以上多くの有権者の支持を集めた。いわゆる「郵政解散」による2005年衆院選では，自民党に投票した人が21.71％，民主党に投票した人が11.47％と，息を吹き返した自民党が民主党の2倍弱の支持を得た。ところが小泉構造改革の負の遺産が一人区での自民党の苦戦をもたらした2007年参院選では，自民党が16.03％，民主党が22.61％と，2004年参院選と同様に民主党に投票した人が自民党に投票した人を大きく上回った。つまり，政党重視の投票者の選挙区選挙における政党選択の分布は，選挙全体の結果と軌を一にして，選挙ごとに大きく変化していたのである。

　これとは対照的に，候補者重視の投票者の政党選択は，2007年参院選までは，分布が比較的安定していた（図3-4）。興味深いことに，2001年参院選を除き，3回の衆院選，2回の参院選で，それぞれほぼ同じ数字を示している。具体的には，候補者を重視して民主党候補を選択した回答者の割合は，2000年衆院選から順に，7.26％，3.22％，7.58％，6.72％，7.40％，6.26％と，2001年参院選を除き，衆院選でも参院選でも6％台から7％台で推移していた。一方，候補者を重視して自民党候補に投票した回答者の比率は，衆院選に関しては，2000年が14.96％，2003年が13.84％，2005年が13.45％，参院選に関しては，2001年が11.63％，2004年が8.35％，2007年が8.26％と，これも2001年参院選を例外として，衆院選の数字が参院選の数字を5ポイント強上回る形で安定していたのである。

　以上，明推協調査に基づき，投票の際に政党と候補者のどちらを重視するかに関して，衆院選と参院選とで差異があることを確認した。具体的には次の3点が明らかとなった。

　第1に，衆議院の選挙制度改革以降，衆院選でも参院選でも，投票行動の決定に際して政党を重く見る人が増加し，候補者を重く見る人が減少した。

　第2に，衆院選と参院選とで同じ方向の変化が生じてはいるものの，2007年参院選までは，依然両選挙の間に重要な差異が見られた。すなわ

ち，候補者を重視する投票者の比率は衆院選に比べ参院選においてより低いという，衆議院の選挙制度改革以前に見られた傾向は，2007年参院選までは，統計的に有意なレヴェルで残存していた。

そして第3に，候補者重視の投票者がどの政党を選択したかを見たところ，第2の点を生じさせているのは自民党投票者であることが判明した。2000年代の国政選挙で候補者を重視して自民党に投票した人は，衆議院の小選挙区選挙に比べ参議院の選挙区選挙では，調査の回答者の5ポイント強少なかったのである。

ここで，生態学的誤謬（ecological fallacy）の問題を脇に置くと，調査データの回答を集計することで見えてくるこうした傾向から，次のような推論を引き出すことができる。衆院選では，現政権の実績に対する評価のような時間とともに変化しやすい要因よりもむしろ，時の政治情勢の影響を受けにくい，候補者個人に対する評価に着目して自民党に投票する人が少なからず存在したことが，与党・自民党にとっては一種の手堅い「基礎票」となった。このため，たとえば2005年衆院選のように，内閣支持率が高く，自民党に有利な政治情勢の下で衆院選を迎えた場合には，政治情勢にかかわらず自民党候補に投票するという候補者重視の投票者の固い支持に加え，政治の動向を考慮して投票先を選択する有権者からも票を獲得できたことから，追い風を受けた自民党が大勝することになった。その一方で，内閣支持率が低く，自民党にとって逆風が吹く中で迎えた衆院選（たとえば，森喜朗首相の下で自民党が苦戦した2000年衆院選）でも，候補者重視の投票者の多くはそうした逆風などどこ吹く風というように自民党候補への投票を選択したことから，自民党が窮地に追い込まれるまでには至らなかった。ところが，衆院選の小選挙区選挙で候補者要因に基づいて自民党候補に投票するこれらの人々のうち一定数は，参院選の選挙区選挙では，内閣業績評価などの候補者評価以外の要因に着目して投票行動を決めたり，棄権に回ったりした。これにより，自民党にとっての「基礎票」が目減りするとともに，選挙が行われた時点の政治状況を考慮に入れて投票選択を行う人が相対的に多くなった。その結果，衆院選に比べ参院選では，一般に自民党の得票率が伸び悩む傾向にあり，内閣支持率が低迷する中で選挙を迎える場合に惨敗を喫しやすかった。

この推論が仮に妥当であるならば，衆院選で候補者を重視して自民党候

補に投票する人の存在が，一般になぜ衆院選に比べ参院選では与党の得票率が伸び悩む傾向にあるのかという問いを解く上で一つの鍵となる。そこで本章では，この推論の妥当性について，更なるデータ分析を通じて検証を試みる。次節で仮説および分析手法について説明する。

3．分析手法

　前節で示した推論は，次のような形で検証可能な仮説に落とし込むことができる。これら二つの仮説が実証されれば，先の推論は妥当ということになる。

仮説1：調査の回答者の主観的認識は正しい。より具体的に言えば，候補者を重視して投票したと回答した人の投票行動は，実際に，政党や政権に対する評価よりもむしろ候補者に対する評価によって規定されている。逆に，政党を重視して投票したと回答した人の投票行動は，候補者に対する評価よりもむしろ政党や政権に対する評価によって規定されている。

仮説2：衆院選では候補者を重視して投票した人も，参院選では，政党や政権に対する評価を考慮に入れて投票政党を選択したり，棄権を選択したりしていた。

　仮説1の検証には政党・候補者に対する評価や内閣業績評価など，投票行動を規定する心理的態度に加えて，（小）選挙区での投票に際して政党を重視したか候補者を重視したかについて尋ねた調査のデータが，仮説2の検証にはそれらを質問項目に含む，衆院選から参院選にかけてのパネル調査のデータが必要となる。ただ，これらの条件を満たす選挙調査は思いのほか限られている。本章では，「JEDS96調査」および「東京大学蒲島＝谷口研究室・朝日新聞共同調査（2003年衆院選－04年参院選世論調査）」を用いて仮説1の検証を[4]，後者を用いて仮説2の検証を試みる。

4　本来であれば，1996年・2003年の衆院選に加えていずれかの年の参院選時に行われた調査の分析も行い，仮説1の妥当性を検証するのが望ましい。た

仮説1を検証する分析の従属変数は，1996年衆院選の小選挙区選挙で自民党の公認／推薦候補に投票したか野党（新進党／民主党）の公認／推薦候補に投票したか，2003年衆院選の小選挙区選挙で自民党の公認候補に投票したか野党（民主党）の公認候補に投票したかである。独立変数として投入するのは，自民党候補の認知の有無，自民党候補への感情温度，野党候補の認知の有無，野党候補への感情温度（以上，1996年衆院選の分析のみ）[5]，野党に対する感情温度と自民党に対する感情温度の差，公明党に対する感情温度（2003年衆院選の分析のみ），保革次元上の自己の立場・自民党の立場・野党の立場の認識の有無，保革次元上での自己の立場と野党の立場・自民党の立場との距離の差，内閣業績評価，被投票依頼経験の有無（1996年のみ），選挙運動接触の有無（同）の各変数である。従属変数が二値変数であるので，推定にはロジット分析を用いる。この分析を，候補者を重視して投票した回答者と政党を重視して投票した回答者とに分けて行う[6]。仮説1が妥当であるならば，1996年衆院選で候補者を重視して投票した回答者を対象とした分析では候補者感情温度の効果が有意になるのに対し，政党を重視して投票した回答者を対象とした分析では有意にならない，1996年・2003年衆院選で候補者を重視して投票した回答者を対象とした分析では内閣業績評価の効果が有意にならないのに対し，政党を重視して投票した回答者を対象とした分析では有意になる，といった結果が得られるはずである。

だ，2009年の民主党への政権交代以前の参院選時に行われた調査で，本章の分析において鍵を握る，投票行動決定の際に政党を重視したか候補者を重視したかを尋ねる質問を含むものは，残念ながらない。このため，2回の衆院選に関する分析のみで仮説1の検証を行わざるを得ない。

5 　東大・朝日共同世論調査でも，小選挙区の自民党候補・民主党候補に対する感情温度を尋ねてはいる。ただ，その質問が行われたのが選挙後の調査であったため正当化（rationalization）が働いているのか，この候補者感情温度を独立変数に含めて分析にかけると，推定がうまく行われなかった。このため，本章の問題関心からはできれば候補者要因を独立変数にとりたかったが，断念した。

6 　2003年衆院選を事例にとった仮説1の検証に関しては，仮説2の検証と分析対象者を同一にするために，次に説明する仮説2の分析の従属変数に該当する回答者のみを対象に行った。なお，この制約を外した分析も行ってみたが，結果は変わらない。

一方，2003年衆院選から04年参院選にかけてのパネル調査の分析を通じて行う仮説2の検証の方法は次のとおりである。従属変数は，2004年参院選の選挙区選挙で自民党の公認候補もしくは自民党の推薦を受けた無所属候補に投票したか，民主党の公認候補もしくは民主党の推薦を受けた無所属候補に投票したか，棄権したかである。独立変数には，いずれも2004年参院選後調査の回答をもとにした，民主党に対する感情温度と自民党に対する感情温度の差，公明党に対する感情温度，内閣業績評価，投票義務感をとる。従属変数が三つのカテゴリ間の選択であるため，分析手法としては「自民党公認／推薦候補への投票」を基準カテゴリとする多項ロジットモデル(multinomial logit model)を採用する。この多項ロジット分析を，2003年衆院選時に候補者を重視して投票した回答者と政党を重視して投票した回答者とに分けて行う。前者を対象とした分析でも，後者を対象とした分析と同様に，内閣業績評価が2004年参院選における投票／棄権の選択や投票政党の選択に有意な影響を及ぼしていたとする結果が得られたならば，仮説2は妥当ということになる。

4．分析結果

4.1 仮説1の検証結果

仮説1の検証結果から見ていくことにしよう。表3-1・表3-2は，それぞれ1996年・2003年衆院選における投票行動を従属変数にとったロジット分析の結果で，左側は候補者を重視して投票したと認識している回答者を対象とした分析，右側は政党を重視して投票したと主観的に思っている回答者を対象とした分析の結果である。最右列の「有意差」は，二つの分析の対象者を合算して，政党重視の投票者を表すダミー変数およびそれと全ての独立変数との交互作用項を投入した分析を行った場合に，交互作用項の影響が有意になった独立変数の有意水準を表している。たとえば，表3-1の「候補者感情温度：自民党」に5％水準で有意との印がついている。これは，候補者重視の投票者を対象とした分析の係数(−5.280)と政党重視の投票者を対象とした分析の係数(−2.362)の間には，5％水準で有意な差があることを意味している。

表3-1の分析にのみ投入できた候補者感情温度が従属変数に及ぼす影響

表3-1　仮説1の検証－ロジット分析結果（1996年衆院選）

	野党候補への投票				有意差
	候補者重視		政党重視		
	Coef.	Std. Err.	Coef.	Std. Err.	
候補者認知：自民党	1.375 *	0.657	0.937	0.704	
候補者感情温度：自民党	−5.280 ***	1.013	−2.362 *	1.033	*
候補者認知：野党	−0.443	0.661	−0.077	0.703	
候補者感情温度：野党	4.648 ***	1.014	0.218	1.094	**
政党感情温度：野党−自民党	3.187 *	1.256	9.302 ***	1.670	**
保革：立場の認識の有無	−0.226	0.370	−0.100	0.499	
保革：｜自己−野党｜−｜自己−自民｜	−1.987	1.630	−4.956 *	2.000	
内閣業績評価	−0.996	0.934	−2.875 **	0.984	
被投票依頼経験	1.170 †	0.618	1.950 **	0.706	
選挙運動接触	1.199 †	0.626	−0.634	0.659	*
（定数項）	−1.437	1.354	−1.073	1.437	
Number of obs	317		259		
LR x^2 (10)	180.71		156.38		
Pseudo R^2	0.412		0.441		

† p<.10　* p<.05　** p<.01　*** p<.001

表3-2　仮説1の検証－ロジット分析結果（2003年衆院選）

	野党候補への投票				有意差
	候補者重視		政党重視		
	Coef.	Std. Err.	Coef.	Std. Err.	
政党感情温度：野党−自民党	2.496 ***	0.708	4.570 ***	0.807	†
政党感情温度：公明党	−1.038	0.802	−1.846 *	0.756	
保革：立場の認識の有無	0.522	0.382	0.685 †	0.365	
保革：｜自己−野党｜−｜自己−自民｜	−2.441	2.119	−7.709 **	2.365	†
内閣業績評価	0.352	0.806	−3.157 ***	0.837	**
（定数項）	−0.674	1.244	3.433 *	1.446	
Number of obs	155		264		
LR x^2 (5)	21.94		155.82		
Pseudo R^2	0.104		0.426		

† p<.10　* p<.05　** p<.01　*** p<.001

を見ると，左側の候補者重視の投票者を対象とした分析では，自民党が負で有意に，野党が正で有意になっている。自民党であれ野党であれ，小選挙区の候補者を知っている場合，好感度が高いほどその候補者に投票する確率が高いということである。これに対し，右側の政党重視の投票者を対

象とした分析では，自民党候補に対する感情温度の影響は負で有意であるものの，野党候補に対する感情温度の影響は統計的に有意ではない。しかも，いずれの候補者感情温度の影響も，候補者重視の投票者を対象とした分析における影響に比べ有意に小さい（有意差の列参照）。

この分析結果をもとに，ある平均的な投票者[7]の行動についてシミュレーションを行うことで，候補者評価が投票行動に及ぼす影響の大きさが二つのグループ間でどの程度違うのか確認してみよう[8]（表3-3参照）。自民党候補に対する感情温度に関しては，候補者重視の投票者についての分析結果によれば，平均的な投票者の自民党候補に対する感情温度が平均プラス1標準偏差の場合，自民党候補に投票すると予測される確率は80.49％に上るが，平均マイナス1標準偏差の場合には17.90％に過ぎない。対照的に，政党重視の投票者についての分析結果によれば，同条件での自民党候補への予測投票確率はそれぞれ74.22％，43.98％と，前者の方が両側10％水準で有意に高いものの，その差（30.24ポイント）は候補者重視の投票者における差（62.59ポイント，$p < .01$）に比べれば格段に小さい。一方，野党候補に対する感情温度に関しては，候補者重視の投票者についての分析結果をもとにシミュレートすると，平均的な投票者の野党候補に対する感情温度が平均プラス1標準偏差の場合（21.09％）と平均マイナス1標準偏差の場合（77.01％）とで，自民党候補に投票する予測確率は1％水準で有意に異なる。これに対し，政党重視の投票者についてのシミュレーションでは，感情温度が平均プラス1標準偏差の場合が58.64％，平均マイナス1標準偏差の場合が61.57％と，自民党候補への予測投票確率に有意な差は見られなかった。

---

7 候補者認知の有無・保革次元上の立場の認識の有無には「1」を，被投票依頼経験・選挙運動接触には「0.5」を，政党感情温度差・保革次元上での政党との距離の差・内閣業績評価には1996年衆院選で自民党の公認／推薦候補もしくは野党（新進党／民主党）の公認／推薦候補に投票した人の平均を，シミュレーションで着目しない方の候補者感情温度には自民党の公認／推薦候補もしくは野党の公認／推薦候補に投票した，当該候補者を知っている回答者の平均を充てた。

8 シミュレーションにはCLARIFY Version 2.1（King, Tomz, and Wittenberg 2000; Tomz, Wittenberg, and King 2003）を利用した。

表3-3 シミュレーション結果(1996年・2003年衆院選)(単位%)

	平均 プラス 1標準偏差	平均 マイナス 1標準偏差	差
候補者感情温度：自民党(1996年)			
候補者重視	80.49	17.90	−62.59 **
政党重視	74.22	43.98	−30.24 †
候補者感情温度：野党(1996年)			
候補者重視	21.09	77.01	55.92 **
政党重視	58.64	61.57	2.93
政党感情温度差(1996年)			
候補者重視	34.23	63.33	29.10 *
政党重視	21.22	89.55	68.33 **
内閣業績評価(1996年)			
候補者重視	53.64	43.71	−9.93
政党重視	72.93	46.00	−26.93 **
政党感情温度差(2003年)			
候補者重視	34.06	66.04	31.98 **
政党重視	13.73	64.12	50.39 **
内閣業績評価(2003年)			
候補者重視	47.97	52.07	4.10
政党重視	52.84	20.30	−32.54 **

表中の数字は，自民党候補への予測投票確率を表す。　† $p<.10$　* $p<.05$　** $p<.01$

　以上の分析結果を要約すれば，「小選挙区の選挙では，あなたは政党の方を重くみて投票しましたか，それとも候補者個人を重くみて投票しましたか」という質問において，「候補者個人を重くみる」と回答した人の衆院選における投票行動は，実際に候補者に対する好感度によって強く規定されている。これに対し，「政党を重くみる」と回答した人は，候補者に対する好感度の影響をあまり受けずに行動を決めている，ということになる。

　次に，表3-1・表3-2の両方の分析に独立変数として投入した，政党に対する感情温度と内閣業績評価が投票行動に及ぼす影響の大きさに関する二つのグループ間の差異について検討する。いずれの表でも，左側に示した候補者重視の投票者を対象とした分析において，変数「感情温度：野党マイナス自民党」の影響は正で有意となっている。つまり，投票行動の決定に際して候補者を重視したと回答した人にも，野党よりも自民党に好感

を抱けば自民党候補に投票し，逆に自民党よりも野党に対する好感度の方が高ければ野党候補に投票する傾向があったということである。ただ，表の有意差の列には，候補者を重視して投票した人を対象とした分析と政党を重視して投票した人を対象とした分析の間で，野党に対する感情温度と自民党に対する感情温度の差が投票行動に及ぼす影響の大きさが有意に異なることを示す印がついている。すなわち，政党に対する感情温度が投票行動に及ぼす影響は，候補者重視の投票者に比べ，政党重視の投票者において，有意に大きいのである。一方，内閣業績評価に関する分析結果も，1996年と2003年とで一貫している。政党を重視した人の投票行動にのみ，内閣業績評価が有意な影響を及ぼしているのである。

　これら二つの独立変数についても，先程と同様の平均的な投票者像を想定したシミュレーションを行ってみた（表3-3参照）。1996年衆院選で自民党候補に投票する予測確率は，候補者を重視した投票者に関しては，野党に対する感情温度と自民党に対する感情温度の差が平均プラス1標準偏差の場合が34.23％，平均マイナス1標準偏差の場合が63.33％と，前者に比べ後者で29.10ポイント高くなっている（$p < .05$）。これに対し，政党を重視した投票者に関しては，平均プラス1標準偏差の場合が21.22％，平均マイナス1標準偏差の場合が89.55％と，前者に比べ後者では実に68.33ポイントも高く（$p < .01$），候補者重視の投票者に見られた差に比べ格段に大きい。一方，内閣業績評価が平均プラス1標準偏差の場合と平均マイナス1標準偏差の場合の自民党候補への予測投票確率は，候補者重視の投票者に関しては順に53.64％，43.71％と，有意な差は見られない。これに対し，政党重視の投票者に関しては順に72.93％，46.00％と，1％水準で有意な差がある[9]。つまり，投票行動の決定に際して候補者を重視し

9　表3-3に示したとおり，2003年衆院選の分析でも同様の傾向が確認される。政党感情温度の差に関しては，候補者重視の投票者を対象とした分析結果に基づくシミュレーションでは，平均プラス1標準偏差の場合の自民党候補への投票確率が34.06％，平均マイナス1標準偏差の場合が66.04％で，差が31.98ポイントであった（$p < .01$）のに対し，政党重視の投票者を対象とした分析結果に基づくシミュレーションでは，前者の場合が13.73％，後者の場合が64.12％で，差は50.39ポイントにも上る（$p < .01$）。内閣業績評価に関しては，平均プラス1標準偏差の場合と平均マイナス1標準偏差の場合の自民党候補へ

たと回答した人の政党選択は，時間とともに変化しやすい政党に対する態度や内閣の実績に対する評価による影響をあまり受けていない。これに対し，政党を重視したと回答した人の政党選択は，政党や政権に対する心理的態度によって強く規定されているのである。

以上の分析結果から，仮説1の妥当性が確認できたと言えるだろう。誰に一票を投じるかを決める際，候補者を重視したと回答した人の投票行動は，実際に，政党や政権に対する評価よりもむしろ，時の政治情勢を反映したそうした態度から独立して形成された[10]候補者に対する評価の影響を強く受けている。逆に，政党を重視したと回答した人の投票行動は，候補者に対する評価よりもむしろ，政治の動きとともに移ろいやすい政党や政権に対する評価によって規定されている。このように，投票行動の決定に際して候補者を重視したか政党を重視したかに関する回答者の主観的認識は正しいのである。

の予測投票確率が，候補者重視の投票者のシミュレーションでは順に47.97％，52.07％と，有意な差がなかったのに対し，政党重視の投票者のシミュレーションでは52.84％，20.30％と，32.54ポイントの違いがあった（p<.01）。

なお，2003年衆院選に関する分析結果で注目すべき点がある。それは，表3-2の左側に示した候補者を重視した投票者に関する分析のPseudo R^2の値が0.104と極めて小さいということである。候補者要因に関わる変数を独立変数として投入していないため，このモデルでは，候補者重視の投票者の行動をうまく説明できなかったものと考えられる。これもまた，候補者重視の投票者と政党重視の投票者とで投票行動を決める際に考慮に入れる要因が異なることを示唆していると言えよう。

10　1996年衆院選時，自分が実際に一票を投じた候補者を認知していた回答者を対象に，その候補者に対する感情温度と内閣業績評価の相関係数を算出してみた。自民党候補を選択した，政党重視の投票者に関しては相関係数が0.159で，両側10％水準で有意であったのに対し，候補者重視の投票者に関しては相関係数が0.105で，非有意であった。

同様に，民主党候補を選択した，政党重視の投票者に関しては相関係数が-0.268（p<.05），候補者重視の投票者に関しては-0.004（n.s.）であった。つまり，候補者を重視して投票したと主観的に認識している回答者の，実際に一票を投じた候補者に対する感情温度は，内閣業績評価とは関連していないのである。

4.2 仮説2の検証結果

2003年衆院選における投票行動を決めるにあたり候補者を重視したと回答した人と政党を重視したと回答した人とで、2004年参院選における投票行動の規定因も異なるのであろうか。仮説2の検証を目的として行った、2004年参院選の選挙区選挙で自民党の公認候補もしくは自民党の推薦を受けた無所属候補に投票したか、民主党の公認候補もしくは民主党の推薦を受けた無所属候補に投票したか、棄権したかを従属変数、民主党に対する感情温度と自民党に対する感情温度の差、公明党に対する感情温度、内閣業績評価、投票義務感を独立変数にとった多項ロジット分析の結果をまとめたのが表3-4である。先ほどの表3-1・表3-2と同様、左側が2003年衆院選時に候補者を重視した回答者を対象とした分析の結果、右側が政党を重視した回答者を対象とした分析の結果である。

この表からは、2003年衆院選時に候補者を重視したか政党を重視したかにかかわらず、2004年参院選の時点で自民党に比べ民主党に好感を持つ人ほど自民党候補ではなく民主党候補に投票する確率が高く、内閣の実

表3-4 仮説2の検証－多項ロジット分析結果（2004年参院選）

	候補者重視		政党重視		有意差
	民主党候補への投票		民主党候補への投票		
	Coef.	Std. Err.	Coef.	Std. Err.	
政党感情温度：民主党－自民党	6.682***	1.149	9.352***	1.361	
政党感情温度：公明党	−2.943*	1.172	−2.297*	1.012	
内閣業績評価	−4.149*	1.979	−3.810*	1.609	
投票義務感	2.133	1.487	0.603	1.260	
（定数項）	−3.108†	1.828	−3.471*	1.706	
	棄権		棄権		
	Coef.	Std. Err.	Coef.	Std. Err.	
政党感情温度：民主党－自民党	4.522**	1.427	1.061	2.050	
政党感情温度：公明党	−0.166	1.515	−2.369†	1.426	
内閣業績評価	−4.779†	2.601	−5.192*	2.524	
投票義務感	−3.787*	1.501	−3.573*	1.425	
（定数項）	1.342	1.961	3.185	2.047	
Number of obs	155		264		
LR χ^2 (8)	128.30		258.46		
Pseudo R^2	0.434		0.592		

† $p<.10$ * $p<.05$ ** $p<.01$ *** $p<.001$

績を評価しない人ほど自民党候補への投票ではなく民主党候補への投票や棄権を選択する確率が高いという傾向が見て取れる[11]。しかも，有意差の列が全て空欄であることが示すとおり，政党感情温度や内閣業績評価が従属変数に与える影響の大きさは，2003年衆院選時に候補者を重視した人と政党を重視した人とで有意には違わない。2003年衆院選時は投票行動の決定に際して内閣業績評価を考慮に入れなかった候補者重視の投票者も，2004年参院選時はそれを考慮に入れて，棄権するか，自民党候補に投票するか，民主党候補に投票するかを決めていたことを表3-4の分析結果は示唆するのである。

　この分析に基づいて行ったシミュレーションの結果をまとめたのが表3-5である。政党に対する感情温度の差や内閣業績評価が，平均プラス1標準偏差の場合と平均マイナス1標準偏差の場合の自民党候補への予測投票確率の差は，2003年衆院選で候補者を重視した投票者と政党を重視した投票者とで大きくは異ならないことがわかる。具体的には，政党に対する感情温度の差が平均プラス1標準偏差の場合と平均マイナス1標準偏差の場合の自民党候補への予測投票確率は，2003年衆院選で候補者を重視して投票した平均的な人に関しては11.23％と80.37％で差は69.14ポイント（$p < .01$）であるのに対し，政党を重視して投票した平均的な人に関しては5.04％と84.45％で差は79.41ポイント（$p < .01$）と，後者の方が10ポイント強差が大きくなってはいるものの，それ程大きな違いではない。一方，内閣業績評価が平均プラス1標準偏差の場合と平均マイナス1標準偏差の場合の自民党候補への予測投票確率は，候補者重視の平均的な投票者に関しては60.16％と26.22％で差は33.93ポイント（$p < .05$），政党重視の平均的な投票者に関しては56.00％と24.93％で差は31.07ポイント（$p < .05$）と，2003年衆院選で候補者を重視して投票したか政党を重視して投票したかによる違いはほとんどない。

　このように，2003年衆院選・04年参院選時に行われたパネル調査の分析から，仮説2を支持する結果が得られた。2003年衆院選では候補者を重

11　それに加えて，2003年衆院選で候補者を重視した投票者に関しては，自民党に比べ民主党の感情温度が高い人ほど自民党候補への投票ではなく棄権を選択するという傾向も見られる。

表3-5 シミュレーション結果（2004年参院選）（単位：％）

	民主党感情温度-自民党感情温度			内閣業績評価		
	平均	平均プラス1標準偏差	差	平均	平均プラス1標準偏差	差
候補者重視						
自民党	11.23	80.37	69.14 **	60.16	26.22	−33.93 *
民主党	78.24	13.37	−64.87 **	32.23	57.72	25.49 †
棄権	10.53	6.26	−4.27	7.62	16.06	8.44
政党重視						
自民党	5.04	84.45	79.41 **	56.00	24.93	−31.07 *
民主党	93.98	8.52	−85.47 **	41.02	68.10	27.08 *
棄権	0.97	7.03	6.06 *	2.98	6.97	3.99

† p＜.10　* p＜.05　** p＜.01

視して投票した人も，翌年の参院選では，政党や政権に対する評価を考慮に入れて投票政党を選択したり，棄権を選択したりしていたのである。

5．小括

米国で提起されたコートテイル効果仮説の本質部分を，我が国の政治的文脈を踏まえて援用すると，衆院選における投票行動には政権与党に有利に働く形で作用するが，参院選における投票行動には影響しないような何らかの要因が存在する場合，それが，衆院選に比べ参院選で与党の得票率が伸び悩む一因だと考えられるということになる。本章では，衆院選における投票行動を特徴づける要因としてこれまでから注目されてきたいわゆる候補者要因がこれに当たると想定し，この考え方の妥当性についての検証を試みた。分析の結果は次の4点に要約できる。

(1) 明推協が国政選挙のたびに実施している意識調査に含まれる，「政党を重くみて投票しましたか，それとも候補者個人を重くみて投票しましたか」という質問に対する回答の分布を時系列的に見た。衆議院の選挙制度改革以降，衆院選でも参院選でも，投票行動の決定に際して政党を重く見る人が増加し，候補者を

重く見る人が減少する傾向にあった。しかしながら，候補者を重視する投票者の比率は衆院選に比べ参院選においてより低いという，衆議院の選挙制度改革以前に見られた傾向が，少なくとも2007年参院選までは依然として確認できた。

(2) 2000年以降の6回の国政選挙について，政党重視／候補者重視の投票者がどの政党を選択したのかを確認した。政党重視の投票者の政党選択の分布は，選挙全体の結果と軌を一にして，選挙ごとに大きく変化していた。これに対し候補者重視の投票者の政党選択の分布は，2001年参院選を除き，3回の衆院選，2回の参院選で，それぞれほぼ同じであった。注目すべきは候補者を重視して自民党候補に投票した回答者の比率で，2001年参院選を例外として，衆院選の数字が参院選の数字を5ポイント強上回る形で安定していた。

(3) 候補者／政党を重視して投票したという，調査の回答者の主観的認識が正しいか否かを検証するために，1996年と2003年の衆院選時に行われた調査のデータを用いて，投票行動（自民党候補に投票したか野党候補に投票したか）を従属変数にとった分析を行った。その結果，候補者を重視して投票したと回答した人の投票行動に対する候補者評価の強い影響が確認された一方で，内閣業績評価の有意な影響は認められなかった。逆に，政党を重視して投票したと回答した人の投票行動に対しては，候補者評価はほとんど影響を及ぼしていない一方で，内閣業績評価や政党に対する好感度が非常に強く作用していることが確認された。つまり，回答者の主観的認識は正しく，衆院選で候補者を重視して投票したとする回答者は，日々の政治の動向を受けて短期的に変化しやすい現政権の実績に対する評価を考慮に入れずに投票行動を決める傾向にあったことが判明した。

(4) 2003年衆院選で候補者／政党を重視して投票した人が，翌年の参院選で何を考慮に入れて行動したかを検証するために，自民党候補に投票したか野党候補に投票したか棄権したかを従属変数にとった分析を行った。その結果，2003年衆院選で候補者を重視して投票した人も政党を重視して投票した人と同様に，

2004年参院選では，政党に対する好感度や内閣業績評価を判断材料に選挙行動を決めていたことが明らかとなった。

以上の分析結果を総合すると，次のように結論づけることができる。
衆院選では，現政権の実績に対する評価のような，日々の政治の動向に左右されて変化しやすい要因よりもむしろ，政治情勢の影響を受けにくい，候補者個人に対する評価に着目して自民党に投票する人が少なからず存在した。これが，与党・自民党にとっては一種の手堅い「基礎票」となった。このため，2005年衆院選のように内閣支持率が高く，自民党に有利な政治情勢の下で衆院選を迎えた場合には，時の政治情勢にかかわらず自民党候補に投票するという候補者重視の投票者の固い支持に加え，選挙時点の政治の動向に鑑みて投票先を選択する有権者からも集票できたことから，追い風を受けた自民党が大勝することになった。その一方で，2000年衆院選のように内閣支持率が低く，自民党にとって逆風が吹く中で迎えた衆院選でも，候補者重視の投票者の多くは「風」に左右されることなく自民党候補への投票を選択したことから，自民党が苦境に陥るということにはならなかった。

ところが，衆院選の小選挙区選挙でパーソナル・ヴォートを行って自民党候補に一票を投じるこれらの人々も，参院選の選挙区選挙では，内閣業績評価などの候補者評価以外の要因に着目して投票先を決めたり，棄権を選択したりしていた。これにより，自民党にとっての「基礎票」が目減りするとともに，現政権の実績といった，選挙が行われる時点の政治状況を考慮に入れて投票選択を行う人が相対的に多くなった。その結果，衆院選に比べ参院選では，一般に自民党の得票率が伸び悩むという傾向が生じ，内閣支持率が低迷する中で選挙を迎える場合に惨敗を喫しやすくなった。

衆院選で投票行動を決める際には，政党や政権に対する評価といった，日々の政治の動向によって変化しやすい要因ではなく，専ら候補者要因に着目(して自民党候補に安定的に投票)する。しかし参院選では，政党に対する好感度や内閣の実績に対する評価といった要因に着目して，その時々の政治情勢に応じてどの政党の候補者に投票するかを決める。こうした，衆院選でのみパーソナル・ヴォートを行う投票者の存在は，少なくとも2009年の政権交代前の衆院選では自民党に有利に働いたが，参院選では

自民党に有利に働くとは限らず，むしろ不利に働くことも往々にしてあった。これが，参院選における自民党の得票率の相対的な伸び悩みの一因となったと考えられるのである。

第4章
衆参両院選挙における業績評価投票

1．導入

　第2章第3節で紹介したレファレンダム仮説，第5節で紹介した二次的選挙モデルはいずれも，国政レヴェルの政権選択選挙の中間選挙として行われる連邦下院議員選挙や二次的選挙（欧州議会議員選挙など）を，政権発足以降の実績に対する中間評価を下す機会として活用する有権者が存在することが，そうした選挙における政権党の苦戦を生む一因となっていると想定するものであった。これら二つの仮説は，ある傾向の存在を前提としている。一般に，政権の発足後，いわゆる「ハネムーン期間」を経て，政権に対する支持率は次第に低下していき，任期の半ばで底を打つ。そして次の政権選択選挙に向けて徐々に回復し，その選挙で予想される戦績を表す値になるというように，政権に対する支持率には循環の傾向があるということである。

　我が国の内閣支持率を見てみると，こうした循環の傾向が必ずしも生じていないことがわかる。次頁の図4-1は，時事通信社が毎月定例で行っている世論調査における内閣支持率と不支持率の差に関して，国政選挙直前の調査の値を時系列に沿ってまとめたものである。内閣支持率に循環が生じているのであれば，第1章で示した図1-1と同様，直近の衆院選に比べ参院選では支持率と不支持率の差を示す黒いマーカーの位置が下がり，直後の衆院選では白いマーカーの位置が上がるというジグザグがグラフに表れるはずである。確かに，1960年代末から70年代にかけてのように，そ

図4-1 国政選挙直前の時事世論調査における，内閣支持率と不支持率の差
（単位：％）

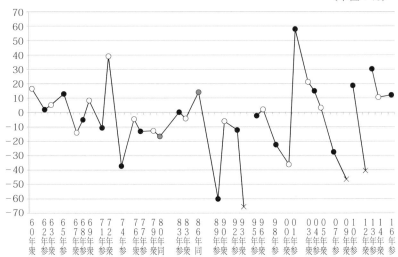

うした傾向を示す時期もあった。しかし，とくに1955年体制の終焉後は予測から逸脱した値を示すことが続いており，全体として，図1-1ほど明瞭な循環の傾向を見て取ることはできない。実際，2回の同日選を除くそれぞれ17回の衆院選および参院選直前の調査における内閣支持率と不支持率の差の平均は，前者がマイナス7.29％，後者がマイナス2.46％と，予測とは逆になっている。つまり，衆院選時に比べ内閣支持率が低い（不支持率が高い）状態で，中間選挙として行われる参院選を迎えるわけでは必ずしもないのである。

このように，米国におけるレファレンダム仮説や欧州における二次的選挙モデルが置いている前提が満たされていないことからすれば，そうした先行研究と同様のロジック，すなわち，中間選挙として行われる非政権選択選挙（二次的選挙）である参院選で業績評価投票を行う有権者が存在することが衆院選に比べ参院選で与党の得票率が伸び悩む原因であると想定するロジックは成り立たないと一見思われるが，決してそうではない。現政権の実績を低く評価する人が衆院選時に比べ参院選時に相対的に多いということがなかったとしても，業績評価投票の行われ方自体が衆院選と参院選とで異なるならば，レファレンダム仮説や二次的選挙モデルの考え方が

妥当することもあり得るのである。

　本章では，一部の有権者が実際に衆院選と参院選とで質的に異なる形で業績評価投票を行っており，そうした行動が，衆院選に比べ参院選で与党の得票率が伸び悩むという一般的傾向を生む一因となっていると考えられることを実証する。

　まず次節で，政権選択選挙である衆院選と非政権選択選挙である参院選という，両選挙の性格の相違に起因して，とくに「現政権の枠組みの継続を願うが，政権の実績自体は評価できないと考える有権者」が行う業績評価投票が両選挙で異なると考えられることを理論的に説明する。第3節では，この理論的想定の妥当性について，1996年・2003年・05年・09年の4回の衆院選，2001年・04年・07年・10年の4回の参院選時に行われた意識調査のデータ分析を通じて検証する。この第3節の分析を通して明らかになる，衆院選に特徴的な業績評価投票，参院選に特徴的な業績評価投票は，政権選択選挙か否かという衆参両院選挙の性格の違いを認識している人ほど行いやすいと想定される。そこで第4節では，衆院選は政権選択選挙であるため相対的に重視するが，参院選は政権選択選挙ではないのであまり重視しないというように，両選挙の重要度には差があると考えている有権者に焦点を当てる。そして，そうした人々の間で，それぞれの選挙に特徴的な業績評価投票がより顕著に見られるのか否かについて，2009年の衆院選，2007年と10年の参院選を事例にとって検討する。最後に第5節で，本章の議論の要点をまとめる。

2．背景

　ここまで繰り返し指摘してきたように，同じ国政選挙とは言え，衆院選と参院選は性格を大きく異にする。衆院選には政権選択の側面があるのに対し，衆院選と衆院選の中間選挙として行われることの多い参院選にはそうした側面がない。この性格の相違は，両選挙における業績評価投票のあり方に，二つの形で影響すると理論的に想定される。

　第1に，現政権の枠組み[1]の継続を願う有権者が政権の業績を否定的に

1　ここで言う「政権の枠組み」は，「自民党（を中心とする）政権」や「野党第

評価する場合の行動が，衆院選と参院選とで違ってくるということが考えられる。これは次のようなロジックによる。

選挙後の政権の枠組みを問う選挙である衆院選での与党の敗北は，政権交代に結びつく蓋然性が高い。このため衆院選では，現政権の枠組みの継続は願うが政権の実績は評価できないと考える有権者は，政権の枠組みに関する選好と現政権の業績評価との間で，一種の交差圧力(cross-pressure)[2]を受ける。これにより，たとえ現在の首相の資質に疑問を持ったり，現政権の業績を評価できないと考えたりしたとしても，それに基づいて野党候補に一票を投じるという，一方の意識（業績評価）のみを反映した行動をとるのには二の足を踏むことになる。そこでこうした有権者は，交差圧力による認知的不協和(cognitive dissonance)[3]の状態を解消しつつ，現政権の実績は評価できないという意思を示すために，衆院選では棄権を選択すると想定される[4]。

これに対し，選挙後の政権の枠組みを問う選挙ではない参院選では，投票行動の決定に際して，望ましい政権の枠組みについて考慮に入れる必要がない。このため，現政権の枠組みの継続を願う有権者が政権の業績を否定的に評価したとしても，交差圧力は生じない。しかも，仮に政権与党が敗れた場合，それによって政権の枠組み自体が変わることは基本的に考えにくい一方で，与党内での政治力学から，参院選敗北の責任を取る形で首相が退陣することは十分に起こり得る。それ故，政党間での政権交代までは望まないものの，現政権そのものは支持できないと考える有権者の中には，参院選を「政党内」での政権選択の機会と捉え，思い切って野党候補

一党（を中心とする）政権」といった大まかな枠組みを指しており，連立政権を構成する具体的な「与党の組み合わせ」を意味するわけではない。

2 交差圧力に関する古典的研究として，Berelson, Lazarsfeld, and McPhee(1954)参照。

3 認知的不協和に関する古典的研究として，Festinger (1957)参照。

4 Weber (2011)は，Hirschman (1970)の「退出・抗議・忠誠」の概念を援用し，棄権には「沈黙による抗議("voice-by-silence")」という意味合いもあると指摘する。そして，「関心のある事項について，自身の〔支持する〕政党以外の政党がよりよく対処できることを知った時，その人は棄権することで，この認知的不協和の問題を回避しようとするだろう」(918)と述べている。

に投票する者もいると考えられる。つまり，衆院選とは異なり参院選では，政権の枠組みに関する選好如何にかかわらず，現政権の実績は評価できないと考える有権者は，野党に投票するという形でその意思を明確に示すことができるのである。

　第2に，衆院選は重要な選挙であるが，参院選は相対的にあまり重要な選挙ではないと見る有権者が存在し，そうした人々が，先に指摘した衆院選・参院選それぞれに特徴的な業績評価投票を，より顕著に行うということが考えられる。

　欧州における選挙研究で提示されている二次的選挙モデルは，政権選択の性格を有する選挙か否か，言い換えれば，結果がもたらす利害(stake)が大きい重要な選挙か否かによって，一次的選挙と二次的選挙とに分類する。この文脈に即して言えば，第一院の議員選挙である我が国の衆院選は一次的選挙に，第二院の議員選挙である参院選は，欧州議会議員選挙などと同様に，二次的選挙に概念上分類されることになる。衆院選は一次的選挙(政権選択選挙)であるのに対し参院選は二次的選挙(非政権選択選挙)であるという，概念上の区別(性格の相違)を正しく理解できている人は，衆院選は結果がもたらす利害が大きいため重要な選挙であると認識する一方で，参院選は利害が小さいため衆院選に比べれば相対的に重要な選挙ではないと認識すると想定される。他方，衆院選と参院選を概念上区別できていない人は，両選挙の間に重要度の差はないと認識すると想定される。このように，衆参両院選挙の相対的な重要度に関する認識は，政権選択選挙である衆院選を非政権選択選挙である参院選よりも重視するというものと，政権選択選挙であるか否かにかかわらず両選挙を同程度に重視するというものとに大きく二分される。

　衆院選時に，現政権の枠組みの継続は願うが政権の実績は評価できないとの考えを持つ有権者が受ける交差圧力は，衆院選が一次的選挙であることを理解できている場合により強くなる。このため，こうした考えを持つ有権者が衆院選において，交差圧力を回避しつつ業績「不」評価の意思を示す手段として棄権を選択する確率は，衆参両院選挙を同程度に重視する場合に比べ，衆院選を参院選よりも重視する場合に，より高くなると考えられる。

　参院選時に，それまでの政権の実績に不満を持った有権者が，参院選が

政権選択に直結しない二次的選挙であることを理解できている場合，政権党の敗北も厭わない投票行動をとりやすくなる。このため，現政権の実績は評価できないと考える有権者が参院選において，業績「不」評価の意思を明確に示す手段として野党候補への投票を選択する確率は，衆参両院選挙を同程度に重視する場合に比べ，衆院選よりも参院選を相対的に軽視する場合に，より高くなると考えられる。

　このように，政権選択選挙としての側面を持ち合わせているか否かという衆院選と参院選の制度的特性の相違を背景に，現政権の枠組みの継続を望む一方で現政権自体は評価できないと考える有権者が，衆院選では棄権するにとどめるが参院選では躊躇なく野党に投票するという形で，業績評価投票の使い分けを行っていることが想定される。また，衆院選に比べ参院選を相対的に軽視する有権者は，衆院選は政権選択選挙で参院選は政権選択選挙ではないということを理解できているが故に，衆院選と参院選の重要度に違いがないと考える有権者に比べ，業績評価投票の使い分けをよりはっきりとした形で行えるということも想定される。これらの想定が妥当であれば，衆院選時と参院選時とで政権の業績に対する評価自体大差ない場合でも，衆院選に比べ参院選で与党の得票率が伸び悩むということが生じ得るのである。

　そこで第3節では，衆院選と参院選とで業績評価投票の使い分けがなされており，それぞれの選挙に特有の形で業績評価投票が行われているのかについて，第4節では，衆院選に比べ参院選を相対的に軽視する人々の間で，そうした業績評価投票の使い分けがより顕著に見られるのかについて，検証を試みることにする。

3．分析1：衆参両院選挙における業績評価投票の使い分け

3.1　手法

　以上の論を踏まえて本節では，望ましい政権の枠組み，具体的には「現政権の枠組みの継続を望むか，野党第一党を中心とする政権の枠組みへの転換を望むか」を鍵変数とした分析を行い，業績評価投票のあり方が衆院選と参院選とで異なるのか否かについて検証する。

　次頁の表4-1は，本章で分析の対象とする，1996年衆院選以降の8回

表4-1　望ましい政権の枠組みに関する回答の分布(単位：%)

	1996年	2001年	2003年	2004年	2005年	2007年	2009年	2010年
	N=848	N=864	N=1402	N=1436	N=989	N=431	N=1118	N=1028
①	35.26	36.11	39.80	34.75	46.41	26.91	25.85	53.40
②	20.75	10.30	17.33	16.99	20.22	44.78	53.58	28.40
③	43.99	53.59	42.87	48.26	33.37	28.31	20.57	18.19

①：現政権与党単独／連立政権　②：非現政権・非「大連立」　③：「大連立」，DK/NA
(コード化の方法については章末の補遺参照)

の国政選挙時に行われた調査における，望ましい政権の枠組みに関する分析対象者の回答の分布をまとめたものである。2005年衆院選までの国政選挙時には，凡そ3割から4割ほどの人が自民党(を中心とする連立)政権というその時点での政権の枠組みが維持されることを希望していたが，自民党が惨敗を喫した2007年参院選・09年衆院選ではその数字が大きく低下している。また，民主党への政権交代後初の国政選挙となった2010年参院選では，過半数の回答者が民主党の単独／連立政権が続くことを(少なくともその時点では)望んでいた。こうした，現政権の枠組みの継続を望む人々が衆参両院選挙で行う業績評価投票のあり方について，政権選択選挙か否かという選挙の性格に着目した前節の議論をもとにすると，次のような仮説を導出できる。

仮説1a：現政権の枠組みは持続して欲しいと望むものの，政権自体は評価できないと考える有権者には，政権選択選挙である衆院選では，棄権という形の業績評価投票を選択する傾向がある。

仮説1b：現政権の枠組みは持続して欲しいと望むものの，政権自体は評価できないと考える有権者には，非政権選択選挙である参院選では，野党候補への投票という形の業績評価投票を選択する傾向がある。

これら二つの仮説を検証するために，現政権の枠組みの継続を望む有権者の，衆院選・参院選の(小)選挙区における投票行動を分析する。対象とするのは，1996年・2003年・05年・09年の衆院選，2001年・04年・07年・10年の参院選という，計8回の国政選挙である。分析

には，鍵を握る変数である「望ましい政権の枠組み」および「内閣業績評価」を尋ねた質問項目が含まれる調査のデータを用いる。具体的には，1996年衆院選に関してはJEDS96，2001年参院選・03年衆院選・04年参院選・05年衆院選に関してはJES III，2007年参院選に関してはWaseda‐CASI&PAPI2007，2009年衆院選に関してはWaseda‐CASI&PAPI2009[5]，2010年参院選に関してはWaseda‐CASI2010の各データを用いて分析を行う。

　従属変数は，1996年衆院選が「自民党候補に投票したか，新進党／民主党候補に投票したか，棄権したか」，2001年参院選が「自民党候補に投票したか，民主党／自由党候補に投票したか，棄権したか」，2003年衆院選・04年参院選・05年衆院選・07年参院選・09年衆院選が「自民党候補に投票したか，民主党候補に投票したか，棄権したか」，2010年参院選が「民主党候補に投票したか，自民党／みんなの党候補に投票したか，棄権したか」である[6]。独立変数については，調査ごとに質問項目が異なるため全く同一とすることは残念ながらできないが，基本的には，鍵変数として内閣業績評価（2001年は内閣期待度）[7]と望ましい政権の枠組み（非現政

---

[5] Waseda‐CASI&PAPI2007・同2009では，対象者を，CASI（Computer‐Assisted Self‐Administered Interview）形式で回答してもらう人と，PAPI（Paper‐and‐Pencil Interview）形式で回答してもらう人とにランダムに二分した。このうちWaseda‐CASI&PAPI2007に関して，CASI調査の回答パターンとPAPI調査の回答パターンが大きく異なることが予備的な分析の結果判明したことから，本章および次章では，Waseda‐CASI&PAPI2007についてはCASI形式で行われた調査の回答者のみを分析対象とすることにした。

[6] ここで言う「自民党候補」「新進党／民主党／自由党候補」には，公認候補だけでなく推薦／支持を受けた候補者も含まれる。

[7] 2001年参院選は，小泉純一郎内閣発足から約3カ月後に行われた選挙であるため，業績評価の代わりに期待度を独立変数にとった（cf. 池田，2004）。

　なお，独立変数には，内閣業績評価と望ましい政権の枠組みの交互作用項も投入する。変数「内閣業績評価」と「政権枠組み②×内閣業績評価」の係数の和が，政権交代を望む分析対象者における業績評価の投票行動への影響の大きさを，変数「内閣業績評価」と「政権枠組み③×内閣業績評価」の係数の和が，「大連立」を望む分析対象者および望ましい政権の枠組みがDK/NAの分析対象者における業績評価の投票行動への影響の大きさを，それぞれ表してい

権・非「大連立」(表4-1の②)，「大連立」・DK/NA (同③) を表す二つの
ダミー変数)，統制変数として政党感情温度，候補者要因 (認知の有無，感
情温度)，被投票依頼経験，選挙運動接触，政治関心度，投票義務感，政
治的有効性感覚を投入する。従属変数が三つのカテゴリ間の選択である
ため，分析手法としては「現政権与党の候補者への投票」を基準カテゴリ
とする多項ロジットモデルを採用する。内閣業績評価の低い人ほど与党候
補への投票ではなく棄権を選択する確率が高くなる傾向があるが，与党候
補に投票するか野党候補に投票するかの選択に対する内閣業績評価の影響
は統計的に有意ではないという関係性が，衆院選に関する分析でのみ確認
された場合，仮説1aは支持されたと言える。また，内閣業績評価の低い
人ほど与党候補ではなく野党候補に投票する確率が有意に高いという傾向
が，参院選に関する分析でのみ確認された場合，仮説1bは支持されたこ
とになる。

3.2 仮説1の検証結果

　仮説1a・仮説1bを検証するために行った多項ロジット分析の結果は表
4-2のとおりである。ここで注目するのは独立変数「内閣業績評価」の係
数である。これが，現政権の枠組みの継続を望む人々の間で，内閣業績評
価が選挙行動に及ぼす影響の大きさを表している。結論を先取りすれば，
いずれの仮説も概ね支持されたと言える。
　まず仮説1aから検証していこう。独立変数「内閣業績評価」は，1996
年・2003年・05年・09年のいずれの衆院選に関しても，与党候補に投
票するか野党候補に投票するかの選択に対して統計的に有意な影響を及ぼ
していない。他方，与党候補に投票するか棄権するかの選択に対しては，
他の変数の影響を統制してもなお，1996年と2003年の衆院選では有意
な負の影響を及ぼしている[8]。橋本龍太郎内閣 (1996年)，小泉純一郎内閣
(2003年) の業績に対する評価が低い人ほど，与党・自民党候補への投票

　　る。このうち政権交代を望む分析対象者における業績評価の投票行動への影響
　　については，脚注(9)を参照。
8　2009年衆院選に関してはp = .156と，片側10%という非常に緩い水準では
　　統計的に有意である。

表4-2 仮説1の検証－多項ロジット分析結果

	1996年衆院選(JEDS96)				2001年参院選(JES III)			
	野党候補への投票 (315)		棄権 (171)		野党候補への投票 (239)		棄権 (154)	
	Coef.	Std. Err.	Coef.	Std. Err.	Coef.	Std. Err.	Coef.	Std. Err.
内閣業績評価(01年：期待度)	−0.591	1.015	−2.596*	1.173	−1.745†	0.983	−1.112	1.177
政権枠組み②：非現政権・非大連立	2.340*	0.992	0.502	1.114	1.348	1.151	0.809	1.355
政権枠組み③：「大連立」, DK/NA	1.120	0.782	0.156	0.821	0.121	0.794	0.166	0.926
政権枠組み②×内閣業績評価	−1.810	1.657	0.409	1.957	−2.091	1.874	−1.020	2.180
政権枠組み③×内閣業績評価	−0.935	1.303	0.917	1.453	0.649	1.235	0.331	1.421
感情温度：自民党	−1.919***	0.518	−2.553***	0.572	−3.594***	0.518	−3.276***	0.562
感情温度：公明党	—		—		−1.084*	0.473	1.217*	0.512
感情温度：野党	3.184***	0.522	0.944†	0.561	3.207***	0.544	0.009	0.625
候補者認知：自民党	0.785*	0.397	0.126	0.435	0.730†	0.433	0.607	0.509
候補者感情温度：自民党	−3.429***	0.590	−1.723**	0.659	−2.993***	0.741	−2.242*	0.876
候補者認知：野党	−0.283	0.415	0.128	0.454	−1.180*	0.545	−1.160†	0.643
候補者感情温度：野党	2.675***	0.631	0.610	0.753	4.069***	0.958	2.319†	1.199
被投票依頼経験：自民党	−1.123***	0.299	−1.120**	0.374	−0.890**	0.326	−0.342	0.342
被投票依頼経験：野党	0.565*	0.243	−0.170	0.307	1.023*	0.430	1.065*	0.502
選挙運動接触：自民党	−0.047	0.230	−0.295	0.259	0.112	0.236	−0.423	0.271
選挙運動接触：野党	0.387†	0.230	−0.546*	0.276	0.023	0.272	0.284	0.314
政治関心度	—		—		0.467	0.389	−1.915***	0.415
投票義務感	−0.293	0.422	−1.984***	0.408	−0.400	0.378	−1.829***	0.363
有効性感覚	0.254	0.449	0.061	0.500	0.021	0.399	0.699	0.436
(定数項)	−0.826	0.792	3.594***	0.838	0.852	0.803	3.224***	0.907
Number of obs	848				864			
LR x^2	(34) = 573.80				(38) = 475.77			
Pseudo R^2	0.321				0.277			

括弧内は該当する分析対象者数　† p < .10　* p < .05　** p < .01　*** p < .001

表4-2　仮説1の検証－多項ロジット分析結果（つづき）

	2003年衆院選(JES III)				2004年参院選(JES III)			
	野党候補への投票 (492)		棄権 (152)		野党候補への投票 (614)		棄権 (242)	
	Coef.	Std. Err.	Coef.	Std. Err.	Coef.	Std. Err.	Coef.	Std. Err.
内閣業績評価	-0.825	0.842	-2.541*	1.064	-1.377†	0.822	-0.573	0.893
政権枠組み②：非現政権・非大連立	2.518**	0.771	2.670**	0.887	3.385***	0.990	2.932**	1.091
政権枠組み③：「大連立」, DK/NA	1.280*	0.558	-0.243	0.670	0.701	0.586	1.361*	0.657
政権枠組み②×内閣業績評価	-2.436	1.535	-3.530†	1.968	-1.749	1.869	-2.214	2.096
政権枠組み③×内閣業績評価	-1.139	1.061	2.185†	1.327	0.997	1.036	-0.765	1.156
感情温度：自民党	-3.029***	0.460	-1.523**	0.555	-3.629***	0.465	-1.411**	0.502
感情温度：公明党	-1.645***	0.404	-1.112*	0.513	-1.526***	0.385	-0.933*	0.434
感情温度：保守新党	-0.710	0.447	0.578	0.578	―		―	
感情温度：野党	3.587***	0.454	0.237	0.575	4.806***	0.499	1.356*	0.541
候補者認知：自民党	0.810*	0.341	0.599	0.420	0.084	0.345	0.567	0.395
候補者感情温度：自民党	-4.024***	0.515	-3.096***	0.667	-1.945***	0.583	-3.111***	0.736
候補者認知：野党	-0.154	0.339	-0.089	0.461	0.222	0.390	0.281	0.449
候補者感情温度：野党	2.670***	0.551	0.856	0.813	1.520*	0.689	-0.227	0.865
被投票依頼経験：自民党	-0.289	0.214	0.003	0.268	-0.818***	0.239	-0.748**	0.288
被投票依頼経験：野党	0.302	0.271	-0.169	0.407	1.201***	0.286	-0.429	0.449
選挙運動接触：自民党	-0.783***	0.191	-1.045***	0.243	-0.628**	0.208	-0.503*	0.237
選挙運動接触：野党	0.762***	0.194	0.066	0.264	0.220	0.217	-0.383	0.275
政治関心度	0.002	0.349	-1.035*	0.425	-0.245	0.328	-1.791***	0.366
投票義務感	0.383	0.311	-1.632***	0.325	0.382	0.309	-1.601***	0.303
有効性感覚	0.778*	0.317	0.344	0.417	0.136	0.334	0.377	0.397
（定数項）	-0.039	0.602	2.933***	0.698	-0.071	0.595	2.113***	0.635
Number of obs	1402				1436			
LR x^2	(40)=1007.84				(38)=1120.75			
Pseudo R^2	0.382				0.379			

括弧内は該当する分析対象者数　† p<.10　* p<.05　** p<.01　*** p<.001

表4-2 仮説1の検証-多項ロジット分析結果(つづき)

	2005年衆院選(JES III)				2007年参院選(Waseda - CASI&PAPI2007)			
	野党候補への投票(353)		棄権(69)		野党候補への投票(206)		棄権(88)	
	Coef.	Std. Err.	Coef.	Std. Err.	Coef.	Std. Err.	Coef.	Std. Err.
内閣業績評価	−0.843	1.003	−0.734	1.489	−2.452*	0.979	−1.612	1.013
政権枠組み②：非現政権・非大連立	4.309***	1.043	3.354*	1.391	0.612	0.778	0.828	0.845
政権枠組み③：「大連立」, DK/NA	0.696	0.644	1.824†	0.943	0.976	0.825	0.590	0.901
政権枠組み②×内閣業績評価	−6.232**	2.207	−4.535	3.096	0.959	1.326	0.239	1.402
政権枠組み③×内閣業績評価	−0.254	1.256	−2.211	1.826	−0.364	1.330	0.523	1.388
感情温度：自民党	−3.574***	0.646	−0.694	0.853	−4.217***	0.790	−3.260***	0.814
感情温度：公明党	−1.778***	0.511	−2.339***	0.689	−1.790**	0.691	0.354	0.726
感情温度：野党	3.243***	0.672	1.187	0.873	3.727***	0.734	1.309†	0.775
候補者認知：自民党	1.038*	0.466	0.744	0.633	─	─	─	─
候補者感情温度：自民党	−3.906***	0.709	−2.933**	0.998	─	─	─	─
候補者認知：野党	−1.180*	0.466	−0.926	0.607	─	─	─	─
候補者感情温度：野党	3.907***	0.730	0.553	1.128	─	─	─	─
被投票依頼経験：自民党	−0.120	0.282	0.145	0.401	−0.706†	0.416	−0.593	0.477
被投票依頼経験：野党	0.765*	0.356	−0.239	0.692	1.039†	0.614	−1.044	0.848
選挙運動接触：自民党	−0.747**	0.262	−1.424***	0.373	─	─	─	─
選挙運動接触：野党	0.365	0.256	0.364	0.374	─	─	─	─
政治関心度	−0.164	0.434	−2.151***	0.605	0.658	0.605	−0.452	0.622
投票義務感	0.372	0.436	−1.250**	0.481	−0.454	0.515	−2.527***	0.511
有効性感覚	0.390	0.442	0.709	0.641	−0.216	0.656	−0.673	0.741
郵政民営化への賛否	−1.365**	0.470	0.041	0.705	─	─	─	─
(定数項)	1.281†	0.771	1.951†	1.046	1.893*	0.907	3.291***	0.944
Number of obs	989				431			
LR x^2	(40)=841.93				(26)=290.35			
Pseudo R^2	0.488				0.323			

括弧内は該当する分析対象者数　† p<.10　* p<.05　** p<.01　*** p<.001

表4-2　仮説１の検証－多項ロジット分析結果（つづき）

	2009年衆院選 (Waseda - CASI&PAPI2009)				2010年参院選 (Waseda - CASI2010)			
	野党候補への投票 (570)		棄権 (135)		野党候補への投票 (417)		棄権 (199)	
	Coef.	Std. Err.	Coef.	Std. Err.	Coef.	Std. Err.	Coef.	Std. Err.
内閣業績評価	−0.458	0.565	−0.930	0.791	−1.225**	0.449	−0.686	0.496
政権枠組み②：非現政権・非大連立	1.675***	0.423	1.532**	0.568	2.578***	0.650	1.947**	0.707
政権枠組み③：「大連立」、DK/NA	0.961*	0.476	0.302	0.656	0.710	0.527	1.052†	0.569
政権枠組み②×内閣業績評価	−0.424	0.712	−0.202	0.984	−0.115	1.071	−0.186	1.163
政権枠組み③×内閣業績評価	−0.236	0.800	1.033	1.093	0.376	0.855	−0.847	0.961
感情温度：与党	−1.588***	0.345	0.283	0.459	−2.831***	0.401	−1.953***	0.432
感情温度：公明党	−1.344***	0.325	−1.197**	0.437	0.770*	0.362	0.496	0.414
感情温度：野党	2.707***	0.321	0.870*	0.422	2.713***	0.373	0.817*	0.407
被投票依頼経験：与党	−0.789**	0.252	−1.240**	0.432	−1.037**	0.335	−0.811*	0.376
被投票依頼経験：野党	0.609	0.286	−0.021	0.491	0.739*	0.332	−0.092	0.412
選挙運動接触：与党	−0.543	0.223	−0.513	0.318	−0.632*	0.288	−0.256	0.319
選挙運動接触：野党	0.463*	0.233	−0.196	0.348	1.056***	0.295	0.546	0.337
政治関心度	0.896**	0.340	−1.685***	0.432	−0.268	0.411	−1.677***	0.423
投票義務感	−0.102	0.304	−1.279***	0.362	−0.077	0.356	−2.003***	0.345
有効性感覚	0.021	0.342	0.277	0.486	−0.034	0.380	−0.458	0.450
(定数項)	−1.131*	0.496	0.551	0.607	0.231	0.479	2.772***	0.476
Number of obs	1118				1028			
LR x^2	(30) = 580.55				(30) = 704.00			
Pseudo R^2	0.269				0.326			

括弧内は該当する分析対象者数　†p＜.10　*p＜.05　**p＜.01　***p＜.001

ではなく棄権を選択する傾向があったということである。現政権の枠組みを支持する以上，政権選択選挙である衆院選では，たとえ内閣の業績に対する評価が低くても，それを野党候補への投票に結びつけるわけにもいかず，棄権という形で消極的に意思表示をするにとどめていたという様子が，この分析結果からはうかがえる。このように，いわゆる郵政解散による2005年衆院選，民主党への政権交代をもたらした2009年衆院選という特異な選挙以外の，「平時」に行われた2回の衆院選に関する分析結果は，仮説1aを支持している。

　次に仮説1bに関しては，分析した2001年・04年・07年・10年のいずれの参院選についても，与党候補に投票するか棄権するかの選択に対す

る内閣期待度／業績評価の有意な影響は認められない。一方，与党候補に投票するか野党候補に投票するかの選択に対する同変数の影響は，負で有意となっている。この結果は，衆院選とは対照的に参院選では，たとえ現政権の枠組みの継続を望んでいようと，時の政権は期待できないと思ったり，実績を評価できないと思ったりすれば，野党候補への投票という形でその思いを率直に表明していることを示唆する。仮説1bに関しても，これを支持する結果が得られたのである[9]。

こうした，現政権の実績に対する評価の投票行動への影響のあり方に関する，衆院選と参院選の間の相違について，分析結果に基づくシミュレーションを行うことで再確認しよう[10]。具体的には，表4-2に示した分析結果に基づき，ある特定の条件[11]の下で内閣業績評価を平均プラス1標準偏

---

9 本論とは直接関係しないが，政権の枠組みとして「非現政権・非大連立」を望む人々の間で内閣業績評価が選挙行動に与える影響の大きさ（つまり，変数「内閣業績評価」と「政権枠組み②×内閣業績評価」の係数の和）を示しておく（括弧内は標準誤差と有意水準）。

1996年	野党：−2.401（1.316, p<.10）	棄権：−2.188（1.566, n.s.）
2001年	野党：−3.836（1.598, p<.05）	棄権：−2.132（1.844, n.s.）
2003年	野党：−3.261（1.311, p<.05）	棄権：−6.071（1.678, p<.001）
2004年	野党：−3.126（1.686, p<.10）	棄権：−2.787（1.905, n.s.）
2005年	野党：−7.075（1.969, p<.001）	棄権：−5.269（2.752, p<.10）
2007年	野党：−1.493（0.876, p<.10）	棄権：−1.374（0.967, n.s.）
2009年	野党：−0.882（0.437, p<.05）	棄権：−1.131（0.593, p<.10）
2010年	野党：−1.340（0.980, n.s.）	棄権：−0.872（1.061, n.s.）

このように，現政権の枠組みの継続でも大連立でもなく，野党第一党を中心とする政権の枠組みへの転換を望む人々に関しては，2010年参院選を除き，現政権の実績を評価できない場合は野党候補に投票するという形での業績評価投票を衆院選でも参院選でも行っていることが確認された。この結果と対比させると，現政権の枠組みの継続を望む人々が，時の政権の実績を評価できないと考える場合に，衆院選では棄権に回り，参院選では野党候補に投票するというように，衆院選と参院選とで異なる形で業績評価投票を行うという本文中で明らかにした行動が非常に特徴的であることが，より明瞭になるだろう。

10 シミュレーションはCLARIFY Version 2.1を用いて行った。

11 政党感情温度，政治関心度，投票義務感，政治的有効性感覚には分析対象者の平均値を，候補者認知には自民党・民主党ともに「1」（知っている）を，

差から平均マイナス1標準偏差に変化させた場合の各行動を選択する予測確率の変化が，衆院選と参院選でどのように異なるのか計算してみた。結果は表4-3のとおりである(参考までに，政権の枠組みとして「非現政権・非大連立」を希望する人の同じ条件下での予測選択確率も下段に併せて示した)。

　左側に示した1996年と2003年の衆院選の分析結果をもとにしたシミュレーションを見ると，内閣の実績を評価しない人が棄権に回る様子がよくわかる。1996年衆院選では，内閣業績評価が平均プラス1標準偏差の人が自民党候補に投票する確率は57.69％と予測されたのに対し，平均マイナス1標準偏差の人の予測投票確率は42.61％であった。この，自民党候補への予測投票確率の低下分はそのまま棄権の確率の上昇に結びついている。内閣業績評価が平均プラス1標準偏差の場合(16.12％)に比べ，平均マイナス1標準偏差の場合(32.94％)には，棄権する確率が16.82ポイントも上昇すると予測されたのである($p < .05$)。同様に，2003年衆院選では，内閣業績評価が平均プラス1標準偏差の場合(68.30％)に比べ平均マイナス1標準偏差の場合(56.42％)には，自民党候補への予測投票確率が11.87ポイント低下するが($p < .10$)，その分は，野党候補への投票確率の上昇(3.88ポイント)よりもむしろ棄権確率の上昇(7.99ポイント)につながっている($p < .05$)。このように，現政権の枠組みの継続を望む人々は，衆院選では，棄権という消極的な形で業績評価投票を行う傾向があるのである。

　一方，右側に示した参院選に関するシミュレーションの結果は，これとは全く異なる。内閣業績評価が平均プラス1標準偏差の場合と平均マイナス1標準偏差の場合の予測棄権確率の差は，2001年が2.47ポイント，04年が0.29ポイント，07年が3.60ポイント，10年が2.53ポイントと，衆院選のシミュレーション結果に比べ小さい。その分，野党候補への予測投票確率の差は，順に10.08ポイント，11.40ポイント，27.23ポイント，12.21ポイントと大きくなっており，とくに2007年と10年の差は5％水準で統計的に有意である。このように参院選では，現政権の枠組みの継続

　候補者感情温度には知っている人の間での平均値を，被投票依頼経験と選挙運動接触には「0」(経験なし)を，それぞれ代入した。

表4-3 内閣業績評価の影響に関するシミュレーション結果(単位:%)

	平均 プラス 1標準偏差	平均 マイナス 1標準偏差	差	平均 プラス 1標準偏差	平均 マイナス 1標準偏差	差
現政権の枠組みの継続						
	【1996年衆院選】			【2001年参院選】		
予測確率:与党投票	57.69	42.61	−15.08 †	71.99	59.43	−12.56 †
予測確率:野党投票	26.19	24.45	−1.74	17.88	27.96	10.08
予測確率:棄権	16.12	32.94	16.82 *	10.14	12.61	2.47
	【2003年衆院選】			【2004年参院選】		
予測確率:与党投票	68.30	56.42	−11.87 †	60.44	48.75	−11.69 †
予測確率:野党投票	25.38	29.26	3.88	28.39	39.78	11.40
予測確率:棄権	6.33	14.32	7.99 *	11.18	11.47	0.29
	【2005年衆院選】			【2007年参院選】		
予測確率:与党投票	76.07	68.70	−7.38	54.81	23.98	−30.83 **
予測確率:野党投票	19.48	25.65	6.18	27.78	55.00	27.23 *
予測確率:棄権	4.45	5.65	1.20	17.41	21.01	3.60
	【2009年衆院選】			【2010年参院選】		
予測確率:与党投票	58.02	49.35	−8.67	60.09	45.35	−14.74 **
予測確率:野党投票	33.52	37.74	4.22	22.22	34.42	12.21 *
予測確率:棄権	8.46	12.91	4.45	17.69	20.22	2.53
非現政権・非大連立						
	【1996年衆院選】			【2001年参院選】		
予測確率:与党投票	35.57	18.22	−17.35 †	75.01	49.37	−25.64 *
予測確率:野党投票	42.49	55.70	13.21	13.79	35.52	21.73 *
予測確率:棄権	21.93	26.08	4.14	11.20	15.11	3.91
	【2003年衆院選】			【2004年参院選】		
予測確率:与党投票	49.28	18.06	−31.22 **	18.54	6.24	−12.30 †
予測確率:野党投票	44.06	57.48	13.41	68.39	80.80	12.41
予測確率:棄権	6.66	24.46	17.81 **	13.07	12.96	−0.11
	【2005年衆院選】			【2007年参院選】		
予測確率:与党投票	74.93	15.32	−59.61 **	26.97	12.84	−14.13 †
予測確率:野党投票	18.42	74.74	56.33 **	50.37	61.72	11.35
予測確率:棄権	6.65	9.94	3.28	22.66	25.44	2.78
	【2009年衆院選】			【2010年参院選】		
予測確率:与党投票	26.16	16.79	−9.37 *	14.46	7.99	−6.47
予測確率:野党投票	58.88	64.39	5.50	60.38	69.95	9.57
予測確率:棄権	14.95	18.82	3.87	25.16	22.06	−3.10

† p<.10 * p<.05 ** p<.01

は望むものの内閣の業績を評価できないからと自民党候補への投票を取り

やめる人の多くが，棄権ではなく野党候補への投票を選択すると予測されている。言い換えれば，参院選では，現政権の枠組みの継続を望むと望まざるとにかかわらず，野党候補への投票という積極的な形で業績評価投票を行う傾向があるのである。

以上の分析結果を要約しよう。独立変数「内閣業績評価」が，与党候補に投票するか棄権するかの選択には負の有意な影響を及ぼしているが，与党候補に投票するか野党候補に投票するかの選択には有意な影響を及ぼしていないという結果が，参院選に関する分析では得られず，1996年・2003年の衆院選に関する分析でのみ得られたことから，仮説1aは概ね支持されたと言える。また，独立変数「内閣期待度／内閣業績評価」が，与党候補に投票するか野党候補に投票するかの選択に対して負の有意な影響を及ぼしているという関係が，衆院選に関する分析では見られず，2001年・04年・07年・10年の参院選に関する分析でのみ確認されたことから，仮説1bは支持されたと言える。少なくとも1996年と2003年の衆院選，2004年・07年・10年の参院選に関しては，現政権の枠組みの継続を望む有権者が，時の政権の実績を評価できないと考えた場合，衆院選では棄権するが参院選では野党候補に投票するという形で，政権選択選挙か否かという衆院選と参院選の性格の違いを反映して，業績評価投票の使い分けを行っていたことが示唆されるのである。

4．分析2：衆参両院選挙の重要度に関する認識の条件付け効果

4．1　手法

このように第3節では，衆院選と参院選で業績評価投票のあり方が異なり，それぞれの選挙に特有の形で業績評価投票が行われていることを確認した。これを踏まえて本節では，衆院選に比べ参院選を相対的に軽視する人がこうした行動をよりとりやすいのか検証する。

本節の分析で用いるWaseda - CASI&PAPI 2007，同2009，Waseda - CASI 2010の各調査では，「今後の日本の政治を考えたとき，衆議院選挙，参議院選挙，統一地方選挙の選挙結果は，それぞれどの程度重要だと思いますか。0が『全く重要でない』，10が『非常に重要である』として，0から10の数字からお選びください」という質問によって，衆院選，参院選，

統一地方選挙の重要性について11段階で評価してもらっている[12]。表4-4は，一次的選挙（衆院選）と二次的選挙（参院選）の重要性に関する主観的評価の「相対的」な関係を見るために，クロス集計したものである[13]。この表に見られる回答の分布は，大きく三つに類型化することができる。

グループ①は，衆院選・参院選を共に絶対評価で重要（「5」から「10」）と評価し，かつ，両選挙の重要度には差がないとする回答である。表4-4では，薄く網掛けされた対角線上のセルにある，61.13％の回答が該当する。グループ②は，衆院選を絶対評価で重要と評価し，かつ，参院選に比べ衆院選の方がより重要とする回答である。これに該当するのは，表中の黒く網掛けされた白抜きのセルにある，28.91％の回答である。グループ③は残余のカテゴリで，これに含まれるのは，衆院選を絶対評価で重要と評価していない（すなわち，衆院選を一次的選挙とみなしていない）回答と，衆院選に比べ参院選の方がより重要とする回答である[14]。

このように，表4-4に基づく類型化によれば，一次的選挙である衆院選に比べ二次的選挙である参院選を相対的に重視しない，グループ②に該当する有権者は，3割程度存在する。欧州の二次的選挙に見られるのと同様の傾向を，表4-4は示しているのである[15]。

本節では，①に該当する回答をした人に比べ②に該当する回答をした人において，前節で明らかにした衆院選と参院選のそれぞれに特有の業績評

12　この質問項目は，1994年の第4回欧州選挙研究（EES）において尋ねられた設問をもとに作られている。EESでは，欧州議会議員選挙と国政における総選挙の二つの選挙結果に関して，「全く重要でない（it doesn't matter at all）」から「非常に重要である（it matters a great deal）」までの10段階で評価してもらっている。

13　Waseda - CASI&PAPI 2007，同2009とWaseda - CASI2010のデータをプールして作成した。なお，DK/NAは欠損値として処理している。

14　これに該当するのは，回答の9.96％である。

15　衆院選と統一選（＝二次的選挙）のクロス表を作ってみたところ，①のグループ（衆院選＝統一選）が56.68％，②のグループ（衆院選＞統一選）が25.89％，③のグループ（その他）が17.42％となった。国政選挙に比べ地方選挙をより重視する人を含むグループ③が15％強と意外に多くいるものの，全体としては，一次的選挙に比べ二次的選挙を軽視する人が3割弱存在するという同様の傾向が現れた。

表4-4 衆院選と参院選の重要度

		参院選重要度										計
		0	1	2	3	4	5	6	7	8	9	10	
衆院選重要度	0	59	0	4	0	0	7	0	0	2	0	3	75
	1	2	13	1	0	0	1	2	0	1	0	0	20
	2	0	2	24	4	0	2	0	1	1	0	1	35
	3	3	4	5	35	3	7	1	1	0	0	0	59
	4	2	3	2	4	31	13	2	2	1	0	1	61
	5	21	4	6	21	17	678	20	13	8	1	5	794
	6	1	0	4	6	14	37	104	16	3	0	1	186
	7	10	1	3	13	20	46	46	226	18	3	2	388
	8	9	11	9	11	15	60	66	62	312	10	10	575
	9	7	1	3	3	3	18	12	33	27	103	1	211
	10	46	4	6	19	4	108	43	70	99	29	793	1221
	計	160	43	67	116	107	977	296	424	472	146	817	3625

価投票のあり方がより顕著に見られるのか,言い換えれば,衆参両院選挙の重要度に関する認識の条件付け効果が生じているのかについて検証する。

その検証を行う前に,一つ確認しておくべきことがある。それは,衆院選と参院選の相対的な重要度に関する主観的認識は,政権選択選挙か否か(一次的選挙か二次的選挙か)という両選挙の性格の違いに関する理解を反映したものであるという,本章の議論の前提の妥当性である。この前提が妥当であることが,条件付け効果が生じると想定する論拠となるからである。

この分析は,第6章・第7章で主に用いる,2013年参院選時に筆者が実施したWEB調査に基づいて行う。このWEB調査には,選挙の重要性に関する主観的評価を10点尺度で測定する項目[16]の他,「衆議院議員選挙(／参議院議員選挙)は,どの政党に政権を任せるかを選択する選挙である」という考え方に対する賛否を,「そう思わない」(−3)と「そう思う」(+3)

---

16 具体的には,「ここに六つの選挙があげてあります。それぞれどの程度重要だとお考えになりますか。0が『全く重要でない』,9が『非常に重要である』として,0から9までの数字から一つお選び下さい」という質問で,衆議院議員選挙,参議院議員選挙,都道府県知事選挙,都道府県議会議員選挙,市区町村長選挙,市区町村議会議員選挙の6種類の選挙の重要性を尋ねた。

を両極とする7件法で尋ねた質問も含まれている[17]。この考え方に対する賛否と，衆院選・参院選の重要性に関する相対的な評価との関係を分析することで，次の仮説2を検証する。

仮説2：衆院選を政権選択選挙，参院選を非政権選択選挙と認識している人ほど，衆院選に比べ参院選を相対的にあまり重視しない傾向がある。

　分析の従属変数には，先に示した衆院選・参院選の相対的重要度に基づく類型化で，①に該当する回答をした場合は0，②に該当する回答をした場合は1とする二値変数をとる。このように従属変数が二値変数であるため，ロジット分析によって推定を行う。統制変数として，政治関心度，政治的有効性感覚，政治的知識量，二院制の是非[18]，システム・サポートに関する意識（「選挙／衆議院／参議院があるからこそ，国民の声が政治に反映されるようになる」という意見に対する賛否）を投入する。それらに加えて，先に紹介した「衆議院議員選挙（／参議院議員選挙）は，どの政党に

17　二つの考え方に対する賛否をクロス集計したのが下の表である。この表から，衆院選は政権選択選挙，参院選は非政権選択選挙と認識している回答者がかなりの数に上ることがわかる。

		参院選＝政権選択選挙						
		-3	-2	-1	0	+1	+2	+3	計
衆院選＝政権選択選挙	-3	48	2	0	3	0	0	7	60
	-2	3	32	3	0	6	3	0	47
	-1	1	6	57	7	20	5	4	100
	0	13	8	15	326	13	7	6	388
	+1	11	19	66	80	272	12	5	465
	+2	38	71	80	117	175	363	14	858
	+3	301	128	136	275	262	242	635	1979
	計	415	266	357	808	748	632	671	3897

18　「日本の国会のあり方についておうかがいします。現在のような，衆議院と参議院とからなる『二院制』が望ましいと思いますか。それとも，衆議院だけの『一院制』が望ましいと思いますか」という質問で，二院制が望ましい，どちらかといえば二院制が望ましい，どちらかといえば一院制が望ましい，一院制が望ましい，という四つの選択肢から選んでもらった回答である。

政権を任せるかを選択する選挙である」という考え方に対する賛否を主たる独立変数にとる。「衆議院議員選挙は、どの政党に政権を任せるかを選択する選挙である」と考える人ほど、また「参議院議員選挙は、どの政党に政権を任せるかを選択する選挙である」とは考えない人ほど、衆院選に比べ参院選を相対的に軽視する傾向があるということが統計的に確認されれば、仮説2は支持され、したがって本章の議論の前提は妥当ということになる。

この仮説2の検証を行った上で、前節で明らかにした衆院選と参院選のそれぞれに特有の業績評価投票のあり方が、両選挙を同等に重視する人に比べ衆院選よりも参院選を相対的に軽視する人においてより顕著に見られるのかについて検証に付す。

衆院選では、現在の政権の枠組みを支持する有権者は、たとえ現政権の業績を評価できないと考えたとしても、その否定的評価を、野党候補への投票に結びつけるのではなく、棄権という消極的な形で表明するにとどめる傾向があることを前節で明らかにした。この傾向は、政権選択選挙か否かという、衆院選と参院選の性格の違いを正しく認識できている人においてより強くなると考えられる。つまり一次的選挙である衆院選では、政権交代を望まない有権者の中でも、衆院選と参院選の主観的重要度に差がない人に比べ、衆院選を参院選より相対的に重視する人において、「与党候補に投票するか棄権するか」の選択に対する業績評価の影響がより強くなり、業績を評価しない場合に棄権する確率がより高くなると想定される。以上の議論をまとめたのが仮説3aである。

仮説3a：衆院選の結果は、政権の枠組みのあり方に直結する。このため、現政権の枠組みは支持するが、現政権の実績自体は評価できないと考える有権者のうち、衆院選が一次的選挙、参院選が二次的選挙であることを認識している人——言い換えれば、参院選に比べ衆院選を相対的に重視する人——は、そうでない人に比べ、業績に対する否定的評価を野党候補への投票ではなく棄権へと結びつける傾向をより強く示す。

これに対し参院選では、政権選択には直結しない二次的選挙であるた

め，政権交代願望の有無が業績評価と投票行動との関係のあり方を条件付けることはない。政権交代までは望んでいない有権者も，現政権を評価できないと考えれば，野党候補に投票してお灸をすえる傾向があることを前節で明らかにした。この傾向は，参院選は衆院選とは異なり二次的選挙であるということを理解している投票者において，より強く生じると考えられる。つまり二次的選挙である参院選では，政権交代を望んでいるか否かにかかわらず，2種類の国政選挙を同程度に重視する人に比べ，参院選の重要性は相対的に低いと評価する人において，「与党候補に投票するか野党候補に投票するか」の選択に対する業績評価の影響がより強くなり，業績を評価しない場合に野党候補に投票する確率がより高くなると想定される。以上の議論をまとめたのが仮説3bである。

仮説3b：参院選の結果は，政権の枠組みのあり方には直結しない。このため，政権交代を望むと望まないとにかかわらず，現政権の業績に対する評価の程度が，与党候補に投票するか野党候補に投票するかの選択に結びつく。とくに，衆院選を一次的選挙，参院選を二次的選挙と捉える投票者――言い換えれば，衆院選に比べ参院選を相対的に軽視する投票者――において，この結びつきはより強くなる。

2009年衆院選，2007年・10年参院選という3回の国政選挙における有権者の投票行動を分析することで，上記の仮説3a・仮説3bを検証する。分析に用いるのは，Waseda‐CASI&PAPI2007，同2009，Waseda‐CASI2010の各調査データである。これら調査には，本節の分析で鍵を握る，2種類の国政選挙の重要性に関する主観的評価を測定する項目が含まれているのに加えて，質問項目の高い共通性がある。このため，3回の選挙における投票行動の比較分析を行うにあたっての有用性は高い。

多項ロジットモデルを用いる分析の基本構造は，仮説1a・1bの検証で行った分析のそれと同じである。（小）選挙区選挙を対象とし，従属変数には，2007年参院選・09年衆院選に関しては「自民党候補に投票したか，民主党候補に投票したか，棄権したか」を，2010年参院選に関しては「民主党候補に投票したか，自民党／みんなの党候補に投票したか，棄権し

たか」をとる．独立変数としては，政党感情温度，選挙運動接触，被投票依頼経験，政治関心度，投票義務感，有効性感覚といった統制変数に加えて，次の諸変数を投入する．すなわち，2009年衆院選に関しては，内閣業績評価，衆参両院選挙の重要性に関する主観的評価（「グループ②：衆＞参」と「グループ③：その他」の二つのダミー変数）[19]，望ましい政権の枠組み（「非現政権・非大連立」と「大連立，DK/NA」の二つのダミー変数），およびこれら変数の交互作用項．2007年・10年参院選に関しては，内閣業績評価，衆参両院選挙の重要性に関する主観的評価，およびこれら変数の交互作用項である．2009年衆院選の分析に関して，交互作用項「『衆＞参』×内閣業績評価」の係数，および変数「内閣業績評価」と交互作用項「『衆＞参』×内閣業績評価」の係数の和が，自民党候補に投票するか民主党候補に投票するかの選択においては統計的に有意でなく，自民党候補に投票するか棄権するかの選択においては負で統計的に有意である場合，仮説3aは支持されたと言える．また，2007年参院選の分析に関しては自民党候補に投票するか民主党候補に投票するかの選択において，2010年参院選の分析に関しては民主党候補に投票するか自民党／みんなの党候補に投票するかの選択において，交互作用項「『衆＞参』×内閣業績評価」の係数が負で統計的に有意であり，かつ，変数「内閣業績評価」と交互作用項「『衆＞参』×内閣業績評価」の係数の和も負で統計的に有意である場合，仮説3bは支持されたことになる．

4.2 仮説2の検証結果

2013年参院選時に実施したWEB調査のデータを用いて行った仮説2の検証結果は表4-5のとおりである．統制変数として投入した各変数の効果からは，政治的洗練度の高い人，一院制が望ましいと考えている人，「衆議院があるからこそ，国民の声が政治に反映されるようになる」と考えて

19　衆院選・参院選を共に絶対評価で重要と評価し，かつ，両選挙の重要度には差がないとする，グループ①（衆＝参）に該当する場合を参照カテゴリとし，衆院選を絶対評価で重要と評価し，かつ，参院選に比べ衆院選の方がより重要とするグループ②（衆＞参）に該当することを示すダミー変数と，グループ③（その他）に該当することを示すダミー変数の形で投入する．

表4-5　仮説2の検証－ロジット分析結果
（2013年参院選WEB調査）

	Coef.	Std. Err.
衆院選＝政権選択選挙	1.595 ***	0.236
参院選＝政権選択選挙	−1.407 ***	0.164
政治関心度	−0.040	0.204
有効性感覚	0.048	0.199
政治的知識量	0.320 †	0.187
二院制の是非	−1.172 ***	0.148
選挙があるからこそ国民の声が政治に反映	−0.163	0.269
衆議院があるからこそ国民の声が政治に反映	1.717 ***	0.327
参議院があるからこそ国民の声が政治に反映	−2.414 ***	0.263
（定数項）	−0.008	0.237
Number of obs	3897	
Wald $x^2(9)$	282.52	
Pseudo R^2	0.153	

† p<.10　*** p<.001

いる人,「参議院があるからこそ,国民の声が政治に反映されるようになる」とは考えていない人ほど,衆院選と参院選を同程度に重要な選挙であるとは見ず,参院選に比べ衆院選の方が相対的により重要な選挙であると見る傾向があることが読み取れる。ごく自然な結果と言えるだろう。

　一方,仮説の検証にあたり鍵を握る,「衆議院議員選挙は,どの政党に政権を任せるかを選択する選挙である」,「参議院議員選挙は,どの政党に政権を任せるかを選択する選挙である」という二つの考え方に対する賛否の従属変数に対する影響に関しては,前者は正で有意,後者は負で有意であった。「衆議院議員選挙は,どの政党に政権を任せるかを選択する選挙である」という考え方に同意する人,「参議院議員選挙は,どの政党に政権を任せるかを選択する選挙である」という考え方に同意しない人ほど,衆院選に比べ参院選を相対的に軽視する傾向があるということである。

　これらの変数が従属変数に及ぼす影響の大きさを測るために,分析結果をもとにシミュレーションを行ってみた[20]。衆院選に比べ参院選は相対

20　シミュレーションには,Stata12のprvalueコマンドを用いた（Long 1997; Long and Freese 2006）。なお,他の独立変数には分析対象者の平均値を代入

に重要ではないと評価する予測確率は，衆院選は政権選択選挙であるという考え方に対する意見が分析対象者の平均より1標準偏差分否定寄りの人の場合は34.27％と，5割を有意に下回るのに対し，1標準偏差分肯定寄りの人の場合は51.72％となった。一方，参院選は政権選択選挙であるという考え方に対する意見に関しては，分析対象者の平均より1標準偏差分否定寄りの人の予測確率が53.64％，1標準偏差分肯定寄りの人の予測確率が32.55％と，前者が後者を大きく上回った。衆院選は政権選択選挙であると認識する人，参院選は政権選択選挙ではないと認識する人ほど，衆院選を重視する一方で参院選は相対的にあまり重視しない傾向があるとするこの分析結果は，仮説2を支持するものである。

このように仮説2を支持する結果が得られたということは，すなわち，衆院選と参院選の相対的な重要度に関する主観的評価は，政権選択選挙か否か（一次的選挙か二次的選挙か）という両選挙の性格の相違に関する認識を反映したものであるという，本節の議論の前提が妥当であることを意味する。議論の前提の妥当性が確認されたのを踏まえて，仮説3a・3bの検証に進む。

4.3 仮説3の検証結果

仮説3a・3bの検証を目的として2009年衆院選，2007年・10年参院選を事例にとって行った分析の結果は表4-6のとおりである。手法として多項ロジット分析を用いており，しかも交互作用項を多数投入しているため，この表だけを見ても分析結果を十分には理解できない。そこで，仮説の検証に資するよう，分析結果に基づいてシミュレーションを行った。その結果をまとめたのが表4-7である[21]。これらの表に基づいて分析結果の解釈を行っていく。

2009年衆院選の分析結果に関して注目すべきポイントは二つある。

第1に，表4-6aにあるとおり，変数「グループ②：衆＞参」の影響が，自民党候補に投票するか民主党候補に投票するかの選択に対しては負で統計的に有意で，自民党候補に投票するか棄権するかの選択に対しては正で

した。
21 シミュレーションはCLARIFY Version 2.1を用いて行った。

表4-6a　仮説3aの検証－多項ロジット分析結果（2009年衆院選）

	民主党候補への投票		棄権	
	Coef.	Std. Err.	Coef.	Std. Err.
内閣業績評価	−0.939	0.709	0.323	1.123
政権枠組み②：非現政権・非大連立	1.268 *	0.529	2.430 **	0.856
政権枠組み③：「大連立」，DK/NA	0.493	0.587	0.835	0.972
政権枠組み②×内閣業績評価	0.423	0.928	−1.110	1.352
政権枠組み③×内閣業績評価	0.553	1.007	0.126	1.517
グループ②：衆＞参	−1.707 †	0.933	1.889 †	1.050
「衆＞参」×内閣業績評価	1.674	1.389	−4.772 *	2.202
政権枠組み②×「衆＞参」	1.555	1.018	−2.507 *	1.194
政権枠組み③×「衆＞参」	1.538	1.166	−1.355	1.527
政権枠組み②×「衆＞参」×内閣業績評価	−2.640	1.663	3.512	2.600
政権枠組み③×「衆＞参」×内閣業績評価	−2.419	1.910	1.585	3.244
グループ③：その他	−0.190	1.322	−1.213	2.109
「その他」×内閣業績評価	1.033	2.147	2.172	3.118
政権枠組み②×「その他」	0.156	1.494	0.612	2.285
政権枠組み③×「その他」	0.671	1.646	1.341	2.403
政権枠組み②×「その他」×内閣業績評価	−1.337	2.723	−2.653	3.856
政権枠組み③×「その他」×内閣業績評価	−2.170	2.910	−1.396	3.693
感情温度：自民党	−1.572 ***	0.350	0.258	0.474
感情温度：公明党	−1.459 ***	0.331	−1.367 **	0.447
感情温度：民主党	2.757 ***	0.326	1.012 *	0.436
被投票依頼経験：自民党	−0.796 **	0.256	−1.269 **	0.441
被投票依頼経験：民主党	0.669 *	0.293	0.127	0.500
選挙運動接触：自民党	−0.577 *	0.229	−0.589 †	0.325
選挙運動接触：民主党	0.506 *	0.239	−0.230	0.362
政治関心度	0.987 **	0.348	−1.596 ***	0.441
投票義務感	−0.140	0.309	−1.369 ***	0.374
有効性感覚	0.075	0.346	0.511	0.498
（定数項）	−0.721	0.566	−0.149	0.862
Number of obs	1118			
LR χ^2 (54)	615.15			
Pseudo R^2	0.285			

† p＜.10　* p＜.05　** p＜.01　*** p＜.001

有意という点である[22]。この変数は，政権交代は望まないものの現政権の

22　民主党候補に投票するか棄権するかの選択に対する変数「グループ②：衆＞参」の影響も，係数＝3.596，標準誤差＝1.307（p＜.01）と，正で統計的に

表4-6b　仮説3bの検証－多項ロジット分析結果（2007年参院選）

	野党候補への投票		棄権	
	Coef.	Std. Err.	Coef.	Std. Err.
内閣業績評価	－1.782 **	0.583	－1.572 *	0.649
グループ②：衆＞参	1.470	0.978	0.544	1.073
グループ③：その他	0.962	0.936	0.269	0.985
「衆＞参」×内閣業績評価	－2.613 †	1.539	－1.180	1.676
「その他」×内閣業績評価	－2.127	1.572	－0.118	1.490
感情温度：自民党	－4.631 ***	0.750	－3.735 ***	0.785
感情温度：公明党	－2.130 **	0.685	0.008	0.720
感情温度：野党	4.166 ***	0.730	1.802 *	0.773
被投票依頼経験：自民党	－0.725 †	0.405	－0.564	0.471
被投票依頼経験：野党	0.827	0.562	－1.307	0.829
政治関心度	0.463	0.604	－0.516	0.626
投票義務感	－0.380	0.509	－2.414 ***	0.509
有効性感覚	－0.191	0.644	－0.790	0.742
（定数項）	2.398 **	0.731	4.037 ***	0.775
Number of obs	431			
LR χ^2 (26)	285.07			
Pseudo R^2	0.318			

† p＜.10　* p＜.05　** p＜.01　*** p＜.001

業績は全く評価できないと考える人々の間での，2種類の国政選挙の重要性に関する相対的評価と投票行動との関係のあり方を示している。より具体的には，自民党を中心とする現政権の枠組みが持続することを望む一方で麻生太郎内閣は「よくやってこなかった」と考える人々の間では，衆院選と参院選を同程度に重視する人に比べ，衆院選を参院選より重視する人の方が，民主党候補ではなく自民党候補に投票する確率が高く，また，棄権を選択する確率が高いということを意味している。シミュレーションに基づく予測確率の計算結果を見てみよう。ある特定の条件[23]の下で，自民党を中心とする現政権の枠組みの継続を望むものの，麻生内閣の実績

有意である。
23　与野党いずれの選挙運動にも接触せず，いずれへの投票も依頼されなかったという有権者を想定する。政党感情温度，政治関心度，投票義務感，有効性感覚には分析対象者の平均値を充てた。

表4-6c 仮説3bの検証－多項ロジット分析結果(2010年参院選)

	野党候補への投票		棄権	
	Coef.	Std. Err.	Coef.	Std. Err.
内閣業績評価	−0.859 *	0.432	−0.804	0.495
グループ②：衆＞参	0.677	0.449	−0.122	0.542
グループ③：その他	−0.386	0.596	0.162	0.591
「衆＞参」×内閣業績評価	−1.250 †	0.750	−0.673	0.912
「その他」×内閣業績評価	0.059	0.952	−0.051	0.952
感情温度：民主党	−4.077 ***	0.369	−2.611 ***	0.407
感情温度：公明党	0.810 *	0.343	0.445	0.407
感情温度：野党	3.581 ***	0.355	1.341 ***	0.391
被投票依頼経験：民主党	−1.188 ***	0.317	−0.982 **	0.375
被投票依頼経験：野党	0.838 **	0.320	0.043	0.404
選挙運動接触：民主党	−0.575 *	0.268	−0.199	0.314
選挙運動接触：野党	0.920 **	0.278	0.479	0.331
政治関心度	−0.551	0.387	−1.814 ***	0.413
投票義務感	−0.036	0.341	−1.938 ***	0.338
有効性感覚	−0.069	0.363	−0.492	0.442
(定数項)	1.193 **	0.458	3.514 ***	0.475
Number of obs		1028		
LR χ^2 (30)		632.84		
Pseudo R^2		0.293		

† p < .10　* p < .05　** p < .01　*** p < .001

は全く評価できないと考える人が，2種類の国政選挙の重要度には差がないと考えている場合，自民党候補への投票確率が41.09％，民主党候補への投票確率が51.39％，棄権確率が7.52％と，予測される行動は二大政党の候補者への投票にほぼ二分される。これに対し，参院選に比べ衆院選の方が相対的により重要であると考えている場合，自民党候補への投票確率は43.97％とほぼ変わらないが，民主党候補に投票する確率は12.38％と有意に低く(p < .05)，その分棄権する確率が43.65％と有意に高くなっており(p < .05)，自民党候補への投票と棄権とにほぼ二分されると予測される。これは，仮説3aと整合的な結果と言える。

　第2に，表4-6aに示したとおり，変数「内閣業績評価」が，自民党候補に投票するか民主党候補に投票するか，自民党候補に投票するか棄権するかのいずれの選択にも有意な影響を及ぼしていない一方で，自民党候補に投票するか棄権するかの選択における交互作用項「『衆＞参』×内閣業

績評価」の係数(−4.772，標準誤差＝2.202)は5％水準で統計的に有意であり，また変数「内閣業績評価」と交互作用項「『衆＞参』×内閣業績評価」の係数の和(−4.449，標準誤差＝1.894)も5％水準で有意であるという点である。変数「内閣業績評価」の主効果が有意でないということは，現政権の枠組みの継続を望み，かつ衆参両院選挙の重要度に差はないと認識している人々の間では，自民党候補に投票するか民主党候補に投票するか，自民党候補に投票するか棄権するかのいずれの選択に対しても，内閣業績評価が有意な影響を及ぼしていないことを意味する。これに対し，交互作用項「『衆＞参』×内閣業績評価」の影響が有意であるということは，内閣業績評価が自民党候補に投票するか棄権するかの選択に対して及ぼす影響が，現政権の枠組みの継続を望む人の中でも，衆参両院選挙の重要度に差はないと認識している人に比べ，参院選よりも衆院選を相対的により重視する人において，有意に大きいことを示している。

そして，変数「内閣業績評価」と交互作用項「『衆＞参』×内閣業績評価」の和の影響が有意であるということは，現政権の枠組みの継続を望み，かつ衆院選を参院選よりも重要な選挙と認識している人々の間では，内閣業績評価が低いほど自民党候補への投票ではなく棄権を選択する確率が有意に高いことを意味する。つまり，現政権の枠組みの継続を望む人が政権の実績を評価できないと考えた場合に，衆院選では棄権を選択するという，前節で明らかにした傾向は，衆院選が政権選択選挙であることを認識している，衆院選を参院選よりも相対的に重視する人々の間で顕著に見られるのである。

表4-7に示したシミュレーション結果によると，政権交代を望まず，かつ衆院選と参院選を同程度に重要と考えている人に関しては，内閣の業績を肯定的に評価する(平均プラス1標準偏差の)場合と否定的に評価する(平均マイナス1標準偏差の)場合とで，各肢を選択する確率に有意な差は見られない。一方，政権交代を望まず，かつ参院選に比べ衆院選の方がより重要と考えている人に関しては，内閣の実績を肯定的に捉えている場合には棄権する確率がほぼゼロ(4.12％)であるのに対し，否定的に捉えている場合には棄権する確率が33.41％と大幅に高くなっている($p < .05$)。これはまさに，仮説3aとして予測したとおりの結果である。

2009年の衆院選は，文字通り政権選択選挙であった。このため，自民

表4-7 内閣業績評価の影響に関するシミュレーション結果（単位：％）

	重要度：衆院選＝参院選			重要度：衆院選＞参院選		
	平均プラス1標準偏差	平均マイナス1標準偏差	差	平均プラス1標準偏差	平均マイナス1標準偏差	差
2009年衆院選						
現政権						
自民党	54.12	43.01	−11.11	68.61	51.69	−16.92
野党	35.42	49.24	13.82	27.27	14.91	−12.36
棄権	10.46	7.75	−2.71	4.12	33.41	29.29 *
非現政権・非大連立						
自民党	19.90	14.88	−5.02	38.97	20.01	−18.96 *
野党	60.90	62.22	1.32	51.96	65.11	13.15
棄権	19.20	22.90	3.70	9.08	14.88	5.81
2007年参院選						
自民党	35.79	15.90	−19.89 **	47.04	8.12	−38.92 **
民主党	42.26	57.85	15.59 *	32.31	74.53	42.22 **
棄権	21.95	26.25	4.30	20.65	17.35	−3.30
2010年参院選						
民主党	42.55	31.31	−11.23 *	53.61	27.42	−26.19 **
自民党／みんなの党	36.92	44.65	7.73	32.91	56.61	23.70 **
棄権	20.54	24.04	3.50	13.47	15.97	2.50

* p＜.05　** p＜.01

党（を中心とする）政権から民主党（を中心とする）政権への交代を望まない人々のうち，とくに，衆院選を一次的選挙，参院選を二次的選挙と的確に捉えることができている人が，特徴的な行動をとった。政権交代を望まない以上，たとえ麻生内閣の実績に不満を持ったとしても，それを野党候補への投票という形で明確に表明するわけにもいかず，棄権を選択することになったと考えられるのである[24]。

これと全く対照的なのが，2007年参院選・10年参院選の分析結果であ

24　同じデータに基づく前節の分析では，2009年衆院選に関しては，現政権の枠組みの継続を望むが内閣の業績を評価できないと考える人が棄権に回るという傾向は見られないという結果を得ていた。しかし本節の分析の結果，少なくとも衆院選を参院選よりも相対的に重視する人々の間ではその傾向が見られることが確認された。

る（表4-6b・表4-6c参照）。2007年参院選に関しては自民党候補に投票するか民主党候補に投票するかという選択，2010年参院選に関しては民主党候補に投票するか自民党／みんなの党候補に投票するかという選択に対する変数「内閣業績評価」の係数が負で統計的に有意となっている。このことは，衆院選と参院選を同程度に重要と考えている人々の間でも，内閣業績評価が低いほど現政権与党の候補ではなく野党候補への投票を選択する確率が高くなるという業績評価投票の傾向が生じていることを意味する。ただ，ここでより重要なのは，それらの選択に対する交互作用項「『衆＞参』×内閣業績評価」の係数が負で有意であり（2007年：係数＝−2.613，標準誤差＝1.539，p＜.10。2010年：係数＝−1.250，標準誤差＝0.750，p＜.10），かつ，変数「内閣業績評価」と交互作用項「『衆＞参』×内閣業績評価」の係数の和も負で有意である（2007年：係数＝−4.395，標準誤差＝1.432，p＜.01。2010年：係数＝−2.110，標準誤差＝0.622, p＜.001）という点である。というのも，この分析結果は，衆院選と参院選を同程度に重視する人に比べ，参院選を相対的に軽視する人において，業績評価投票の傾向が有意に強く生じていることを意味するからである。

　表4-7に示した，内閣業績評価が平均プラス1標準偏差の場合と平均マイナス1標準偏差の場合の，シミュレーションに基づく予測確率の差を見てみよう。2007年参院選では，2種類の国政選挙を同程度に重視する人に関しては，与党・自民党候補への投票がマイナス19.89ポイント（p＜.01），民主党候補への投票がプラス15.59ポイント（p＜.05），棄権がプラス4.30ポイントとなる。これに対し，参院選を相対的に軽視する人に関しては，順にマイナス38.92ポイント（p＜.01），プラス42.22ポイント（p＜.01），マイナス3.30ポイントになる。同様に，2010年参院選では，衆参両院選挙の重要度に差がないと考える人に関しては，与党・民主党候補への投票がマイナス11.23ポイント（p＜.05），自民党／みんなの党候補への投票がプラス7.73ポイント，棄権がプラス3.50ポイントとなる。これに対し，参院選を相対的に軽視する人に関しては，民主党候補への投票がマイナス26.19ポイント（p＜.01），自民党／みんなの党候補への投票がプラス23.70ポイント（p＜.01），棄権がプラス2.50ポイントになる。

　このように，2007年・10年のいずれの参院選でも，内閣業績評価が低

くなるほど与党の候補者への予測投票確率が低下する一方で野党の候補者への予測投票確率が上昇する傾向が見られるが，その度合は，衆院選と参院選を同程度に重視する人に比べ，参院選を相対的に軽視する人においてより大きいのである。

この分析結果が仮説3bを支持するものであることは言うまでもないだろう。二次的選挙である参院選において，衆院選を政権選択選挙，参院選を非政権選択選挙と捉える人は，選挙ごとの特性の相違を明確には意識していない人に比べよりはっきりと，現政権に対する不満の意思を野党候補への投票という形で示すのである。

5．小括

本章では，米中間選挙における大統領の政党の敗北の要因を業績評価投票の観点から説明する理論仮説であるレファレンダム仮説，欧州議会議員選挙をはじめとする二次的選挙における政権党の苦戦の要因として国政レヴェルの政権の実績に基づく業績評価投票に着目する二次的選挙モデルから着想を得て，現政権の業績に対する評価が衆参両院選挙における投票行動に及ぼす影響という切り口から，なぜ一般に衆院選に比べ参院選では与党の得票率が伸び悩む傾向にあるのかというリサーチ・クェスチョンへの接近を試みた。

有権者の中でも，現政権の枠組みが続くことを願うものの，政権の実績自体は評価できないと考える人々がとる行動が，衆院選と参院選とで異なることが理論的に想定される。衆院選は政権選択選挙であるため，現政権の枠組みの継続を望むという意識と，内閣の業績を否定的に評価するという意識とが交差圧力を生じさせる。このため衆院選では，こうした有権者は，交差圧力を解消しつつ内閣の業績に対する不満の意思を示す手段として，棄権を選択するということが想定される。これに対し参院選は，政権選択選挙ではないため，政権の枠組みに関する選好と政権の業績評価とが交差圧力を生じさせることはない。このため参院選では，現政権の枠組みの継続を望むか否かにかかわらず，政権の実績を評価できないと考える有権者は，その意思を明確に示すべく，野党候補への投票を選択すると想定される。

この理論的想定が妥当で，政権選択選挙である衆院選と非政権選択選挙で中間選挙として行われることの多い参院選とで，業績評価投票のあり方が異なるとすれば，そのことが，直近の衆院選に比べ参院選で与党の得票率が伸び悩む一因となり得ると考えられる。そこで第3節において，1996年・2003年・05年・09年の4回の衆院選，2001年から10年までの4回の参院選を対象に，与党候補に投票したか，野党候補に投票したか，棄権したかを従属変数，内閣業績評価と望ましい政権の枠組み，両変数の交互作用項を主たる独立変数にとった分析を行い，この理論的想定の妥当性を検証した。その結果は次の2点に要約できる。

(1)　分析した4回の衆院選のうち，いわゆる郵政解散による2005年衆院選と，民主党への政権交代を引き起こした2009年衆院選を除く，2回の「平時」の選挙において，現政権の枠組みの継続を望む人々の間で，与党・自民党候補に投票するか棄権するかの選択に対してのみ内閣業績評価が有意な影響を及ぼしていることが確認された。すなわち，自民党（を中心とする）政権という枠組みは持続して欲しいと望むものの，現政権自体は評価できないと考える人には，政権選択選挙である衆院選では，野党候補への投票ではなく棄権という形の業績評価投票を選択する傾向があった。

(2)　分析した4回の参院選全てにおいて，内閣に対する期待度／内閣業績評価の，与党候補に投票するか野党候補に投票するかの選択に対する，有意な影響が確認された。すなわち，現政権の枠組みの継続を望むか否かにかかわらず，現政権の選挙までの実績を評価できないと考える人には，政権選択選挙ではない参院選では，野党候補への投票という形の業績評価投票を選択する傾向があった。

　このように，政権選択選挙か否かという衆参両院選挙の性格の相違が，現政権の枠組みの継続を願う有権者の両選挙における業績評価投票のあり方を変えるということを示唆する結果が得られた。こうした，衆院選・参院選それぞれに特有の業績評価投票は，両選挙の性格が異なることを把握

している有権者においてより顕著に現れるのではないかと考えられる。そこで，欧州の選挙研究における二次的選挙モデルから着想を得て，衆院選は政権選択選挙であるが参院選は政権選択選挙ではないということを理解している人は，政権選択に直結する衆院選を相対的に重視し，直結しない参院選を相対的に軽視すると想定した。その上で，衆院選と参院選を同等に重視する人に比べ，衆院選よりも参院選を相対的に軽視する人において，上記(1)(2)の傾向がより強く現れているのか検証する分析を第4節で行った。その結果明らかとなったのは次の3点である。

(3) 日本の有権者の3割程度が，一次的選挙である衆院選に比べ二次的選挙である参院選をあまり重要な選挙とは認識していない。この，衆院選よりも参院選を相対的に軽視する傾向は，政権選択選挙か否かという衆参両院選挙の性格の違いに関する認識を反映しているとする本章の議論の前提が妥当なのか確認するための分析を行った。その結果，衆院選を政権選択選挙と認識している人，参院選を政権選択選挙と認識していない人ほど，衆院選に比べ参院選の重要度は相対的に低いと評価する傾向があることが判明した。我が国の有権者の中には，2種類の国政選挙の間にある，政権選択選挙か否か——一次的選挙か二次的選挙か——という性格の相違を正しく認識した上で，二次的選挙であるが故に参院選を相対的に軽視している人がいる，ということである。

(4) 2種類の国政選挙の重要度には差がないとする人と，衆院選に比べ参院選は相対的にあまり重要ではないとする人とで，衆参両院選挙における業績評価投票にいかなる相違が認められるのかについて，2009年の衆院選と，2007年・10年の参院選を題材に検証した。まず2009年衆院選では，自民党を中心とする政権の枠組みの継続を望む人々のうち，衆院選を参院選より相対的に重視する人の間でのみ，特徴的な行動が見られた。選挙結果が政権の枠組みのあり方に直結することを理解しているため，麻生内閣の業績を評価できないと考えたとしても，それを野党候補への投票という形で明確に表明するわけにもいかず，

やむを得ず棄権を選択する傾向があったことが確認されたのである。
　(5) 次に，政権選択選挙ではないため結果が政権の枠組みのあり方には直結しない参院選では，内閣業績評価が低いほど与党候補ではなく野党候補への投票を選択する確率が高くなるという業績評価投票の傾向が，衆院選と参院選を同程度に重視する人々の間でも確認された。その一方で，衆院選に比べ参院選をあまり重視しない人々の間では，業績評価投票の傾向が有意に強く生じていることも判明した。参院選を相対的に軽視する人は，参院選は政権選択に直結しない二次的選挙であることを認識しているが故に，より思い切って，現政権に対する不満を野党候補への投票に反映させることができているのだと推察される。

　つまり第4節では，上記(1)(2)の傾向の生じ方を，衆参両院選挙の相対的重要度に関する主観的評価が条件付けていることが明らかとなった。予測されたとおり，衆院選と参院選の重要度には差がないと考える人に比べ，衆院選に比べ参院選の重要度は相対的に低いと考える人において，上記(1)(2)の傾向がより強く現れていることが確認されたのである。
　政権選択選挙である衆院選では，現政権の枠組みの継続を望む有権者が政権の実績を否定的に評価した場合，野党候補への投票によって積極的にその意思を示すのではなく，棄権によって消極的にその意思を示すにとどめる。このため，現政権の枠組みの継続を望む有権者が多数を占める限り，内閣支持率が低い中で衆院選を迎えたとしても，与党が大敗を喫するまでには至らない。これに対し参院選では，政権選択選挙ではないが故に，現政権の枠組みの継続を望む有権者も望まない有権者も，政権の実績を評価できないと判断した場合には，野党候補への投票によって明確にその意思を表明する。しかも，有権者の3割ほどを占める，衆院選に比べ参院選を相対的に軽視する有権者には，業績に対する否定的評価に基づく野党候補への投票をより積極的に選択する傾向がある。このため，内閣支持率が高くない中で参院選を迎えると，与党が苦戦を強いられやすくなる。
　このように，本章の分析結果からは，現政権の枠組みの継続を願う有権

者が行う業績評価投票のあり方が衆院選と参院選とで異なることが，直近の衆院選に比べ参院選で政権与党の得票率が伸び悩む一因となっていると考えられるのである。

補遺　表4-1のコード化の方法

各調査における質問文および選択肢，それに基づくコード化の方法は以下の通り。

【JEDS96】　Q11
政権の形態には単独政権と連立政権がありますが，あなたが望ましいと思う選挙後の政権はどちらですか。　1．単独政権　2．連立政権

SQ1　（「1．単独政権」を選んだ方に）では，どの政党の政権が望ましいですか。

SQ2　（「2．連立政権」を選んだ方に）どの政党を中心とする連立政権が望ましいですか。

①＝Q11で「1」を選び，SQ1で自民党と答えた
　　Q11で「2」を選び，SQ2で自民党と答えたが，民主党と新進党はいずれも挙げなかった
②＝Q11で「1」を選び，SQ1で新進党もしくは民主党と答えた
　　Q11で「2」を選び，SQ1で新進党と民主党のいずれかもしくは両方を挙げたが，自民党とは答えなかった
③＝Q11で「2」を選び，SQ2で自民党と答え，かつ民主党と新進党のいずれかもしくは両方を挙げた
　　Q11がDK/NA，SQ1がNA，SQ2でいずれの政党も挙げなかった

【JESⅢ】2001年事前調査Q23，2003年事前調査Q24，2004年事前調査
　　　　Q26，2005年事前調査Q31
あなたは，今度の○○選挙の後，どのような政権ができることを望みますか。
　1．自民党単独政権：①
　2．民主党を除いた，自民党と他の政党の連立政権：①
　3．自民党と民主党を含めた連立政権：③　　DK/NA：③
（2001年参院選・2003年衆院選・2004年参院選）
　4．自民党を除いた他の政党の連立政権：②　　5．その他：②
（2005年衆院選）
　4．民主党単独政権：②
　5．自民党を除いた他の政党の連立政権：②　　6．その他：②

【Waseda - CASI&PAPI2007・2009】 2007年事前調査問27，2009年事前調査問24

あなたが望ましいと考える政権の形や，衆議院・参議院における勢力分布について，おうかがいします。まず，あなたが望ましいと考える政権は，次のうちどれですか。

　　1．自民党単独政権　　2．自民党を中心とする連立政権
　　3．民主党単独政権　　4．民主党を中心とする連立政権　　5．その他

SQ　自民党／民主党の連立政権のパートナーとして，ふさわしい政党はどれだと思いますか。この中からいくつでもあげてください。

①：問で「1」を選んだ，問で「2」を選び，SQで民主党を挙げなかった
②：問で「3」もしくは「5」を選んだ，問で「4」を選び，SQで自民党を挙げなかった
③：問で「2」を選び，SQで民主党を挙げた，問で「4」を選び，SQで自民党を挙げた，問がDK/NA

【Waseda - CASI2010】　事前調査問25
（質問文は上記Waseda - CASI&PAPI2007と同じ）
　　1．民主党単独政権　　2．民主党を中心とする連立政権
　　3．自民党単独政権　　4．自民党を中心とする連立政権　　5．その他

SQ1／SQ2　民主党／自民党の連立政権のパートナーとして，ふさわしい政党はどれだと思いますか。この中からいくつでもあげてください。

①：問で「1」を選んだ，問で「2」を選び，SQ1で自民党を挙げなかった
②：問で「3」を選んだ，問で「4」を選び，SQ2で民主党を挙げなかった
③：問で「2」を選び，SQ1で自民党を挙げた，問で「4」を選び，SQ2で民主党を挙げた，問がDK/NA

第5章
参院選における政策バランス投票

1. 導入

　第3章では候補者要因，第4章では業績評価要因が，衆参両院選挙における投票行動にそれぞれ異なる形で作用しており，その結果として，衆院選に比べ参院選では与党の得票率が相対的に伸び悩むという規則性が生じている可能性があることを明らかにした。政治行動論の分野で伝統的に，候補者評価・業績評価と並んで投票行動の規定要因として重視されてきたものに，政策態度がある。では，政策態度の投票行動に及ぼす影響のあり方についても，衆院選と参院選の間で差異が見られるのであろうか。

　第2章第4節で，米国の中間選挙において大統領の政党が敗北を喫する原因に関する政策バランス仮説を紹介した。これは，大統領の政党の政策と反対党の政策の間に位置する中道的な立場をとる有権者が，自らの選好により近い政策の実現が期待される分割政府状態を作り出すべく，中間選挙ではあえて反対党の候補者に投票することがその原因であると想定する仮説であった。この仮説は，日本の政治的文脈にも援用可能と考えられる。政権与党の政策的立場と野党第一党の政策的立場の間に位置する政策を選好する中道的な有権者が，政策形成過程における野党第一党の影響力を高めることで，与党の政策よりも自らの選好により近い政策が実現することを期待する。その期待の下，衆院選では選挙後に政権与党となる政党の候補者に投票したとしても，次の参院選ではあえて野党第一党の候補者に投票している，という可能性があるのである。実際に中道的な有権者が

こうした投票——政策バランス投票——を行っているとすれば，これが一因となって，衆院選に比べ参院選で与党の得票率が伸び悩むという一般的傾向が生じていると考えることができる。

そこで本章では，政策バランス仮説を我が国の国政選挙の文脈に援用することで引き出される，「中道的な有権者には，政策的バランスを考慮に入れて，衆院選では政権を担当することになる政党の候補者に投票しながら参院選では野党第一党の候補者に時間差で分割投票する傾向がある」という仮説の妥当性について，2003年衆院選以降の6回の国政選挙を題材に検証する。保革イデオロギー次元上における自身の立場と自身が主観的に認識する自民・民主両党の立場との相対的な関係が衆参両院選挙での投票行動にいかに作用するかに焦点を当てた分析を行うことで，政策バランス投票の存在が参院選における与党の戦いぶりに及ぼす影響について検討を加える。

2．背景

政策争点に対する態度が投票行動に及ぼす影響のあり方に関するいわゆる近接性モデル(Downs 1957)や方向性モデル(e.g. Rabinowitz and Macdonald 1989)，混合モデル(e.g. Merrill and Grofman 1999)はいずれも，有権者が自身の立場との関係を照合する対象としているのは，各政党(候補者)が公約として掲げる政策であって，実際にアウトプットとして出てくる政策ではない，ということを暗黙の前提としている。政治システムが集権的で，選挙で勝利した政党が独占的に政策決定過程を支配し得るような場合には，選挙で勝利した政党が掲げる政策と実現する政策は基本的に一致する。このため，有権者は各政党が掲げる政策と自らの考えを照らし合わせて投票先を決めると想定することと，有権者は選挙後に実現することが予期される政策と自らの考えを照合して投票行動を決めると想定することとは同義となる。これに対し，多くの国がそうであるように，政治システムが分権的で，選挙で勝利した政党以外の政治勢力も政策決定過程に影響力を行使し得るため，アクター間の交渉・妥協を経て政策が実現するような場合には，選挙で勝利した政党が掲げる政策と実現する政策が一致するとは必ずしも限らない。このため，近接性モデルや方向性モデル，

混合モデルが暗黙の前提とする，有権者は各政党が公約として掲げる政策と自らの考えの関係に基づいて投票行動を決めるとの想定よりもむしろ，有権者は選挙後に行われるアクター間の交渉・妥協を予期し，それを経て実現することが見込まれる政策と自らの意見を照らし合わせて投票意図を固めるとの想定の方が，分権的な政治制度の下では妥当性が高いと考えられる（Kedar 2009）。

　このような，分権的な政治制度の下で行われている可能性のある，各政党が掲げる政策ではなく実現する政策を考慮に入れた投票行動として挙げられるのが，第2章で詳述した，政策の穏健化を企図した政策バランス投票である。これは，政策的に中道の立場をとる有権者が選択する可能性のある投票行動である。たとえば，保守－リベラルの政策次元上で，政党Aは保守的な政党，政党Bはリベラルな政党であると主観的に認識し，両政党の間に自身を位置づける中道的な有権者がいたとしよう。彼（女）は，政策決定過程において相対的に強い力を有する機関Xの選挙で政党Aに投票したものの，政党Aが実現しようとしている政策はあまりに保守的過ぎると感じている。ここで，政策決定に影響を及ぼし得る別の機関Yの主導権を政党Bに握らせることができれば，実現する政策は，政党Aと政党Bの間で行われる交渉・妥協の結果として出てくる，政党Aの立場と政党Bの立場の間に位置する，自らの考えに近い中道的なものとなることが期待される。このため，この有権者には，政策の穏健化を図るために，機関Yの選挙において政党Bに投票する，すなわち機関Xの選挙と機関Yの選挙で分割投票を選択するというインセンティヴが生じる。要約すれば，政策バランス投票とは，政策決定に影響を及ぼす機関が複数存在する分権的な政治制度において，バランスのとれた，穏健な政策が実現することを期待して，相対的に強い権限を有する機関（大統領制下の大統領，二院制下の第一院など）を押さえる政党とは別の政党に他の機関（大統領制下の議会，二院制下の第二院など）では主導権を握らせるべく，意図的に分割投票することを指す。

　この政策バランス投票の理論仮説は，次のような形で我が国の国政選挙の文脈に援用できる。行政府（大統領）と立法府（連邦議会，とくに下院）とで権力が分立され，それぞれが政策決定に影響を及ぼす大統領制下の米国とは異なり，議院内閣制下の日本では，行政府と立法府の権力が融合する

傾向がある。その一方で，第一院と第二院が持つ権限が対等に近い二院制が採用されていることで，第一院である衆議院はもちろんのこと，第二院である参議院も政策決定に大きな影響を及ぼし得る(竹中，2010)。このため，野党第一党が参議院で占める議席を伸ばす(場合によっては，いわゆる「ねじれ国会」の状況を作り出す)ことを企図して，前回の衆院選では選挙後に与党になる政党の候補者に投票しながら，次の参院選では投票先を野党第一党の候補者に変えるという形で，政策バランス投票を行う中道的な有権者が存在する可能性が想定される。とくに，参院選にあわせて衆議院が解散されることがない限り衆院選と参院選が時間差で行われるという国政選挙のサイクルが，参院選での投票を通じて政策の穏健化を図るという行動がとられる蓋然性を高めていると考えられる。

　政権を担当することになる政党に衆院選で投票した有権者も，その政権が実行に移す政策に全面的に賛同しているわけでは必ずしもない。中には，自らの考えに照らして行き過ぎた面があると感じた場合に，それを是正するために，次の参院選を活用しようとする者もいる。すなわち，野党第一党の参議院における影響力，ひいては政策決定過程に及ぼす影響力を高めるために，次の参院選では野党第一党への投票に乗り換えるという有権者が存在することが，理論上想定される。参院選が衆院選から時間をおいて，事実上の中間選挙として実施されることで可能となる，「時間差分割投票(lagged ticket - splitting)」(Erikson 1988)の形をとる政策バランス投票を行う有権者が存在することが，参院選における与党の得票率の相対的な伸び悩みの一因となっているのではなかろうか。本章では，米国で発展した政策バランス投票の理論仮説を我が国の国政選挙の文脈に援用することで引き出したこうした考え方の妥当性について検証する。

3．分析手法

　政策次元(保守－革新イデオロギー次元)[1]における自民・民主両党の立

1　政策バランス投票を行う有権者が，個別具体的な政策争点に関して穏健化を図っているということも十分に考えられる。ただ，本章のように，政策バランス投票について検証する分析を複数回の選挙を題材として行う場合に，バラン

場に関する有権者の主観的認識と有権者自身の立場の関係に着目すると，表5-1に示したように大きく六つに類型化できる[2]。表5-2は，本研究で分析に用いるデータ（後述）に関して，各類型に該当する分析対象者[3]の割合をまとめたものである。選挙ごとに分布の違いも見られるが[4]，平均すると，グループA（民主＜自民≦自己）が15％程度，グループB（民主＜自己＜自民）が20％弱，グループC（自己≦民主＜自民）とグループD（その他）[5]がそれぞれ30％強を占めている。

スをとろうとする対象の政策争点を選挙ごとにアドホックに変えると，一般性の高い知見が得られなくなってしまう。そこで本章では，分析に際して，具体的な政策争点ではなく，より抽象度の高い保革イデオロギーを取り上げる。このため本章では，「政策」と「イデオロギー」という二つの語を互換的に用いる。

2　第2章の図2-1（61頁，ただし$q=0.5$を想定）に照らせば，厳密には，自民党の政策と民主党の政策の真ん中（M），民主党の政策とMの真ん中（M_1），自民党の政策とMの真ん中（M_2）の三つの点で保革イデオロギー次元を分け，M_2よりも保守的な立場をとる人，M_1とM_2の間に位置する人，M_1よりも革新的な人，これら三つに該当しない人に分類すべきである。ただ，この方法を採用すると，本章の分析で着目するM_1とM_2の間に位置する人が少なくなり過ぎることから，本文中に示した形で分類し，「B」に該当する中道的な有権者に政策バランス投票の傾向が見られるか検証することにした。

　なお，ここに示した厳密な方法で回答者を分類した分析も行ってみたところ，統計的有意水準には達しないものの，本文中でこの後紹介する分析結果と同様の傾向が確認された。

3　厳密には，各回の国政選挙における投票行動の分析（分析2参照）で対象とする，（小）選挙区で自民党もしくは民主党の公認／推薦候補に投票した回答者の間での分布である。

4　2010年参院選に関してグループD_3（DK/NA）の割合が高くなっているのは，調査の形式が異なるためと考えられる。Waseda-CASI2010調査では，「今回の参議院選挙に候補者を立てているいくつかの政党についておうかがいします。あなたは，次にあげる政党をご存じですか。ご存じの政党をすべてお選びください」（問5）という質問で選択された政党についてのみ，イデオロギー的立場に関する主観的認識を尋ねた。このため，自民党に関しては12.35％，民主党に関しては11.03％の回答者には，主観的認識を尋ねる質問をそもそも行っていない。これにより，他の年の調査に比べグループD_3の割合が高くなったと推察される。

5　グループD_1（自民＝民主）・グループD_2（自民＜民主）・グループD_3（DK/

表5-1 保革イデオロギー次元上における有権者の分類

A	民主党に比べ自民党をより保守的であると(正しく)認識し,かつ,自身は自民党よりも保守的な立場をとる(民主＜自民≦自己)
B	民主党に比べ自民党をより保守的であると(正しく)認識し,かつ,自民党と民主党の間に自己を位置づける(民主＜自己＜自民)
C	民主党に比べ自民党をより保守的であると(正しく)認識し,かつ,自身は民主党よりも革新的な立場をとる(自己≦民主＜自民)
D_1	自民・民主両党のイデオロギー的立場に差異を見出すことができない(自民＝民主)
D_2	民主党に比べ自民党をより革新的であると(誤って)認識している(自民＜民主)
D_3	自民党／民主党の立場に関する主観的認識,自己定位のいずれか一つ以上にDK/NAが含まれる(DK/NA)

表5-2 各類型に該当する回答者の割合(単位：％)

	2003年衆院選 (N=925)	2004年参院選 (N=1194)	2005年衆院選 (N=878)	2007年参院選 (N=343)	2009年衆院選 (N=983)	2010年参院選 (N=742)
A	17.51	14.41	17.43	15.74	13.73	11.59
B	14.70	17.67	15.95	19.83	31.33	16.31
C	34.16	36.60	36.10	33.24	27.47	24.39
D_1	12.00	12.23	12.41	15.74	8.85	13.88
D_2	6.16	6.78	5.58	11.95	11.80	13.88
D_3	15.46	12.31	12.53	3.50	6.82	19.95

　仮に,政策的バランスを考慮に入れて参院選での投票に臨む有権者がいるとすれば,それは,イデオロギー的立場が中道である人々,すなわち20％弱を占めるグループB(民主＜自己＜自民)に該当する投票者であると想定される。そこで,次のような仮説を立て,これを検証することを通じて,有権者の政策面でのバランス感覚が参院選における与党の得票率の相対的な伸び悩みをもたらす一因となっていると考えることの妥当性を探る。

仮説：民主党に比べ自民党をより保守的であると(正しく)認識し,かつ,

NA)は,保革イデオロギー次元上の自身の立場に基づいて投票行動を決めることができないという点において共通している。あまりに多くのグループに回答者を分類してしまうと分析が煩瑣になることから,以下では,これら三つのグループをまとめてグループD(その他)として扱う。

自民党と民主党の間に自己を位置づける，中道的な有権者には，政策的バランスを考慮に入れて，衆院選では政権を担当することになる政党の候補者に投票しながら参院選では野党第一党の候補者に時間差で分割投票する傾向がある。

この仮説を検証するために，本章では次に挙げる3種類の分析を行う。

3.1 分析1：グループBの政治的洗練性

政策バランス投票は，洗練された投票行動（sophisticated voting）の一種である。このように認知的負荷の高い行動をとるには，高度な洗練性が求められる。そこでまず，グループB（民主＜自己＜自民）に該当する有権者が，政策バランス投票を行う前提条件とも言うべき高い政治的洗練性を備えているのか否かについて，グループA（民主＜自民≦自己）・グループC（自己≦民主＜自民）・グループD（その他）の有権者との比較の観点から確認することを目的とした分析を行う。

分析1として行うのは，具体的には，グループAからグループDの四つのカテゴリのいずれに該当するかを従属変数，性別・年代・学歴・テレビ視聴頻度・新聞閲読頻度・政治関心度・政治満足度・望ましい政権の枠組み（「非現政権・非大連立」ダミー・「大連立，DK/NA」ダミー）・無党派ダミーといった統制変数群に加えて，政治的知識量を独立変数にとった，多項ロジット分析である[6]。他の変数の影響を考慮に入れてもなお，豊富な政治的知識を持ち合わせた，政治的に洗練された人ほどグループA・C・DではなくグループBに該当する確率が有意に高いことが確認されれば，グループBの有権者が，政策バランス投票を行う前提条件は少なくとも満たしているということになるだろう。

早稲田大学の研究グループが2007年参院選・09年衆院選・10年参院選時に実施した世論調査（Waseda - CASI&PAPI2007・同2009・Waseda - CASI2010）には，従属変数を作成する上で必要となる，保革イデオロギー次元上の自民・民主両党の立場に関する回答者の主観的認識および回

6　分析の対象とするのは，（小）選挙区で自民党もしくは民主党の公認／推薦候補に投票した回答者である。

答者自身の立場を尋ねる質問だけでなく，鍵となる独立変数である政治的知識量を測定するのに適した項目が豊富に含まれている。そこで分析1は，それら三つの調査をプールしたデータを用いて行う[7]。

3．2　分析2：6回の国政選挙における投票行動

　グループB（民主＜自己＜自民）に該当する人に，衆院選では選挙後に与党になる政党の候補者に投票しながら参院選では野党第一党の候補者に乗り換えるという政策バランス投票の傾向が見られるのか否かを確認するために，近年の国政選挙における投票行動を従属変数にとった分析を行う。対象とするのは，グループAからグループDに回答者を分類する際に必要となる質問項目を含む調査が行われた，2003年衆院選（分析に用いるデータはJES III），04年参院選（同），05年衆院選（同），07年参院選（Waseda-CASI&PAPI2007），09年衆院選（同2009），10年参院選（Waseda-CASI2010）の6回の国政選挙である。

　本章では次のような手法によって仮説の検証を試みる。まず，対象とする6回の国政選挙のそれぞれについて，（小）選挙区における投票行動（自民党の公認／推薦候補に投票したか民主党の公認／推薦候補に投票したか）を従属変数，候補者認知の有無（2003年・04年・05年のみ），候補者感情温度（同），政党感情温度，内閣業績評価，望ましい政権枠組み[8]，被投票依頼経験，選挙運動接触（2007年以外）を統制変数[9]，グループAからグ

---

[7]　三つの調査データをプールして分析するので，Waseda-CASI&PAPI2009・Waseda-CASI2010のデータであることを示す二つのダミー変数を独立変数に加える。また，2007年・09年と10年とでは政権担当政党が異なるので，2010年のデータであることを示すダミー変数と望ましい政権の枠組みを表す二つのダミー変数の交互作用項も投入する。

　なお，第4章と同様，Waseda-CASI&PAPI2007で分析に用いるのはCASI形式で行われた調査のデータのみである。

[8]　前章のように「非現政権・非大連立」「大連立，DK/NA」という二つのダミー変数の形で分析に投入すると，この分析結果を踏まえて行うシミュレーションが煩瑣になる。そこで本章では，「現政権の枠組みを維持」を「0」，「大連立，DK/NA」を「1」，「非現政権・非大連立」を「2」とする順序尺度の形で独立変数にとることにした。

[9]　前章の2005年衆院選に関する分析では独立変数として郵政民営化への賛否

選挙結果を大きく左右すると言われることがよくある。しかしながら，支持政党を持つ人と持たない人とでグループBに該当する確率に有意な差がないとの分析結果がここで得られた。これにより，衆院選では選挙後に与党になる政党の候補者に投票しながら次の参院選では野党第一党の候補者に投票先を変えるという傾向がグループBの有権者にあることが仮に分析2において確認されたとしても，グループBの有権者に見られるこの動きはメディア等で注目を集める無党派層の動きとは異なるものだということになる。本章は，無党派層の投票行動を別の観点から分析したものではないのである。

　もう一つは，より重要な点であるが，相対的に政治的洗練度が高い人ほど政策バランス投票を行っていることが想定されるグループBに該当する確率が高いということである。表5-3を見ると，グループA・C・Dのいずれのカテゴリについても，政治的知識量の影響が負で統計的に有意となっている。つまり，政治的知識が豊富な，政治的に洗練された人ほど，グループA・C・DではなくグループBに該当する確率が有意に高いということである。シミュレーションの手法を用いて説明しよう。ある特定の条件[12]の下で，政治的知識量を分析対象者の平均マイナス1標準偏差から平均プラス1標準偏差に変化させると，各グループに該当する予測確率は，Dが34.01％から17.82％へと大きく低下する（$p < .01$）一方で，A・Cはほとんど変化しない（$p > .10$）[13]。これに対し，グループBに該当する予測確率は，政治的知識量が平均マイナス1標準偏差の場合の22.25％から，平均プラス1標準偏差の場合の34.99％へと，大きく上昇するのである（$p < .01$）[14]。このように，相対的に政治的に洗練された人々がグループBに該当していることから，グループB（民主＜自己＜自民）は，政策バランス

12　Waseda - CASI&PAPI2009調査に回答した，自民党（連立）政権の継続を望み，特定の支持政党を持つ男性，という有権者像を想定する。年代・学歴・テレビ視聴頻度・新聞閲読頻度・政治関心度・政治満足度には2009年の分析対象者の平均を充てた。

13　グループAに該当する予測確率は26.80％から29.25％に，グループCに該当する予測確率は16.95％から17.94％にそれぞれなる。

14　ただし，なぜ政治的に洗練された人ほどグループBに該当する意識を持つ確率が高いのか，その理由については，この分析からはわからない。

投票を行う前提条件を満たしていると言えよう[15]。

4．2　分析2の結果

6回の国政選挙における投票行動を従属変数にとったロジット分析の結果は表5-4のとおりである。本章の仮説検証にあたり注目すべきは，2003年衆院選・04年参院選・05年衆院選・07年参院選に関する分析におけるダミー変数「グループA」の影響と，2009年衆院選・10年参院選に関する分析におけるダミー変数「グループC」の影響である。

仮説では，参照カテゴリであるグループBに該当する人と，グループA

表5-4　分析2（ロジット分析）結果

	2003年衆院選		2004年参院選		2005年衆院選	
	Coef.	Std. Err.	Coef.	Std. Err.	Coef.	Std. Err.
グループAダミー	−0.363	0.381	−0.439	0.331	−0.675	0.481
グループCダミー	0.292	0.319	0.388	0.267	0.045	0.347
グループDダミー	−0.226	0.316	0.112	0.263	0.062	0.353
候補者認知：自民党	0.807 †	0.415	0.174	0.361	1.018 *	0.499
候補者感情温度：自民党	−4.330 ***	0.628	−2.250 ***	0.612	−3.873 ***	0.758
候補者認知：民主党	−0.296	0.402	0.203	0.409	−1.221 *	0.482
候補者感情温度：民主党	2.849 ***	0.657	1.741 *	0.726	3.830 ***	0.760
政党感情温度：自民党	−3.076 ***	0.591	−3.549 ***	0.498	−3.742 ***	0.694
政党感情温度：公明党	−1.820 ***	0.505	−1.454 ***	0.402	−1.963 ***	0.551
政党感情温度：保守新党	−0.573	0.527	───		───	
政党感情温度：民主党	3.744 ***	0.558	4.531 ***	0.536	3.763 ***	0.731
内閣業績評価	−1.202 †	0.618	−1.057 *	0.537	−1.989 **	0.670
望ましい政権枠組み	1.325 ***	0.330	2.523 ***	0.313	1.662 ***	0.361
被投票依頼経験：自民党	−0.111	0.256	−0.857 ***	0.251	−0.022	0.305
被投票依頼経験：民主党	0.317	0.326	1.273 ***	0.298	1.033 **	0.377
選挙運動接触：自民党	−0.587 **	0.226	−0.653 **	0.217	−0.739 **	0.278
選挙運動接触：民主党	0.517 *	0.230	0.263	0.226	0.344	0.269
（定数項）	0.956 †	0.553	−0.081	0.467	1.181 †	0.620
Number of obs	925		1194		878	
LR χ^2	(17) = 592.29		(16) = 816.54		(16) = 683.93	
Pseudo R^2	0.480		0.494		0.584	

† $p<.10$　* $p<.05$　** $p<.01$　*** $p<.001$

15　政策バランス投票といわゆる「バッファー・プレイヤー」（蒲島，1988，第9章）の関係について，章末の補論を参照。

(2003年・05年)／グループC (2009年)に当てはまる人とで，衆院選における投票行動に関しては差がない——ともに選挙後に政権の座に就く政党の候補者に投票する——と想定する。このため，仮説が是であるならば，分析対象者がそれらグループに該当することを示すダミー変数の影響が，衆院選に関する分析では有意にならないはずである。分析結果を見ると，実際，いずれの衆院選に関しても注目すべきダミー変数の影響は統計的に有意でないことがわかる。

これに対し参院選に関しては，グループA（2004年・07年）／グループC（2010年)の有権者は衆院選と同様に政権与党の候補者に投票するのに対し，グループBの有権者は政策的バランスを考慮に入れて野党候補に一票を投じると仮説では想定する。このため，グループBの有権者の方が

表5-4　分析2（ロジット分析）結果（つづき）

	2007年参院選		2009年衆院選		2010年参院選	
	Coef.	Std. Err.	Coef.	Std. Err.	Coef.	Std. Err.
グループAダミー	−1.051 †	0.565	−1.366 ***	0.306	−0.126	0.476
グループCダミー	−0.156	0.457	0.316	0.231	−0.676 †	0.366
グループDダミー	−0.618	0.446	0.146	0.213	−0.575 †	0.325
政党感情温度：与党	−4.223 ***	0.874	−1.436 ***	0.369	−2.876 ***	0.487
政党感情温度：公明党	−1.489 *	0.686	−1.342 ***	0.338	0.823 †	0.431
政党感情温度：野党	4.253 ***	0.830	2.853 ***	0.336	2.494 ***	0.465
内閣業績評価	−1.897 ***	0.538	−0.589 †	0.315	−0.671	0.419
望ましい政権枠組み	1.148 **	0.434	1.379 ***	0.235	2.808 ***	0.327
被投票依頼経験：与党	−0.741 †	0.428	−0.865 **	0.261	−1.136 **	0.420
被投票依頼経験：野党	1.216 *	0.598	0.781 **	0.299	0.658 †	0.381
選挙運動接触：与党	——		−0.566 *	0.233	−1.007 **	0.360
選挙運動接触：野党	——		0.429 †	0.245	1.599 ***	0.362
(定数項)	1.695 *	0.686	−0.514	0.334	−0.198	0.461
Number of obs	343		983		742	
LR χ^2	(10)=208.12		(12)=482.09		(12)=515.65	
Pseudo R^2	0.451		0.360		0.506	

† p<.10　* p<.05　** p<.01　*** p<.001

野党候補に一票を投じる確率が高いことを示す，ダミー変数「グループA」(2004年・07年)／「グループC」(2010年)の係数が負で有意という結果が得られた場合，仮説は支持されるということになる。2004年の参院選に関しては，鍵となるダミー変数の係数の符号は負で正しいものの統計的には有意でなかった($p = .185$)。しかし2007年・10年の参院選に関しては，鍵となるダミー変数は従属変数に対して両側10％水準で有意な負の影響を及ぼしていた。2007年参院選ではグループAに該当する人に比べ，2010年参院選ではグループCに該当する人に比べ，グループBに該当する人の方が，野党候補への投票を選択する確率が有意に高かったということである。つまり，グループBの有権者には，衆院選では勝利して政権を担う政党の候補者に投票しても，次の参院選では自身にとって望ましい中道的な政策の実現を期待して政策バランス投票を行う傾向があることを，6回の国政選挙における投票行動の分析の結果は示唆していると言えるのである。

表5-4の分析結果を見ただけでは，仮説が支持されることはわかっても，参院選における政策バランス投票がどの程度の影響力を持つのかは判然としない。そこで，この結果をもとにしたシミュレーションを行うことで，政策バランス投票の影響の大きさを確認することにしよう。図5-1Aから図5-1Cは，表5-4に示した回帰式に，グループA・B・Cに該当する分析対象者の平均値をそれぞれ代入することで，各グループの平均的な有権者の各選挙における行動(民主党候補への投票確率および95％信頼区間)を予測したものである。

グループAの平均的な有権者に関しては，民主党候補への予測投票確率が，2003年衆院選が7.54％，04年参院選が14.79％，05年衆院選が2.71％，07年参院選が20.97％，09年衆院選が11.48％，10年参院選が14.75％となっており，自民党が惨敗を喫した2007年参院選・09年衆院選も含めて，一貫して民主党候補への投票を選択しない(つまり，一貫して自民党候補に投票する)と予測されている。

これに対し，グループCの平均的な有権者の民主党候補への予測投票確率は，順に70.10％，87.47％，57.78％，85.08％，85.46％，80.19％であり，95％信頼区間が50％のラインを跨いでいる2005年の郵政選挙を除き，このグループの平均的な有権者は民主党候補に一票を投じると一

第5章　参院選における政策バランス投票　183

図5-1A　グループAの平均的な有権者の，民主党候補への予測投票確率

図5-1B　グループBの平均的な有権者の，民主党候補への予測投票確率

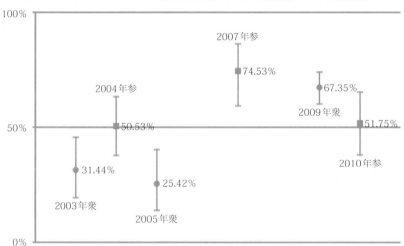

図5-1C　グループCの平均的な有権者の，民主党候補への予測投票確率

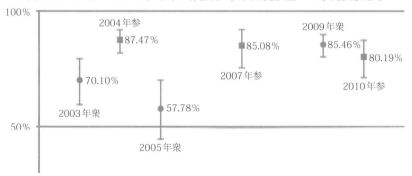

貫して予測されている。

　一方，両グループと対照的なシミュレーション結果となっているのがグループBである。2003年衆院選では自民党候補に投票する確率が68.56％，民主党候補に投票する確率が31.44％と予測されたのが，直後の2004年参院選では前者が49.47％，後者が50.53％と両政党の候補者への予測投票確率が半々になった。2005年衆院選では再び自民党候補に投票する予測確率(74.58％)が民主党候補に投票する予測確率(25.42％)を大きく上回ったが，2007年参院選では数字がほぼ逆転し，後者が74.53％という高い数字を記録した。2009年衆院選では選挙に勝利して政権交代を実現させる民主党の候補者への予測投票確率が67.35％に上ったが，約1年後に行われた参院選では51.75％に下落し，その分野党・自民党の候補者に投票すると予測される確率が上昇した。

　つまり，グループA・グループCの平均的な有権者は，選挙の種別を問わずほぼ一貫した投票行動をとっているのに対し，グループBの平均的な有権者には，衆院選では選挙後に政権を担う政党の候補者に投票する確率が高いが，その次の参院選では衆院選に比べ野党候補への投票を選択する確率が高くなるという傾向がある。言い換えれば，衆院選では与党候補に，参院選では野党候補に投票するという規則性は，自民党と民主党の間に位置する中道的な立場をとる人においてのみ見られるのである。

　それでは，2003年・04年・05年・07年の各選挙におけるグループAの平均的な有権者とグループBの平均的な有権者の投票行動の違い，2009年・10年の選挙におけるグループCの平均的な有権者とグループBの平均的な有権者の投票行動の違いは，二つのグループの間での政策的立場の違いによってどの程度説明できるのであろうか。この点について検討するために行ったシミュレーションの結果をまとめたのが表5-5である。この表の見方について，2003年衆院選を例に説明しよう。統制変数がAの平均，グループがAと書かれた最左列は，グループAの平均的な有権者が野党(民主党)候補に投票すると予測される確率を示しており，2003年衆院選の数値は先に図5-1で見たように7.54％である。その一つ右側の列には，統制変数に代入する値のみグループBの平均値に差し替えた場合の予測投票確率(上段)および最左列との差(下段)が示してある。2003年衆院選の場合，予測投票確率は24.33％で，最左列との差は16.79ポイント

（＝24.33％－7.54％）である。この差は，政党に対する好感度や内閣業績評価など，統制変数として投入した各心理的態度に関するグループ間の差によって，野党候補に投票する確率がどの程度異なるかを表している。そして最右列の上段には，グループBの平均的な投票者が野党候補に投票する予測確率が，下段には，一つ左の列の予測確率との差が入っている。2003年衆院選に

表5-5　政策態度の効果に関するシミュレーション結果（単位：％）

統制変数 グループ	Aの平均 A	Bの平均 A	Bの平均 B
2003年衆院選	7.54	24.33	31.44
（差）		16.79 **	7.11
2004年参院選	14.79	39.90	50.53
（差）		25.11 **	10.63
2005年衆院選	2.71	15.15	25.42
（差）		12.44 **	10.27
2007年参院選	20.97	51.31	74.53
（差）		30.34 **	23.21 †
統制変数 グループ	Cの平均 C	Bの平均 C	Bの平均 B
2009年衆院選	14.54	26.19	32.65
（差）		11.64 **	6.46
2010年参院選	19.81	32.37	48.25
（差）		12.56 **	15.88 †

表中の数字は野党候補への予測投票確率　† p＜.10　** p＜.01

関しては，先に図5-1に示したとおりグループBの平均的な投票者の野党候補への予測投票確率が31.44％，一つ左の列との差が7.11ポイント（＝31.44％－24.33％）となる。この最右列の下段に示す差が，政策的に中道の立場をとることに起因する野党候補への投票確率の純粋な増加分を表していると想定される。つまり2003年衆院選の場合，グループAの平均的な有権者の間での民主党候補への予測投票確率（7.54％）とグループBの平均的な有権者の間での民主党候補への予測投票確率（31.44％）には23.90ポイントの差があるが，このうち16.79ポイントは統制変数として投入した各変数の値の違いによって説明され，残る7.11ポイントが両グループ間での政策的立場の違いによって説明されると考えられるのである。

仮説からは，最右列の下段に示した差が衆院選に関しては小さく参院選に関しては大きくなることが予測されるが，実際に表5-5はそうした傾向を示している。すなわち，衆院選に関しては，2003年が7.11ポイント，2005年が10.27ポイント，2009年が6.46ポイントで，これらはいずれも統計的に有意ではない。これに対し参院選に関しては，2004年が10.63ポイント（p＝.19），2007年が23.21ポイント（p＜.10），2010年が

15.88ポイント（p＜.10）と，衆院選に比べ相対的に数値が大きく，しかも後二者は統計的に有意な差である。この結果から，保革次元上で自民党と民主党の間に位置すると主観的に認識している人は，政策的に中道的な立場をとっていることで，参院選で野党候補に投票する確率が10ポイント強高くなっているということがうかがえるのである。

4.3 分析3の結果

　ここまで見てきたように，分析2を通じて，グループBの平均的な有権者の行動に政策バランス投票の理論から想定される特徴が現れていることを確認することはできた。ただ，仮説が支持されたと言うには，衆院選から参院選にかけてのパネル調査の分析を行い，衆院選では与党候補に投票したが参院選では野党候補に時間差で分割投票するという傾向がグループBの有権者に見られることを明らかにする必要が，厳密にはある。

　こうした問題関心から行った，2003年衆院選と04年参院選における投票行動の組み合わせを従属変数にとった条件付ロジット分析の結果が表5-6である。この表で確認すべきは，「両選挙で自民党候補に投票した」か「衆院選では自民党候補，参院選では民主党候補に投票した」かの選択に対する，ダミー変数「グループA」の影響である。仮説では，グループAの有権者に比べグループBの有権者の方が参院選で野党候補への投票に流れる確率が高いと想定していることから，このダミー変数の影響が負で有意となることが予測される。結果を見ると，両側10％の有意水準にわずかに届かなかったものの（p＝.139），予測どおり係数は負となっている。2003年衆院選で同様に自民党候補に投票していても，グループAの有権者に比べグループBの有権者の方が，2004年参院選で民主党候補に「時間差分割投票」しやすいという傾向が弱いながらもあったようである。

　2003年衆院選から04年参院選にかけての投票行動の変化に関するグループ間の差異の有無を検証するために，先ほどの分析2と同様，各独立変数にグループ内平均を代入することでそれぞれのグループの平均的な有権者の行動をシミュレートしてみた。その結果をまとめたのが表5-7である。グループAに関しては両選挙ともに自民党候補に投票すると予測される確率が90.38％，グループCに関しては両選挙ともに民主党候補に投票する予測確率が75.96％と圧倒的に高く，衆院選では自民党候補，参院

表5-6 分析3(条件付ロジット分析)結果

	選択肢 固有変数		03年：自民 04年：民主		03年：民主 04年：自民		03年：民主 04年：民主	
	Coef.	Std. Err.	Coef.	Std. Err.	Coef.	Std. Err.	Coef.	Std. Err.
候補者認知(03年)	−0.874 *	0.389						
候補者感情温度(03年)	3.869 ***	0.629						
候補者認知(04年)	−0.255	0.497						
候補者感情温度(04年)	2.579 **	0.868						
政党感情温度(03年)	2.781 ***	0.562						
政党感情温度(04年)	3.817 ***	0.623						
被投票依頼経験(03年)	−0.036	0.272						
被投票依頼経験(04年)	0.635 *	0.283						
選挙運動接触(03年)	0.535 *	0.222						
選挙運動接触(04年)	0.471 †	0.263						
グループAダミー			−0.787	0.532	0.263	0.675	−0.482	0.611
グループCダミー			0.535	0.447	0.376	0.675	0.866 †	0.496
グループDダミー			0.120	0.433	−0.334	0.686	0.468	0.482
政党感情温度：公明党(03年)			−1.414*	0.662	−1.187	0.938	−2.568***	0.756
内閣業績評価(03年)			0.592	0.922	0.789	1.311	−0.364	0.972
望ましい政権の枠組み(03年)			0.592	0.504	0.456	0.687	1.808**	0.543
政党感情温度：公明党(04年)			−0.271	0.744	0.314	0.977	−1.682*	0.800
内閣業績評価(04年)			0.139	0.946	−1.862	1.253	−0.400	0.990
望ましい政権の枠組み(04年)			2.234***	0.520	−0.279	0.774	2.254***	0.558
(定数項)			−1.328 †	0.758	−0.423	1.000	0.459	0.792
Number of obs			705					
LR x^2 (40)			1126.48					
Pseudo R^2			0.576					

† p < .10　* p < .05　** p < .01　*** p < .001

表5-7 シミュレーション結果(単位：%)

2003年衆院選 2004年参院選	自民党候補 自民党候補	自民党候補 民主党候補	民主党候補 自民党候補	民主党候補 民主党候補
グループA	90.38	4.26	4.28	1.08
グループB	51.06	24.74	6.03	18.18
グループC	5.04	15.96	3.05	75.96

選では民主党候補に一票を投じる予測確率は，グループAが4.26％，グループCが15.96％と低かった。つまりこれら二つのグループの平均的な

有権者は,「時間差一貫投票」を行っていると予測されたのである。
　これとは対照的に，本章の分析で着目するグループBの平均的な有権者に関しては，両選挙ともに自民党候補に投票する確率が51.06％，両選挙ともに民主党候補に投票する確率が18.18％，衆院選では民主党，参院選では自民党の候補者に投票する確率が6.03％であったのに対し，衆院選では自民党，参院選では民主党の候補者に時間差で分割投票する確率は24.74％に上ると予測された。別の言い方をすれば，グループBの平均的な有権者の場合，2003年衆院選で自民党に投票した人のうち約三分の一が参院選では民主党に投票先を変えたと予測されたのである。衆院選では自民党候補に投票しながら参院選では民主党候補への投票に乗り換えるというこのシミュレーション結果は，仮説に合致するものと言える。
　さらに，これも分析2と同様に，グループAの平均的な有権者に予測される行動を出発点に，ダミー変数を除く各統制変数の値をグループBの平均に置き換えた場合，ダミー変数「グループA」に0を与えてグループBの平均的な有権者に予測される行動を求めた場合に，「衆院選では自民党候補に，参院選では民主党候補に投票」という選択肢を選ぶ予測確率がどのように変化するかもシミュレートしてみた。その結果，予測選択確率は順に4.26％，13.84％，24.74％となった。つまり，選挙後に実現する政策として自民党の政策ではなく自民党と民主党の間に位置する政策を期待して参院選に臨むことで，中道的な有権者が参院選で民主党候補に投票する確率が10.90ポイント（＝24.74％－13.84％）上昇すると予測されたのである。
　このように，2003年衆院選から04年参院選にかけて行われたパネル調査データの分析結果も，グループBの平均的な有権者の行動には政策バランス投票の要素が含まれるということを示唆していると言えよう。

5．小括

　本章の目的は,「一般になぜ衆院選に比べ参院選では与党の得票率が伸び悩む傾向にあるのか」というリサーチ・クェスチョンに対して，政策態度に基づく投票行動の観点から接近を試みることにあった。
　米国の有権者の，とくに中間選挙における投票行動を説明する理論仮説

の一つとして，政策バランス仮説がある。これは，実現する政策の穏健化を図るために，政策決定に多大な影響を及ぼす二つの機関，すなわち行政府（大統領）と立法府（連邦議会，とくに下院）を異なる政党に押さえさせるべく，中道的な有権者が，とくに中間選挙として行われる連邦下院議員選挙において，反対党の候補者に投票すると考えるモデルである。大統領制下の米国では，連邦下院中間選挙で行われる政策バランス投票が，同選挙における大統領の政党の苦戦の一因となっていると想定されている。ここから類推すると，議院内閣制・二院制下の日本でも，中間選挙として行われることの多い参院選で政策的バランスを考慮して野党候補に一票を投じる有権者がおり，このことが参院選における与党の得票率の相対的な伸び悩みの一因となっていると考えられるのではなかろうか。本章では，衆院選においては政権を担当することになる政党の候補者に投票しながら参院選においては野党第一党の候補者に時間差で分割投票するという形で政策バランス投票を行う傾向が，中道的な立場をとる我が国の有権者に見られるのか否かについて，2003年衆院選以降の6回の国政選挙を題材として検証した。分析の結果明らかとなったのは次の5点である。

(1) 保守－革新イデオロギー次元における自民・民主両党の立場に関する有権者の主観的認識と有権者自身の立場の関係に着目すると，有権者を大きく四つに類型化することができる。すなわち，民主党に比べ自民党をより保守的であると（正しく）認識し，かつ，自身は自民党よりも保守的な立場をとるグループA（民主≦自民≦自己），同様に認識し，かつ，民主党と自民党の間に自己を位置づけるグループB（民主＜自己＜自民），同様に認識し，かつ，自身は民主党よりも革新的な立場をとるグループC（自己≦民主＜自民），およびグループD（その他）の四つである。これら類型間の異同を明らかにするために，四つのグループのいずれに回答者が該当するかを従属変数にとった分析を行った。その結果，他の変数の影響を考慮してもなお，政治的洗練度が高い人ほどグループA・C・Dではなく，政策バランス投票を行っていることが想定されるグループBに該当する確率が有意に高いということが判明した。この分析結果は，グループBに該当する

有権者が，認知的負荷の高い政策バランス投票を行う前提条件とも言うべき高度な洗練性を備えているということを意味する。

(2) 2003年衆院選から10年参院選までの6回の国政選挙における投票行動を従属変数とする分析を行った。2003年と05年の衆院選では，グループA（民主＜自民≦自己）に該当する人とグループB（民主＜自己＜自民）に該当する人の間で，また2009年の衆院選では，グループC（自己≦民主＜自民）の有権者とグループBの有権者の間で，それぞれ投票行動に違いが認められなかった。

これに対し，2007年の参院選ではグループAの有権者に比べグループBの有権者の方が，2010年の参院選ではグループCの有権者に比べグループBの有権者の方が，与党候補ではなく野党第一党の候補者に一票を投じる確率が高いという傾向があることを確認できた。

(3) この分析結果に基づき，グループAからグループCの類型ごとに独立変数のグループ内平均を回帰式に代入することで，各グループの平均的な有権者に予測される行動をシミュレートした。グループA（民主＜自民≦自己）の平均的な有権者に関しては自民党公認／推薦候補に投票する確率が有意に高く，グループC（自己≦民主＜自民）の平均的な有権者に関しては民主党公認／推薦候補に投票する確率が有意に高いという予測が，6回の選挙についてほぼ一貫して得られた。

一方，グループB（民主＜自己＜自民）の平均的な有権者に関しては，3回の衆院選では与党になる政党の候補者に投票する確率が有意に高いと予測されたのに対し，3回の参院選では直近の衆院選に比べ野党第一党の候補者に投票する確率が高くなると予測された。グループBの平均的な有権者には，衆院選では政権を担当することになる政党の候補者に投票しながら参院選では野党第一党の候補者に時間差で分割投票する傾向があるという，仮説を支持する分析結果が得られたのである。

(4) グループB（民主＜自己＜自民）の平均的な有権者について予測された行動が，政策面でのバランス感覚を反映したものであるのか否かを検証するための分析を行った。具体的には，政策的

ループDの各類型のいずれに分析対象者が該当するかを表す，グループBを参照カテゴリとする三つのダミー変数を主たる独立変数にとったロジット分析を行う。

時の政権与党（もしくは衆院選で勝利して政権の座を得る政党）より政策的に極端な立場をとるグループ——2003年・05年衆院選および2004年・07年参院選時はグループA，2009年衆院選および2010年参院選時はグループC——の人々は，衆院選・参院選を問わず各国政選挙で一貫して自らの政策的立場に近い与党候補に投票すると考えられる。

これに対しグループBに該当する人は，衆院選では上記のグループと同様に与党候補に投票するのに対し，参院選では野党候補に一票を投じると本章の仮説は予測する。このため，仮説が正しいならば，2003年・05年衆院選ではグループAとグループBの間で，2009年衆院選ではグループCとグループBの間で，それぞれ投票行動に差がないため，ダミー変数「グループA」（2003年・05年），「グループC」（2009年）の従属変数に対する影響は統計的に有意にならないはずである。一方，2004年・07年の参院選ではグループAに比べグループBの方が野党・民主党候補に投票する確率が高く，2010年参院選ではグループCに比べグループBの方が野党・自民党候補に投票する確率が高いと予測されることから，ダミー変数「グループA」（2004年・07年），「グループC」（2010年）の従属変数に対する影響はいずれも負で有意になるはずである。分析の結果実際にこのような傾向が確認された場合，本章の仮説は支持されたと言える。

このロジット分析だけでは，政策バランス投票の効果がどの程度あるのか判然としないため，分析の結果に基づくシミュレーションを行う[10]。具体的には次のような手順を踏む。

まず，分析した6回の国政選挙全てについて，グループAからグループ

をとっていたが，本章では投入を見送った。本章で焦点を当てるのが，保革（政策）次元上の立場が衆参両院選挙における投票行動に及ぼす影響であることから，郵政民営化という政策に対する態度を表す独立変数を2005年衆院選の分析のみに投入するのは適切ではないと判断したためである。ただし，郵政民営化への賛否を独立変数に加えたとしても，本旨自体は変わらない。

10　分析3を除き，本章で行うシミュレーションは全てCLARIFY Version 2.1を用いる（分析3ではStata12のprvalueコマンドを用いる）。

Dの類型ごとに，独立変数のグループ内平均を回帰式に代入して[11]，各グループの平均的な有権者に関して従属変数の予測確率を算出する。仮説が妥当であるならば，グループAの平均的な有権者は6回の国政選挙全てで自民党候補に投票すると予測されるのに対し，グループCの平均的な有権者はいずれの衆院選・参院選でも民主党候補に投票すると予測されるはずである。一方グループBの平均的な有権者に関しては，衆院選では選挙に勝利して政権を担う政党（2003年・05年は自民党，2009年は民主党）の候補者に投票する予測確率が高くなるのに対し，参院選では直近の衆院選に比べその政党の候補者に投票する予測確率が低下し，逆に野党候補に投票する予測確率が上昇するというシミュレーション結果となることが予期される。

次に，どの類型に該当するかを表すダミー変数を，2003年から07年の選挙についてはグループA，2009年と10年の選挙についてはグループCとし，それ以外の各統制変数の値をグループBの平均値とした場合の，野党候補への予測投票確率を算出する。そして，それと先に求めたグループA（2003年から07年），グループC（2009年・10年）の野党候補への予測投票確率の差を求める。この差は，政党に対する好感度や内閣業績評価など，統制変数として投入した各心理的態度に関するグループ間の差によって説明される行動の違いを表している。

最後に，どの類型に該当するかを表すダミー変数以外の各独立変数の値をグループBの平均値とした場合の野党候補への予測投票確率と，先に求めたグループBの平均的な有権者に関して予測される野党候補への投票確率の差を求める。この差が，政策的に中道の立場をとることに起因する野党候補への予測投票確率の純粋な増加分を表していると考えられる。衆院選では有意な差が見られないのに対し，参院選では野党候補への予測投票確率が有意に上昇するという結果が得られた場合，仮説は支持されたことになる。

11　被投票依頼経験・選挙運動接触には「0」（経験なし）を，候補者認知には自民党・民主党ともに「1」（知っている）を，候補者感情温度には候補者を知っている回答者の間でのグループ内平均をそれぞれ代入する。

3.3　分析3：衆院選から参院選にかけての投票行動の変化

　分析2では，各選挙を個別に分析して，政策的に中道の立場をとるグループBにおいてのみ衆院選に比べ参院選で野党候補に投票する確率が上昇するという傾向が見られるのかを確認するという手法で，仮説の検証を試みる。ただ，グループBに該当する人には政策的バランスを考慮に入れて「時間差分割投票」を行う傾向があるという本章の仮説を厳密に検証するには，この方法では不十分であり，衆院選から参院選にかけてのパネル調査の分析が不可欠となる。我が国では複数回の選挙を対象としたパネル調査自体があまり行われておらず，しかもグループAからグループDに回答者を分類する上で必要となる質問項目を含む調査となると，ほぼ存在しないというのが実情である。筆者が利用可能なデータの中で条件を満たすのは，分析2でも用いるJES III（2003年衆院選－04年参院選）と，東京大学蒲島＝谷口研究室・朝日新聞共同世論調査（2003年衆院選－04年参院選世論調査）の二つを数えるのみである。

　そこで分析3として，このうちJES IIIの2003年衆院選・04年参院選調査を用いて，衆院選では自民党候補に投票しながら参院選では野党候補に投票するという傾向がグループBに該当する人に認められるのか否かに関する分析を行う。

　この分析の従属変数は，分析2の従属変数を組み合わせて作成した，①「衆院選・参院選ともに自民党の公認／推薦候補に投票」，②「衆院選では自民党候補に，参院選では民主党の公認／推薦候補に投票」，③「衆院選では民主党候補に，参院選では自民党候補に投票」，④「衆院選・参院選ともに民主党候補に投票」という四つのカテゴリのいずれに該当するかである。独立変数には，候補者認知の有無・候補者感情温度（いずれも2003年・04年ともに，以下同様）・政党感情温度・被投票依頼経験・選挙運動接触を選択肢固有変数の形で，2003年時点でどの類型に該当したかを表す三つのダミー変数，公明党に対する感情温度，内閣業績評価，望ましい政権の枠組みを選択主体固有変数の形でとり，条件付ロジット分析（conditional logit analysis）の手法を用いて推定を行う。

　その上で，分析2と同様に，グループごとに各独立変数の平均値を回帰式に代入することで，各グループの平均的な有権者の2003年衆院選・04

年参院選における投票行動を予測し，仮説の検証を試みる。

4．分析結果

4．1　分析1の結果

回答者がグループA（民主＜自民≦自己）・グループB（民主＜自己＜自民）・グループC（自己≦民主＜自民）・グループD（その他）のいずれに該当するかを従属変数にとった多項ロジット分析の結果は表5-3のとおりである。この分析結果に関して注目すべきは次の2点である。

一つは，無党派ダミーの影響がグループA・C・Dのいずれのカテゴリについても統計的に有意ではなく，無党派層ほどグループBに該当する確率が有意に高いわけではないということである。巷間，無党派層の動きが

表5-3　分析1（多項ロジット分析）結果

	グループA (269)		グループC (557)		グループD (715)	
	民主＜自民≦自己		自己≦民主＜自民		その他	
	Coef.	Std. Err.	Coef.	Std. Err.	Coef.	Std. Err.
データ＝2009年	−0.478 *	0.220	−0.603 **	0.182	−0.484 *	0.189
データ＝2010年	−1.616 ***	0.330	0.589 *	0.265	0.511 *	0.254
性別	−0.091	0.168	−0.247 †	0.139	−0.013	0.136
年代	0.472	0.300	0.890 ***	0.245	1.121 ***	0.242
学歴	−0.405	0.264	0.531 *	0.209	−1.203 ***	0.220
テレビ視聴頻度	0.387	0.545	−0.782 *	0.388	−0.439	0.383
新聞閲読頻度	−0.121	0.265	0.358	0.230	−0.451 *	0.206
政治関心度	0.270	0.362	0.591 †	0.303	0.024	0.285
政治満足度	0.186	0.348	−1.260 ***	0.297	−0.283	0.281
非現政権・非大連立	−1.493 ***	0.242	0.611 **	0.211	−0.152	0.198
大連立，DK/NA	−0.728 **	0.243	0.134	0.247	−0.370	0.225
2010年×非現政権・非大連立	3.209 ***	0.413	−1.370 ***	0.366	0.183	0.330
2010年×大連立，DK/NA	1.472 **	0.494	−0.826 †	0.432	0.323	0.377
無党派ダミー	−0.177	0.216	0.024	0.159	0.138	0.159
政治的知識量	−0.682 *	0.346	−0.741 *	0.289	−2.056 ***	0.279
(定数項)	0.264	0.628	0.123	0.497	2.254 ***	0.473
Number of obs			2034			
LR x^2 (45)			649.23			
Pseudo R^2			0.120			

括弧内は該当する分析対象者数　　† p＜.10　　* p＜.05　　** p＜.01　　*** p＜.001

立場はグループAに分類されるが他の統制変数の値はグループBの平均という人と，政策的立場はグループBに分類され他の統制変数の値もグループBの平均という人(つまり，グループBの平均的有権者)の間で，野党第一党の候補者に投票する確率にどの程度の差が生じるのか予測してみた。その結果，分析した3回の衆院選に関しては，政策的立場がグループAからグループBに変わることで，野党第一党の候補者に投票する確率に有意な変化は生じなかった。これに対し，2007年と10年の2回の参院選に関しては，政策的立場がグループAからグループBに変わると野党第一党の候補者に投票する確率が有意に高まるという，仮説に整合的な傾向が認められた。この結果は，政策的に中道の立場をとることが，参院選で野党候補に投票する可能性を高めていることを示唆する。

(5) 仮説の厳密な検証には，衆院選から参院選にかけてのパネル調査の分析が不可欠である。そこで，2003年衆院選・04年参院選時に行われたパネル調査を用いて，両選挙における投票行動の組み合わせを従属変数にとった分析を行った。そうしたところ，グループAに該当する有権者はいずれの選挙でも自民党候補に投票する確率が高く，グループCの有権者は両選挙で民主党候補に一票を投じる確率が高いと予測された。これに対し，グループBに該当する中道的な有権者に関しては，2003年衆院選で自民党候補に投票した人の三人に一人が2004年参院選では民主党候補に投票するという，「時間差分割投票」を行っていたとのシミュレーション結果が出た。1回の衆院選－参院選のサイクルを分析しただけではあるが，仮説を支持する結果が得られたのである。

これまで，とくに我が国における投票行動研究では，有権者を一括して分析の対象とし，政治意識や投票行動について有権者全体に見られる傾向を解明するということに主眼が置かれてきた。換言すれば，ある属性を備えた有権者に特徴的に見られる意識や行動を明らかにするということにはあまり関心が払われてこなかった。

これに対し本章では，政策次元における政党の立場に関する有権者の主

観的認識と有権者自身の立場の関係に着目することで有権者を分類し，民主党に比べ自民党をより保守的であると(正しく)認識し，かつ，民主党と自民党の間に自己を位置づける中道的な有権者にとくに焦点を当てて投票行動の分析を行った。こうした分析枠組を採用したことで，政治的洗練度が高いグループBの平均的な有権者が，実現する政策の穏健化を期待して，認知的負荷のかかる政策バランス投票を「時間差分割投票」の形で行っていることを示唆する分析結果を引き出すことができた。この，中道的有権者が行う，政策バランスを志向した「時間差分割投票」も，参院選における与党の得票率の相対的な伸び悩みという規則性を生じさせる一因となっていると考えられよう。

補論　政策バランス投票と「バッファー・プレイヤー」の関係

　本章で検証した政策バランス投票に類似した，我が国の有権者のバランス感覚を反映した行動として，国会における与野党の議席比を考慮に入れた投票行動——「バッファー・プレイ」——の存在が指摘されてきた(蒲島，1988，第9章)。1993年の政治変動によって1955年体制が終焉を迎え，衆議院における自民党の議席が過半数を大きく割り込み，政権交代が実現したことで，バッファー・プレイヤーは姿を消したかに思われた。しかし現実には，かつてのバッファー・プレイヤーが持っていたような意識，すなわち国会における与野党伯仲状況を望むというバランス感覚に富んだ意識自体は，今もなお残存していると考えられる(もっとも，1955年体制下とは異なり，自民党以外の政党も政権担当能力を認められるようになってきたので，自民党(連立)政権下の与野党伯仲状況を望む意識だけでなく，非自民(連立)政権下の与野党伯仲状況を望む意識も芽生えていると考えられる)。

　そこで，グループBに該当する有権者がいわゆる「バッファー・プレイヤー」の意識を持っているのかについて検証してみることにした。具体的には，2003年衆院選を前に行われた東京大学蒲島＝谷口研究室・朝日新聞共同世論調査の，「今年の秋にも予想される衆議院議員選挙について，あなたの予想と願望をうかがいます。……次の総選挙の結果はどうなって欲しいと願っていますか」という質問に対する回答と，回答者がグループ

補表5-1　保革次元上における立場の類型化と
バッファー・プレイヤーの意識の関係

	グループA	グループB	グループC	グループD	計
(1)	40	32	59	98	229
(2)	40	53	101	72	266
(3)	7	22	91	25	145
(4)	10	20	22	32	84
計	97	127	273	227	724

(1):「連立与党(自民党・公明党・保守新党)が過半数を大きく超える安定多数」
(2):「連立与党が過半数を占めるが,与野党が伯仲状況」
(3):「連立与党が過半数割れ」　　(4):DK/NA

AからDのいずれに該当するかを，クロス集計してみた。結果は補表5-1のとおりである。

この表からは，「連立与党が過半数を占めるが，与野党が伯仲状況」というバッファー・プレイヤーの意識を持つ人ほどグループBに該当するという傾向は読み取れない。与党の暴走を抑制することを意図した投票行動という点で，政策バランス投票とバッファー・プレイは共通性を有する。しかしながら，少なくとも本研究で用いた測定方法によれば，政策的バランスを考慮して投票している可能性が想定される人と，国会における与野党間での議席バランスを考慮して投票している可能性が想定される人とは，完全には一致しないようである。

なお，バッファー・プレイ，あるいはより広く，選挙結果を見越した合理的な，洗練された投票行動についての実証研究の蓄積は乏しいことから，今後の研究でこの点を掘り下げて検討してみたい。

第6章
参院選における多元的民意の反映

1. 導入

　第3章から第5章では，中間選挙として行われる選挙で政権党が苦戦を強いられる要因に関する，欧米の先行研究で提示されている理論仮説——コートテイル効果仮説，レファレンダム仮説・二次的選挙モデル，政策バランス仮説——を援用して，我が国の政治的文脈を反映した仮説として再定式化した。そしてその検証を通じて，衆院選に比べ参院選で与党の得票率が伸び悩みがちなのはなぜかというリサーチ・クェスチョンへの接近を試みた。これに対し本章では，衆参両院に期待される役割が異なることに起因して，衆院選における投票行動を規定する要因と参院選における投票行動を規定する要因が異なることが，参院選における与党の得票率の相対的な伸び悩みという規則性を生んでいる可能性について検討する。

　日本のような単一国家において二院制が採用され，第二院として参議院が置かれている目的は，参議院に衆議院とは異なる形で多元的に民意を反映させることで，衆議院に対する抑制・均衡・補完の役割を果たさせることにあるとされる。第二院に特有のこの役割を参議院が果たすことを期待した投票行動が参院選においてとられている，より具体的に言えば，衆議院では少数派である野党が参議院で占める議席を増やすことで多元的に民意を反映させるべく，中間選挙として行われる参院選において野党候補に投票するという行動がとられているとしよう。もしそうであれば，衆院選に比べ参院選では与党の得票率が伸び悩むという傾向が生じる一因を，そ

うした行動に求めることができる。

　そこで本章では，参議院を設置することで国会に反映される民意を多元的なものにするという二院制の設置理念，すなわち「多元的民意の反映」を肯定的に評価する有権者の意識──「多元的民意の反映志向」──を鍵概念とする分析を行う。具体的には，多元的民意の反映志向と他の政治意識や価値観とはどのような関係性にあるのか。多元的民意の反映志向の強さが，衆参両院選挙における投票行動のあり方に，異なる形で作用しているのか。これらの点について，2013年参院選・14年衆院選の前後にそれぞれ行われたWEBパネル調査のデータを用いて検証する。

2．背景

　第二院は，比較憲法学的に，貴族院型，連邦型，民主的第二次院型の三つに大きく類型化される（芦部，2011）。単一国家である我が国において，戦前の華族制度が廃止された後に創設された参議院は，このうち民主的第二次院型の第二院に分類される。貴族院型と連邦型に関しては，第二院の設置目的が明確である[1]。対照的に，民主的第二次院型の第二院がなぜ置かれるのかを説明するのは一般的に容易ではないとされる。とくに日本の場合，第一院・第二院ともに公選の議員によって構成することを条件にGHQから二院制の維持を認められたという経緯もあり（佐藤，1955，1958；自治大学校研修部監修，1960；高柳・大友・田中編著，1972a，1972b；田中，2004），参議院の存在意義を根拠づけるのは困難である。既に各所で論じられてきていることではあるが，日本で二院制が採用され第二院として参議院が設置されている意義について，「これまでのところ一つの最大公約数的な見解を示している」（高見，1997，25頁）とされる，参議院制度研究会が1988年に取りまとめた『参議院のあり方及び改革に

1　貴族院型に関しては，立憲君主制下において，民選の第一院と貴族団体の代表による第二院とを併置することで，第一院に対して抑制を加えることが，連邦型に関しては，連邦制国家において，国民全体を代表する第一院の他に連邦を構成する各州・各邦の代表から成る第二院を置くことで，各州・各邦の利益を議会に反映させることが，第二院の設置目的とされている（田中，2005）。

関する意見』を手がかりとして改めて簡単にまとめるところから，議論を始めることにしたい。

参議院の役割は，民主的第二次院型の第二院に広く期待される役割と同様である。すなわち，「衆議院に対する抑制・均衡・補完の機能を通じて，国会の審議を慎重にし，これによって衆議院とともに，国民代表機関たる国会の機能を万全たらしめること」に，参議院の存在意義はある。この役割を果たすには，参議院が，「衆議院と異なる独自の立場と視点に立って，国政審議に当たる」ことが求められる。参議院が独自の立場と視点に立つ，言い換えれば独自性を発揮するための具体的な方策として，次の三つが考えられる。

一つ目は，「長期的・総合的な視点に立つ」ことである。参議院議員の任期は衆議院議員の任期よりも長い6年と定められている点，参議院は衆議院とは異なり解散されることがない点，衆議院では全議員が同時に改選されるのに対し参議院では半数の議員が3年ごとに改選される点に，衆議院と異なる参議院の制度的特徴がある。こうした特徴を活かして，国政上の諸問題について，「単にその時々の変化や要求に対処するにとどまることなく，国政における継続性及び安定性をも目指して，長期的・総合的な視点に立ちつつ，それらの問題に対処する」ことが，参議院には期待される。

二つ目は，民意を多元的に表出することである。「国民の多種多様な利益や意見のなかには，衆議院のみによっては十分に代表され，反映されていないもの」もあると考えられることから，参議院がそれを補い，両院で民意を多元的に吸い上げることが期待される。

三つ目は，「議員各自の意見をできるだけ尊重し，反映する」ことである。参議院では，無所属議員の活動や，党所属議員が自身の信念に従って行う活動の余地を拡げ，「政党の党議によって画一化されない多種多様な意見，あるいは非政党的色彩をもつ意見をも十分に取り入れることによって，その独自性を発揮する」ことが期待される。

つまり，『参議院のあり方及び改革に関する意見』によれば，国政上の諸問題について審議するにあたり，長期的・総合的な視点に立つ，民意を多元的に反映させる，各議員が持つ多様な意見を取り入れることで独自性を発揮し，それによって衆議院に対する抑制・均衡・補完の役割を果たし，国会の審議を慎重にすることが，参議院の存在意義ということになる。

以下では，単一国家において民主的第二次院型の第二院が置かれる理由としてとくに重視され(市村，2000；只野，2000，2001)[2]，また本研究の問題関心とも密接に関わる「多元的民意の反映」という論点について，さらに掘り下げて検討を加える。

　国会審議における民意の多元的反映は，衆参両院で異なる選挙制度を採用し，両院の「構成」に違いを生じさせることで可能となるとされる。この，両院の構成の相違には，二つの側面があると考えられる。

　一つ目は，「人材的側面」である。両院の選挙制度に違いを持たせることで，性質を異にする人材が選出されやすくし，それによって両院間で人材的側面における構成の相違を生じさせ，ひいては国会に反映される民意を多元的なものにしようとするという考え方である。これは，参議院の選挙制度の一部として全国区制や非拘束名簿式比例代表制が採用された(少なくとも表向きの)理由でもある。

　二つ目は，「党派的側面」である。この党派的側面について論じるにあたっては，参議院の「政党化」の問題にまず言及しておく必要がある。我が国の二院制，参議院の現状について否定的立場から批判がなされる場合に頻繁に持ち出されるのが，この参議院の政党化の問題である。ただ，論者によって参議院の政党化というフレーズに込める意味合いが異なる点に注意を払う必要がある。参議院の政党化が意味することは，大きく次の二つにまとめられる。一つは，参院選が政党を中心とした戦いとなっているという意味での政党化である。これについては，「広く国民一般を基礎に自由な選挙が行われる以上，参議院議員選挙においても政党・政派が人材供給の中心となるのは，いわば『社会学的必然』」(高見，1997，29頁)であるということで，研究者間でほぼ合意ができていると考えられる。もう一つは，衆議院議員が主導権を握る党執行部が，衆議院の会派だけでなく参議院の会派をも拘束するため，参議院の会派，あるいは個々の参

2　ただし，芦部信喜は，「この理由づけは，主として貴族階級の代表で構成される貴族院型の上院や各州の代表からなる連邦型の上院については説得的であるが，しかし，民主的な単一国家の上院について，果たして十分な根拠となりうるかどうか，疑問である」(高見，2004，120頁)と，この見解に否定的である。

議院議員の自律的行動が阻害されているという意味での政党化で（市村, 2001；只野, 2000, 2001），主に批判の対象とされているのはこちらの点である[3]。このうち，前者の意味での参議院の政党化を所与とすると，両院の構成の相違には人材的側面だけでなく党派的側面もあるということになる。すなわち，参議院における党派間の勢力分布を衆議院におけるそれとは異質のものにすることによって国会に反映される民意を多元的なものにする，という考え方ができるのである。

このように，二院制の下での多元的民意の反映は，理論上，衆院選と参院選とで質的に異なる人材を選出する，衆議院と参議院とで党派間の議席バランスを違えるといった形で，両院の構成に差異を生じさせることで可能となる。それでは，日本の二院制において，多元的民意の反映は実現しているのであろうか。既存研究の多くがこれには否定的であり（一例として福元，2003），構成の相違をもたらす主たる要因である選挙制度が衆議院と参議院とで似通っていることを問題視し，参議院がその存在意義を果たす上で望ましい選挙制度のあり方をめぐって議論を展開している（市村，2001；宮田，1968など）。中でも，衆議院とほぼ対等の権限を有する参議院の選挙制度としては，参議院の独自性の発揮を可能にすると同時に民主的正統性を担保するような制度を構想することが肝要であるという只野（2001, 2006, 2010, 2013）の指摘は，理論的に極めて重要な意味を持つ。ただ，我が国の二院制における多元的民意の反映に関する先行研究の議論には，あまり重きが置かれてこなかったが重要な着眼点が残されているように思われる。

第1に，衆参両院の選挙制度について，その類似性にばかり目が行きがちであるが，実際には看過できない差異が存するということである。現行制度で言えば，拘束名簿式と非拘束名簿式の違いである。2000年11月施行の「公職選挙法の一部を改正する法律」により参議院の選挙制度として導入された非拘束名簿式比例代表制は，有権者が政党名を書いて投票する

---

3 これは，先述した参議院が独自性を発揮するための三つ目の方策（「議員各自の意見をできるだけ尊重し，反映する」）とも密接に関係する問題であり，対処法として，党議拘束の緩和や参議院議員の政府役職就任の自粛などが，繰り返し提唱されている。

拘束名簿式の下で集票力の限界を感じていた自民・公明・保守の連立与党（とくに自民党）が，文字通りの党利党略の観点から，野党各党の反対を押し切って導入を強行した制度として，否定的に捉えられることが多い（野中，2001）。しかし，「参議院の選挙制度につきましては，昭和57年に拘束名簿式比例代表制が導入されましたが，候補者の顔の見えない選挙，過度の政党化，政党の行う順位づけが有権者にとってわかりにくいといった批判があり，その導入以来，各方面において絶えず改革の論議がなされてきたところであります。今日，国家的課題が山積し，国民の政治意識が急速に多様化する中，国民の多元的な意思を政治に反映し，参議院の独自性を十分に発揮するために，選挙制度の改革はもはや先送りできないと考えます」（傍点筆者）[4]という連立与党側が用意した法改正の提案理由を額面通りに受け取るならば，多元的民意の反映という観点からは，望ましい制度改正であるということができる。政党名でしか投票できない衆議院の拘束名簿式と，政党名と候補者名のどちらでも投票できる参議院の非拘束名簿式という形で，同じ比例代表制でも違いを持たせたことで，とくに人材的側面における衆参両院の構成の相違を生じさせる素地ができたからである。このため，参議院の比例代表選挙において政党名ではなく候補者名を書いて投票するという行動に，人材的側面における多元的民意の反映を志向する有権者の意識が表れている可能性があるのである。

　第2に，狭義の選挙制度に目が行きがちであるが，より広く衆参両院の選挙のあり方を比べて見た場合，非常に重要な差異が認められるということである。すなわち，選挙のタイミングの違いである。3年に1度，夏に迎える参議院議員の半数改選にあわせて衆議院が解散され，衆参同日選挙に持ち込まれるということがない限り，衆院選と参院選の間には時間的なずれが生じる。この国政選挙のサイクルは，多元的民意の反映という点で，重要な意味を持ち得る。衆議院と参議院とで選挙のタイミングがずれていることで，衆議院とは異なる党派構成——つまり，衆議院に比べ相対的に野党が強い勢力分布——が参議院に現出し，民意が国会に多元的に反映されるようになるという可能性が生まれるからである（杉原，1968；辻

4　片山虎之助参議院議員による，公職選挙法の一部を改正する法律案の提案理由に関する発言（2000年10月6日，参議院選挙制度改革特別委員会）。

村，1986；川人，2008)[5]。別の言い方をすれば，参院選において野党候補に投票するという行動に，党派的側面における両院の構成の相違，多元的民意の反映を志向する有権者の意識が表れている可能性は，十分に考えられるのである。

　このうち後者の論点は，本章の問題関心との関連で重要な意味を持つ。二院制の下で民意を多元的に反映するという参議院の存在意義を有権者は積極的に評価しており，党派的側面における多元的民意の反映を志向する意識を持っているとする。そしてその意識が，衆院選における野党候補への投票には結びついていないが，参院選における野党候補への投票の誘因となっているとする。もしそうであれば，そのことが，参院選における与党の得票率の相対的な伸び悩みを生む一因であると考えることができるのである。

　そこで本章では，参議院を置くことで国会に民意を多元的に反映させるという二院制の設置理念，すなわち多元的民意の反映を肯定的に評価する意識――「多元的民意の反映志向」――を鍵概念に，2013年参院選・14年衆院選における投票行動を分析する。そして，衆院選における投票行動には多元的民意の反映志向が影響することはないが，参院選における野党候補への投票には多元的民意の反映志向が有意に影響しているのか検証する[6]。

3．分析手法

　本章の分析では，2013年参院選・14年衆院選の前後にそれぞれ行われ

5　川人(2008)は，「一般に，二院制の存在意義は，第1に，第一院の行動をチェックして慎重審議を行うことであり，そのためには，第2に，第一院とは異なる選出方法や選出時期で表明された国民の意思を代表させることが期待されている」(508頁)と指摘している。

6　本論と直接は関係しないものの，人材的側面における多元的民意の反映の実現を意図した投票行動がとられているか否かを確認するための分析(非拘束名簿式の比例代表選挙において政党名を書いて投票するか候補者名を書いて投票するかの選択に，人材的側面における多元的民意の反映を志向する度合が及ぼす影響を検証する分析)を，補論において行う。

たWEBパネル調査を用いる[7]。両調査では，選挙にあわせて実施される調査に通常含まれる質問群に加えて，衆参両院から成る我が国の二院制の現状をどのように評価しているのか，二院制の意義やあるべき姿をどのように考えているのかについても尋ねた。具体的には，「日本の国会について，次にあげるような考え方があります。これらの考え方について，あなたはどのようにお感じになりますか」という質問を行い，2013年は42項目，2014年は7項目について，「そう思わない」と「そう思う」を両極にとる7件法で評価してもらった。その中に，本章の鍵概念である「多元的民意の反映志向」を測定することを意図して盛り込んだ，(1)「参議院議員には，社会の各部門，各職域で特別の知識・経験を持つ専門家のような人が選出されるべきである」，(2)「参議院は，衆議院だけでは十分に代表・反映されていない国民の多種多様な利益や意見を国会に反映させるために存在する」，(3)「参議院議員選挙では，衆議院議員選挙とは異なる民意が表出されるべきである」，(4)「参議院議員には，衆議院議員とは異なる人材が選出されるべきである」という四つの項目がある[8]。まずは，これら4項目に対する回答に基づいて，多元的民意の反映を志向する意識を表す本章の分析の鍵変数を作成することから始めねばならない。そこで，2013年・14年の調査データをプールして，4項目に対する回答を検証的因子分析（Confirmatory Factor Analysis）にかけることにした。

　その際，4項目全てが一つの潜在変数（多元的民意の反映志向）によって規定されると想定する一因子モデルと，4項目のうち(1)と(4)が一つの潜在変数（多元的民意の反映志向の人材的側面）によって，(2)と(3)がもう一つの潜在変数（多元的民意の反映志向の党派的側面）によって規定されると想定する二因子モデルの二つについて，当てはまりの良さを比較した。前節で指摘したとおり，多元的民意の反映には人材的側面と党派的側面の二つがあると理論的には考えられる。ただ，有権者の意識レヴェルにおいて，こ

7　用いるデータが代表性に乏しいWEB調査を通じて得られたものであるということに鑑みて，分析の際には，年齢（20歳代・30歳代・40歳代・50歳代・60歳以上の5カテゴリ），性別，居住地の都市規模（20大都市・人口20万人以上の市・人口20万人未満の市・郡部の4カテゴリ）という三つの属性に基づいて事後層化を行い，ウェイトをかけた。
8　具体的な項目の作成にあたっては，参議院制度研究会（1988）を参考にした。

れら二つの側面が一体のものとして認識されていると捉えるのが妥当なのか，別個のものとして認識されていると捉えるのが妥当なのか，定かではないため，分析を通じて文字通り「検証」する必要があったからである。

　検証的因子分析の結果は表6-1のとおりである。ここで注目すべきは，モデルの適合度を表す「RMSEA（Root Mean Square Error of Approximation）」と「CFI（Comparative Fit Index）」の値である。RMSEAは一因子モデルが0.107，二因子モデルが0.022，CFIは一因子モデルが0.971，二因子モデルが0.999となっており，いずれの適合度指標からも，一因子モデルに比べ二因子モデルの方が当てはまりが良いことがうかがえる。有権者も多元的民意の反映には人材的側面と党派的側面があると認識していることが示唆されるのである。

　もっとも，これら二つの側面を完全に独立したものとして認識しているというわけでもなさそうである。二因子モデルにおいて，二つの潜在変数間の共分散が0.817と，かなり高い値を示しているからである。つまり，多元的民意の反映を志向する意識には，相互に密接に関連する二つの側面——人材的側面と党派的側面——が存在すると捉えるのが妥当である。

　そこで本章の分析では，二因子モデルに基づいて析出した二つの潜在変数のうち，多元的民意の反映の党派的側面を表す潜在変数②の構成概念スコアを，鍵変数「多元的民意の反映志向（党派的側面）」とする。図6-1は，最小値0，最大値1にリスケールを施した上で，0.1刻みで回答者の分布を棒グラフとして示したものである。この図からは，少なくとも

表6-1　多元的民意の反映志向－検証的因子分析結果

	一因子モデル		二因子モデル		
	潜在変数	誤差分散	潜在変数①	潜在変数②	誤差分散
(1)専門家のような人	0.612(0.010)	0.625(0.012)	0.620(0.010)		0.616(0.013)
(2)多種多様な利益	0.539(0.011)	0.710(0.012)		0.580(0.011)	0.664(0.013)
(3)異なる民意	0.638(0.010)	0.593(0.013)		0.712(0.011)	0.493(0.016)
(4)異なる人材	0.741(0.009)	0.451(0.014)	0.788(0.010)		0.379(0.016)
Number of obs	7597		7597		
RMSEA	0.107		0.022		
CFI	0.971		0.999		

標準化係数，括弧内は標準誤差　いずれも$p<.001$

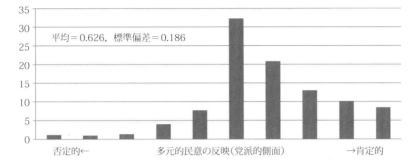

図6-1 多元的民意の反映志向(党派的側面)(単位:%)

2013年・14年に行われたWEB調査の回答者に関しては,衆議院と参議院とで党派間の議席バランスを違えることで国会に民意を多元的に反映させることを全体として肯定的に捉えており,その度合に差があるということが読み取れる。

本章では,この鍵変数を用いて二つの分析を行う。すなわち,鍵変数「多元的民意の反映志向(党派的側面)」の構成概念妥当性(construct validity)[9]を検証する分析1と,党派的側面における多元的民意の反映の実現を目指した投票行動がとられているか否かを確認することを目的として行う,鍵変数が(小)選挙区選挙における政党選択に及ぼす影響を検証する分析2の二つである。以下,それぞれの分析の手法を詳述する。

3.1 分析1:「多元的民意の反映志向(党派的側面)」の構成概念妥当性

分析1として行うのは,鍵変数「多元的民意の反映志向(党派的側面)」の構成概念妥当性を確認することを目的とした分析である。2013年の調査データを用いて,同変数を従属変数にとった,通常の最小二乗法(OLS)による回帰分析を行う。独立変数には,政治関心度,政治的知識量,政治満足度,第5章で用いたのと同じ,保革次元における自民・民主両党の立場に関する有権者の主観的認識と有権者自身の立場の関係に基づく類型を表す三つのダミー変数の他,次の各変数をとる。

一つ目は,選挙前調査の「国政選挙について,次にあげるような考え方

---

9 構成概念妥当性について詳しくはZeller and Carmines (1980)を参照。

があります。これらの考え方について，あなたはどのようにお感じになりますか」という質問で尋ねた，「衆議院議員選挙は，与党と野党の議席のバランスを考えて投票する選挙である」，「参議院議員選挙は，与党と野党の議席のバランスを考えて投票する選挙である」という考え方に対する賛否（「そう思わない」（−3）から「そう思う」（+3）までの7点尺度）である。鍵変数「多元的民意の反映志向（党派的側面）」がその概念を的確に測定できているとしよう。その場合，衆議院における党派間の勢力分布に関する選好を衆院選での投票行動に反映させることへの賛否を問う前者の質問に対する回答は，多元的民意の反映志向との間に有意な関係を示さないはずである。これに対し，参議院における党派間の勢力分布に関する選好を参院選での投票行動に反映させることへの賛否を問う後者の質問に対する回答は，多元的民意の反映志向との間に有意な正の関係を示すと予測される。この予測どおりの結果が得られれば，鍵変数が構成概念妥当性を備えているということになるため，これらの考え方に対する賛否を独立変数として投入することにした。

　二つ目は，ことわざを用いて測定した価値観である。選挙後調査では，「あなたご自身のことについてふりかえって考えたとき，次にあげることわざ，四字熟語が意味する内容に，あなたはどの程度共感できますか」という質問を行い，「弱肉強食」，「柔よく剛を制す」，「長い物には巻かれろ」，「判官贔屓」，「優勝劣敗」，「寄らば大樹の陰」，「弱きを助け強きを挫く」の七つのことわざ・四字熟語について，「共感できない」(1)から「共感できる」(5)までの5件法で答えてもらった。また，「A・Bのようなことわざ・四字熟語があります。あなたご自身のことについてふりかえって考えたとき，A・Bのどちらに共感しますか」という質問で，計20のことわざ・四字熟語の対について，「Aに共感する」(1)と「Bに共感する」(5)を両極とする5件法で答えてもらったが，その中に，「十人十色－異口同音」，「千篇一律－千差万別」，「議論百出－唯々諾々」という対がある[10]。これらの質問に対する回答は，政治の文脈を離れてより一般的に，多元性を肯定的に

10　いずれの質問においても，ことわざ・四字熟語の意味を正しく理解した上で回答してもらうために，たとえば「弱肉強食：弱者の犠牲の上に強者が栄えること」というように，広辞苑（第六版）はじめ辞書の解説もあわせて提示した。

捉えているか否かを表していると考えられる。このため,「弱肉強食」,「長い物には巻かれろ」,「優勝劣敗」,「寄らば大樹の陰」,「異口同音」,「唯々諾々」に共感しない人ほど,また,「柔よく剛を制す」,「判官贔屓」,「弱きを助け強きを挫く」,「千差万別」に共感する人ほど,多元的民意の反映を志向する意識を強く持つことが想定される。もしこのような傾向が確認されれば,換言すれば,もしより一般的な多元性志向がより具体的な政治の文脈の下での多元性志向を規定するという関係が確認されれば,鍵変数「多元的民意の反映志向(党派的側面)」は構成概念妥当性を備えていると言えるだろう。

そこで,前者の質問で尋ねた七つのことわざ・四字熟語についての回答,後者の質問で尋ねた三つの四字熟語の対についての回答を探索的因子分析(Exploratory Factor Analysis, 主因子法・プロマックス回転)にかけて析出した,「弱肉強食」(負荷量＝0.753,以下同様),「長い物には巻かれろ」(0.695),「優勝劣敗」(0.744),「寄らば大樹の陰」(0.726)の負荷量が高い第一因子(以下,「弱肉強食」因子と呼ぶ)の因子得点,「十人十色－異口同音」(0.685),「千篇一律－千差万別」(－0.686),「議論百出－唯々諾々」(0.612)の負荷量が高い第二因子(以下,「異口同音」因子と呼ぶ)の因子得点,「柔よく剛を制す」(0.643),「判官贔屓」(0.633),「弱きを助け強きを挫く」(0.783)の負荷量が高い第三因子(以下,「弱きを助け強きを挫く」因子と呼ぶ)の因子得点を独立変数にとることにした。「弱肉強食」因子・「異口同音」因子の係数が負,「弱きを助け強きを挫く」因子の係数が正で統計的に有意であった場合,鍵変数の構成概念妥当性が確認されたことになる。

3. 2　分析2：2013年参院選・14年衆院選における投票行動

党派的側面における多元的民意の反映志向は,内閣の存立基盤たることをその役割とする衆議院の議員選挙における投票行動には影響を及ぼさないが,多元的民意の反映をレゾンデートルとする参議院の議員選挙における投票行動には影響を及ぼす可能性がある。党派的側面における多元的民意の反映の実現には,参議院の議会構成が衆議院に比して野党優位となっていることが求められる。このため,党派的に衆参両院の構成を違えることを意図する人ほど参院選で野党に投票するという形で,多元的民意の反

映を志向する意識が参院選における投票行動にのみ結びつくことが考えられるのである。

この理論的想定の妥当性を検証するために，分析2では，2013年参院選・14年衆院選の(小)選挙区選挙における，政党選択という意味での投票行動の分析を行う。従属変数には，参院選に関しては自民党(公認もしくは推薦)の候補者，民主党(公認もしくは推薦)／日本維新の会／みんなの党の候補者，共産党の候補者のいずれに投票したかを，衆院選に関しては自民党(公認もしくは推薦)の候補者，民主党／日本維新の会の候補者，共産党の候補者のいずれに投票したかをとり，条件付ロジット分析によって推定を行う[11]。独立変数については，当該選挙区における候補者数(参院選のみ)，候補者認知の有無，候補者感情温度，政党感情温度，選挙運動接触の有無，被投票依頼経験の有無を選択肢固有変数にとる。また，公明党に対する感情温度，第2次安倍晋三内閣業績評価，景気向上感，暮らし向き向上感と，次の第7章で用いるのと同じ「ねじれ」状況に対する見解，および多元的民意の反映志向(党派的側面)を選択主体固有変数として投入する。

自民党候補への投票を参照カテゴリとして提示する2013年参院選に関する分析結果において，変数「多元的民意の反映志向(党派的側面)」が従属変数の各カテゴリの選択に対して正の有意な影響を及ぼしていることが確認されたとしよう。それは，多元的民意の反映を志向する意識を強く持つ人ほど，2013年参院選において，与党・自民党の候補者ではなく野党各党の候補者への投票を選択する傾向があったことを意味する。つまり，党派的側面における多元的民意の反映を意図した投票行動が，政権選択ではなく多元的民意の反映にその意義がある参院選でとられているということになる。

---

11 日本維新の会・みんなの党が全ての選挙区に候補者を立てていないため，便宜的に，2013年参院選の分析では民主党・日本維新の会・みんなの党の候補者への投票を，2014年衆院選の分析では民主党・日本維新の会の候補者への投票を，それぞれ同じカテゴリとして扱い分析にかける。

なお，日本維新の会・みんなの党の候補者への投票を除外して，自民党候補，民主党候補，共産党候補のいずれに投票したかを従属変数にとった分析を予備的に行ってみたが，結果は変わらない。

他方，2014年衆院選に関する分析結果において，同変数の影響が統計的に有意でないことが確認された場合，多元的民意の反映というよりも政権選択にその意義がある衆院選では，多元的民意の反映を志向する意識の強さは政党選択に影響を及ぼしていないということになる。

4．分析結果

4．1　分析1の結果

表6-2は，鍵変数「多元的民意の反映志向（党派的側面）」と様々な政治意識や価値観との間の関係を見ることで，鍵変数の構成概念妥当性を確認することを目的として行った回帰分析の結果である。政治に対する関心度の高い人，政治に関する知識を豊富に有する人，政治に不満を抱いている人ほど，多元的民意の反映志向が強いという傾向がある。その一方で，保革次元上の自己の立場と自民・民主両党の立場に関する主観的認識とから作成したグループAダミー・グループCダミーはいずれも負で有意とはなっていない。この結果は，ダミー変数の参照カテゴリとしたグループB

表6-2　分析1（OLS）結果

	多元的民意の反映志向（党派的側面）	
	Coef.	Std. Err.
政治関心度	0.065 ***	0.012
政治的知識量	0.054 ***	0.012
政治満足度	-0.055 ***	0.012
グループA（民主＜自民≦自己）ダミー	-0.016	0.013
グループC（自己≦民主＜自民）ダミー	0.025 *	0.013
グループD（その他）ダミー	-0.011	0.011
衆院選：与党と野党の議席バランスを考慮して投票	0.011	0.023
参院選：与党と野党の議席バランスを考慮して投票	0.051 *	0.024
「弱肉強食」因子	-0.069 ***	0.019
「異口同音」因子	-0.118 ***	0.020
「弱きを助け強きを挫く」因子	0.120 ***	0.025
（定数項）	0.541 ***	0.025
Number of obs	4609	
R^2	0.102	

* $p<.05$　　*** $p<.001$

に該当する人ほど党派的側面における多元的民意の反映を志向するわけではないことを意味する。つまり，第5章で分析の対象とした中道的な有権者と，本章で分析の対象とする多元的民意の反映を志向する有権者は，別物と考えられるということになる。

「衆議院議員選挙／参議院議員選挙は，与党と野党の議席のバランスを考えて投票する選挙である」という考え方に対する賛否と従属変数との間には，予測どおりの関係が成り立っていることが見て取れる。具体的には，「衆院選」の影響が統計的に有意ではないのに対し，「参院選」の正の影響は5％水準で有意となっている。つまり，「衆議院議員選挙は，与党と野党の議席のバランスを考えて投票する選挙である」という考え方に同意する人ほど党派的側面における多元的民意の反映を強く志向するという関係は認められない。これに対し，「参議院議員選挙は，与党と野党の議席のバランスを考えて投票する選挙である」という考え方に同意する人ほど多元的民意の反映を強く志向する傾向があるのである。参議院における与野党間の勢力分布を考慮して参院選で投票するということは，民主的第二次院型の第二院である参議院に党派的側面における多元的民意の反映の役割を期待し，それを行動として表すことに他ならない。このため，この変数と従属変数である多元的民意の反映志向との間に正の有意な関係が認められるという分析結果から，鍵変数が多元的民意の反映志向の党派的側面を的確に測定しているとの解釈を引き出せる。

ことわざや四字熟語の意味する内容にどの程度共感できるかを尋ねることで測定を試みた一般的な多元性志向と従属変数との間にも，「弱肉強食」因子および「異口同音」因子の影響が負，「弱きを助け強きを挫く」因子の影響が正という，予測されたとおりの有意な関係が確認された。「弱肉強食」，「長い物には巻かれろ」，「優勝劣敗」，「寄らば大樹の陰」に共感できない人，「異口同音」に比べ「十人十色」に，「千篇一律」に比べ「千差万別」に，「唯々諾々」に比べ「議論百出」に共感する人，そして「柔よく剛を制す」，「判官贔屓」，「弱きを助け強きを挫く」に共感を覚える人ほど，多元的民意の反映志向の度合が強くなる傾向がある。より一般的な意味で多元性を志向する価値観が，より具体的な二院制という政治的文脈の下での多元的民意の反映志向を規定するという関係が確認されたことから，この鍵変数は構成概念妥当性を備えていると言える。

このように，分析1の結果，本章の分析で用いる鍵変数「多元的民意の反映志向（党派的側面）」が，想定どおりに的確に概念を測定できているということが明らかとなった。

4.2 分析2の結果

2013年参院選・2014年衆院選における投票行動に関する分析の結果は表6-3a・表6-3bのとおりである。先に表6-3bに示した2014年衆院選の分析結果から見てみよう。変数「多元的民意の反映志向」は，自民党の候補者に投票するか民主党／日本維新の会の候補者に投票するかの選択にも，自民党候補と共産党候補のいずれに投票するかの選択にも，統計的に有意な影響を及ぼしていない。多元的民意の反映というよりも政権選択にその意義がある衆院選では，党派的側面での多元的民意の反映をどの程度望むかによって投票行動が変わってくるということはないのである。

それでは，政権選択ではなく多元的民意の反映にその意義がある参院選についてはどうであろうか。党派的側面において多元的民意の反映を志向するとは，党派間の勢力分布が衆参両院で異なる状況を望むということであり，より具体的に言えば，衆議院に比べ相対的に野党勢力が強い議会構成を参議院に現出させることを目指すということである。このため，多元的民意の反映志向が参院選における投票行動に影響を及ぼしているのであれば，多元的民意の反映を志向する意識を強く持つ人ほど与党・自民党ではなく野党各党の候補者に投票するという傾向が確認されるはずである。

自民党候補への投票を参照カテゴリとしてまとめた表6-3aを見ると，変数「多元的民意の反映志向」の影響が，いずれも正で統計的に有意となっていることがわかる。政党要因，候補者要因，内閣業績評価，経済状況に対する見方，選挙運動への接触，投票依頼を受けた経験といった，投票行動を左右し得ることがこれまでに確認されている諸要因の影響を考慮に入れてもなお，党派的側面における多元的民意の反映を強く志向する人ほど与党・自民党の候補者への投票を控え，野党各党の候補者への投票を選択するという傾向が認められるのである。この変数の影響の大きさを確認するために，分析結果に基づいてシミュレーションを行ってみること

表6-3a　分析2(条件付ロジット分析)結果(2013年参院選)

	選択肢固有変数		民主／維新／みんな		共産	
	Coef.	Std. Err.	Coef.	Std. Err.	Coef.	Std. Err.
候補者数	0.157 *	0.080				
候補者認知	−0.178	0.189				
候補者感情温度	3.176 ***	0.345				
政党感情温度	3.923 ***	0.217				
選挙運動接触	0.329 *	0.133				
被投票依頼経験	0.197	0.211				
公明党感情温度			−1.419 ***	0.332	−1.525 **	0.468
多元的民意の反映志向			1.018 *	0.436	1.957 **	0.691
内閣業績評価			−0.090	0.349	−0.622	0.442
景気向上感			−0.132	0.416	−0.468	0.514
暮らし向き向上感			0.004	0.412	−0.558	0.517
ねじれ状況に対する見解			−0.918 *	0.402	−1.080 *	0.537
(定数項)			1.034 *	0.429	0.852	0.556
Number of obs			2639			
Wald x^2 (20)			656.55			
Pseudo R^2			0.528			

* p < .05　** p < .01　*** p < .001

表6-3b　分析2(条件付ロジット分析)結果(2014年衆院選)

	選択肢固有変数		民主／維新		共産	
	Coef.	Std. Err.	Coef.	Std. Err.	Coef.	Std. Err.
候補者認知	−0.479 *	0.226				
候補者感情温度	3.969 ***	0.392				
政党感情温度	3.342 ***	0.227				
選挙運動接触	0.342 †	0.193				
被投票依頼経験	0.348	0.252				
公明党感情温度			−1.270 ***	0.377	−0.663	0.513
多元的民意の反映志向			0.481	0.509	0.989	0.618
内閣業績評価			−0.444	0.374	−0.823	0.504
景気向上感			−0.578	0.387	−0.161	0.583
暮らし向き向上感			−0.862 †	0.502	−0.975 †	0.549
ねじれ状況に対する見解			−2.399 ***	0.417	−1.572 **	0.529
(定数項)			2.795 ***	0.470	1.246 *	0.515
Number of obs			1926			
Wald x^2 (19)			781.12			
Pseudo R^2			0.553			

† p < .10　* p < .05　** p < .01　*** p < .001

にしよう[12]。ある特定の条件[13]の下で，変数「多元的民意の反映志向」の値を平均マイナス1標準偏差から平均プラス1標準偏差へと変化させると，自民党候補への投票確率が40.10％から30.35％へと9.74ポイント低下する一方で，民主党／日本維新の会／みんなの党候補への投票確率は51.46％から56.56％へと5.10ポイント上昇し，共産党候補への投票確率も4.65ポイント上昇すると予測される。このように，二院制の下で多元的民意の反映を志向する意識は，党派的側面において衆参両院の構成に相違を生じさせることを意図した，参院選で野党候補への投票を選択するという行動に結びついているのである[14]。

---

12 シミュレーションには，Stata12のprvalueコマンドを用いた。
13 選挙運動接触の有無，被投票依頼経験の有無にはいずれの選択肢についても「0」（経験なし）を，候補者認知の有無にはいずれの選択肢についても「1」（知っている）を，候補者感情温度には候補者を知っている分析対象者の間での平均値を，選挙区候補者数には自民党＝1，民主党／日本維新の会／みんなの党＝3，共産党＝1を，残りの各変数には分析対象者の平均値を，それぞれ代入した。
14 党派的側面において衆参両院の構成を異なるものとし，国会に民意を多元的に反映させようとする場合，衆院選では選挙後に与党になる政党の候補者に投票したとしても，参院選では野党の候補者に投票するという行動をとることが想定される。このため，前回2012年衆院選では自民党候補に投票したが2013年参院選では野党候補への投票を選択したという「時間差分割投票」について，多元的民意の反映志向がその行動を説明する一つの要因であると言えれば，本章の主張がより補強されることになるだろう。
　そこで，選挙前に行ったリコール調査に基づき，2012年衆院選で自民党候補に投票したと回答した人に対象を絞って，本文中で述べたのと同様の2013年参院選における投票行動の分析を行ってみた。紙幅の関係から分析結果を表として提示し詳細に論じるということはできないが，鍵変数の従属変数に対する影響に焦点を絞って簡単に言及しておくと，自民党候補に投票するか民主党／日本維新の会／みんなの党候補に投票するかの選択に対する影響は有意（係数＝1.213，標準誤差＝0.600，$p<.05$），自民党候補に投票するか共産党候補に投票するかの選択に対する影響は非有意（係数＝0.183，標準誤差＝1.746）であった。つまり，党派的側面での多元的民意の反映を強く志向する人ほど，2012年衆院選では自民党候補に投票しながら，2013年参院選では民主党・日本維新の会・みんなの党といった野党の候補者に時間差で分割投票するという

5. 小括

　我が国で二院制が採用され，第二院として参議院が置かれている目的は，参議院に反映される民意を衆議院に反映される民意とは異質のものとすることで，衆議院に対する抑制・均衡・補完の役割を参議院に果たさせることにあるとされる。内閣の存立基盤になるという議院内閣制下の第一院の役割に鑑みて，政権選択を念頭に置いて衆院選における投票行動を決める有権者が存在するように，第二院に特有のこの役割を参議院が果たすことを期待した投票行動を参院選でとる有権者は存在するのであろうか。衆議院では少数派である野党が参議院で占める議席を増やすことで国会に多元的に民意を反映させるべく，中間選挙として行われる参院選において野党候補に投票するという行動をとる有権者がいるとすれば，衆院選に比べ参院選で与党の得票率が相対的に伸び悩む一因をそうした有権者の行動に求めることができるだろう。

　本章では，二院制の下で国会に民意を多元的に反映させることを肯定的に評価する意識を「多元的民意の反映志向」と定義し，多元的民意の反映志向を持つ有権者がそれを現実のものとすることを意図した投票行動を参院選においてとっているのかについて，2013年参院選・14年衆院選の前後にそれぞれ行われたWEBパネル調査のデータを用いて検証した。分析の結果は次の3点にまとめられる。

(1) 調査で尋ねた，(1)「参議院議員には，社会の各部門，各職域で特別の知識・経験を持つ専門家のような人が選出されるべきである」，(2)「参議院は，衆議院だけでは十分に代表・反映されていない国民の多種多様な利益や意見を国会に反映させるために存在する」，(3)「参議院議員選挙では，衆議院議員選挙とは異なる民意が表出されるべきである」，(4)「参議院議員には，衆議院議員とは異なる人材が選出されるべきである」という四つの考え方に対する賛否を，検証的因子分析にかけた。そうしたと

傾向があったのである。

ころ，4項目全てが一つの潜在変数(多元的民意の反映志向)によって規定されると想定する一因子モデルに比べ，4項目のうち(1)と(4)が一つの潜在変数(多元的民意の反映志向の人材的側面)によって，(2)と(3)がもう一つの潜在変数(多元的民意の反映志向の党派的側面)によって規定されると想定する二因子モデルの方が，当てはまりが良かった。そこで，二因子モデルに基づいて析出した二つの潜在変数のうち，後者(多元的民意の反映志向の党派的側面)の構成概念スコアを，本章の分析の鍵変数「多元的民意の反映志向(党派的側面)」とすることにした。

(2) 鍵変数「多元的民意の反映志向(党派的側面)」を従属変数にとった回帰分析を行った。まず，「参議院議員選挙は，与党と野党の議席のバランスを考えて投票する選挙である」という考え方に同意する人ほど多元的民意の反映を強く志向する傾向があることが明らかとなった。この結果は，鍵変数が多元的民意の反映志向の党派的側面を的確に測定しているということを意味すると解釈できる。また，ことわざ・四字熟語の意味する内容にどの程度共感できるかを尋ねることで測定を試みた一般的な多元性志向を強く持つ人ほど多元的民意の反映志向の度合も強いことが明らかとなった。より一般的な意味で多元性を志向する価値観が，より具体的な政治的文脈の下での多元的民意の反映志向を規定しているというこの分析結果も，鍵変数が構成概念妥当性を備えていることを示す証左と位置づけられる。

(3) 党派的側面における多元的民意の反映は，参議院における党派間の勢力分布を衆議院におけるそれと違えることで実現するとされる。このため，党派的側面における多元的民意の反映を志向する意識は，衆院選における投票行動には影響しないが，参院選における投票行動には，衆議院では少数派である野党各党の候補者に投票する確率を高める形で影響を及ぼすことが想定される。そこで，2013年参院選・14年衆院選における政党選択を従属変数，多元的民意の反映志向を独立変数の一つにとった条件付ロジット分析を行ったところ，予測したとおりの結果が得られた。2014年衆院選の分析では，多元的民意の反映志向と

投票行動の間に有意な関係が認められなかったのに対し，2013年参院選の分析では，党派的側面における多元的民意の反映を強く志向する人ほど与党・自民党の候補者ではなく野党の候補者に投票する傾向があることが明らかとなった。つまり，国会に反映される民意を多元的なものにしようとする意識は，両院間で党派的側面における構成の相違を生じさせることを意図した，参院選での野党各党の候補者への投票という行動に結びついているのである。

このように，少なくとも本章で分析に用いたWEB調査の回答者に関しては，衆参両院から成る二院制の下で国会に民意を多元的に反映させることを肯定的に捉えており，その多元的民意の反映志向を参院選でのみ野党候補に投票するという行動に結びつけることで，党派的側面における多元的民意の反映を図っている，ということが明らかとなった。単一国家で議院内閣制・二院制をとる我が国では，第一院たる衆議院と第二院たる参議院とで担う役割が異なる。このことに起因して，内閣の存立基盤になることを役割とする衆議院の議員選挙では政権選択を考慮して投票し，衆議院とは異なる民意を表出することを役割とする参議院の議員選挙では多元的民意の反映を考慮して投票するというように，衆参両院選挙で投票行動の規定要因は同一にはならない。その結果として，参院選における与党の得票率の相対的な伸び悩みという規則性が生じている可能性があることを，本章の分析結果は示唆しているのである。

補論　多元的民意の反映志向の人材的側面

本論と直接は関係しないが，多元的民意の反映志向のもう一つの側面，すなわち人材的側面についてもここで簡単に分析してみたい。

補図6-1は，表6-1で行った検証的因子分析(二因子モデル)に基づいて析出した二つの潜在変数のうち，多元的民意の反映志向の人材的側面を表すと考えられる潜在変数の構成概念スコアについて，図6-1と同様に最小値0，最大値1にリスケールを施した上で，0.1刻みで回答者の分布を棒グラフとして示したものである。釣鐘型に近い党派的側面の分布とは若干

趣を異にし，中立から肯定的にかけて広く意見が分布している様子が読み取れる。

補表6-1は，従属変数を「多元的民意の反映志向（人材的側面）」に差し替えて表6-2と同じ分析を行った結果である。この分析で注目すべきは，独立変数「参院選：与党と野党の議席バランスを考慮して投票」の影響である。これ以外の各独立変数と従属変数の関係のあり方はほぼ同じであっ

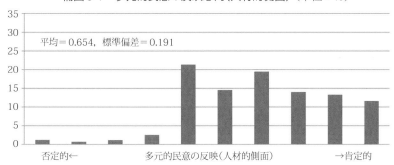

補図6-1　多元的民意の反映志向（人材的側面）（単位：％）

平均＝0.654，標準偏差＝0.191

補表6-1　分析1（OLS）結果（従属変数：人材的側面）

	多元的民意の反映志向（人材的側面）	
	Coef.	Std. Err.
政治関心度	0.071 ***	0.012
政治的知識量	0.075 ***	0.013
政治満足度	−0.064 ***	0.012
グループA（民主＜自民≦自己）ダミー	−0.012	0.014
グループC（自己≦民主＜自民）ダミー	0.021	0.013
グループD（その他）ダミー	−0.016	0.012
衆院選：与党と野党の議席バランスを考慮して投票	0.014	0.023
参院選：与党と野党の議席バランスを考慮して投票	0.016	0.024
「弱肉強食」因子	−0.061 **	0.020
「異口同音」因子	−0.162 ***	0.021
「弱きを助け強きを挫く」因子	0.111 ***	0.026
（定数項）	0.596 ***	0.027
Number of obs	4609	
R^2	0.114	

** $p < .01$　*** $p < .001$

たのに対し，唯一，「参議院議員選挙は，与党と野党の議席のバランスを考えて投票する選挙である」という考え方に対する賛否の影響のあり方についてのみ違いが見られた。すなわち，多元的民意の反映志向(党派的側面)を従属変数にとった表6-2の分析では同変数の影響が正で有意となったのに対し，多元的民意の反映志向(人材的側面)を従属変数にとった補表6-1の分析では有意とはならなかったのである。この結果から，本章の分析で鍵変数とした，「参議院は，衆議院だけでは十分に代表・反映されていない国民の多種多様な利益や意見を国会に反映させるために存在する」，「参議院議員選挙では，衆議院議員選挙とは異なる民意が表出されるべきである」という二つの考え方への賛否を規定する潜在変数が，やはり多元的民意の反映志向の党派的側面を表しているということがうかがえる。

　第2節で述べたとおり，参議院の選挙制度として非拘束名簿式比例代表制が導入されたことで，人材的側面における衆参両院の構成の相違を生じさせることを意図した投票行動を選択できるようになった。このため，人材的側面において多元的民意の反映を志向する有権者ほど比例代表選挙で政党名ではなく候補者名を書いて投票するということが考えられる。そこで，この理論的想定の妥当性を検証する分析を行ってみたい。従属変数は，比例代表選挙で政党名を書いて投票したか候補者名を書いて投票したかである。独立変数には，この論点に関する数少ない先行研究である平野(2007，第9章)を参考に，比例代表選挙での投票政党(自民党を参照カテゴリとする，民主党・日本維新の会・公明党・みんなの党・共産党を表す五つのダミー変数)，投票政党に対する感情温度，投票政党への被投票依頼経験の有無，政治関心度，「次の(あ)から(さ)は，今回の参議院議員選挙にどの程度あてはまりますか」という選挙前調査の質問で，「あてはまる」と「あてはまらない」を両極とする5件法で尋ねた，「比例区にどうしても当選させたい候補者がいる」という項目に対する回答，そして多元的民意の反映志向(人材的側面)と，投票政党を表すダミー変数と多元的民意の反映志向(人材的側面)の交互作用項をとる。従属変数が二値変数であるので，推定にはロジット分析を用いる。従属変数に対して変数「多元的民意の反映志向(人材的側面)」が正の有意な影響を及ぼしていることが確認された場合，人材的側面における多元的民意の反映を意図した投票行動が非拘束名簿式の比例代表選挙でとられていると解することができる。

補表6-2　政党名投票／候補者名投票－ロジット分析結果

	Coef.	Std. Err.
投票政党：民主党	1.051	0.686
投票政党：日本維新の会	1.112 *	0.487
投票政党：公明党	1.541 †	0.925
投票政党：みんなの党	−0.562	0.805
投票政党：共産党	−0.050	0.874
投票政党に対する感情温度	−0.807 ***	0.222
投票政党に対する被投票依頼経験	1.580 ***	0.167
政治関心度	0.700 *	0.283
比例代表・どうしても当選させたい候補者	1.717 ***	0.203
多元的民意の反映志向(人材的側面)	1.059 *	0.486
民主×多元的民意の反映志向	−1.434	0.965
維新×多元的民意の反映志向	−2.135 **	0.728
公明×多元的民意の反映志向	−1.132	1.398
みんな×多元的民意の反映志向	−0.994	1.194
共産×多元的民意の反映志向	−2.624 *	1.290
(定数項)	−2.704 ***	0.365
Number of obs	3030	
Wald x^2 (15)	278.16	
Pseudo R^2	0.203	

† $p<.10$　* $p<.05$　** $p<.01$　*** $p<.001$

　分析結果は補表6-2のとおりである。当該政党に投票するよう依頼を受けた経験のある人，政治関心度の高い人，選挙前調査の時点で「比例区にどうしても当選させたい候補者がいる」と考えていた人ほど候補者名を書いて投票するという傾向が見て取れる。また，ある政党への感情温度が低い人ほど，その政党に投票するにしても政党名を書くことに抵抗を覚え，候補者名を書いて投票するという傾向があるのではないかと予測したが，実際にそのような感情温度の負の有意な効果が見られた。

　さて，多元的民意の反映志向(人材的側面)が政党名で投票するか候補者名で投票するかの選択に及ぼす影響に関しては，ほぼ全ての政党への投票において確認されなかった[15]。ただ，独立変数「多元的民意の反映志向(人

15　政党ごとの影響の大きさは次のとおりである。
　民　主：coef.＝−0.374，s.e.＝0.798（n.s.）
　維　新：coef.＝−1.075，s.e.＝0.640（p<.10）

材的側面)」の影響が5％水準で有意になっていることが示すとおり，自民党と書いて投票するか自民党候補の名前を書いて投票するかの選択にのみ有意な正の影響が認められた。人材的側面における多元的民意の反映志向を強く持つ人ほど自民党という政党名ではなく特定の自民党候補の名前を書いて投票する傾向があったことが明らかとなったのである。もっとも，全体として見れば，衆院選と参院選とで拘束名簿式と非拘束名簿式という形で選挙制度に違いを持たせることで両院に選出される人材を異質のものとし，ひいては国会に民意を多元的に反映させようとするという制度の趣旨は，残念ながら実現しているとは言えないだろう。

公　明：coef. $=-0.073$, s.e. $=1.335$（n.s.）
みんな：coef. $=\ \ 0.065$, s.e. $=1.069$（n.s.）
共　産：coef. $=-1.565$, s.e. $=1.190$（n.s.）

第7章
「ねじれ」状況下における業績評価と投票行動

1. 導入

　第3章から前章まで，「一般になぜ衆院選に比べ参院選では与党の得票率が伸び悩む傾向にあるのか」というリサーチ・クェスチョンの解明に様々な角度から取り組んできた。これを受けて本章では，本論文のもう一つのリサーチ・クェスチョン，すなわち「『ねじれ国会』が生じた場合，それは次の衆院選や参院選にいかなる影響を及ぼすのか」について検討する。

　理論的に，衆参「ねじれ」の状況が有権者にもたらすと考えられるのは，政策の帰結に関する責任帰属の困難さ，およびそれに付随する業績評価投票の困難さである。時の政権与党が衆参両院で過半数の議席を保持している場合，他の条件を一定とすれば，政策形成過程に対する政権の影響力はかなり強い。このため，政策に関する責任は現政権にあるということがはっきりし，有権者の多くもそのように認識する。その結果，非「ねじれ」状態で迎える次の国政選挙において，政策が良いと思えばそれをもたらした現与党に投票し，悪いと思えばその責めを負うべき現与党に対抗する野党に投票するという形で，業績評価投票を行うことが可能となる。

　これに対し，与党が参議院では少数派である「ねじれ国会」の下では，政策形成過程に対して政権のみならず参議院の多数を占める野党も影響力を行使し得るため，政策に関する責任が現政権にあるのか野党にあるのかはっきりしなくなる。この場合，「ねじれ国会」を問題視しないか問題視するかによって，有権者の行動は変わってくる。「ねじれ」状況を問題視

しない人は，非「ねじれ」状況下にある場合と同様に，政策の責任を現政権に帰属させ，次の国政選挙で業績評価投票を行うと考えられる。他方，「ねじれ」状況を問題視する人は，政策の責任を現政権だけでなく参議院の多数を握る野党など，「ねじれ」状態の弊害を生んだアクターにも帰属させる。このため，内閣の業績を比較的甘めに評価するとともに，業績評価を投票行動にあまり反映させなくなると予想される。つまり，政策の責任の所在が不明確な「ねじれ」状態で迎える国政選挙では，「ねじれ」状況を問題視しない人に比べ問題視する人の間で，内閣の業績評価が相対的に高くなる，業績評価の投票行動に対する影響が相対的に弱くなるという傾向が生じることが理論的に想定されるのである。

こうした理論的想定は，現実の「ねじれ」状況下における業績評価と投票行動に妥当するのであろうか。本章では，「ねじれ」状態で迎えた2012年衆院選・13年参院選，非「ねじれ」状態で迎えた2014年衆院選時にそれぞれ行われたWEBパネル調査のデータを用いて，「『ねじれ』状況に対する見解(問題視しないかするか)」を鍵変数に業績評価投票の分析を行い，理論的想定の妥当性を検証する。

2．背景

現政権の政策が良いと思えば政権党に，悪いと思えば反対党に投票するという「賞罰理論」(Key 1966)が成り立つには，一つの前提条件が満たされる必要がある。現政権の手によって現在の状態がもたらされたと有権者が認知することである(Abramowitz, Lanoue, and Ramesh 1988; Arceneaux 2006; Feldman 1982; Marsh and Tilley 2010; Peffley 1984; Petrocik and Steeper 1986; Rudolph and Grant 2002; Stein 1990)[1]。この，

---

1 責任帰属の他，業績評価の投票行動に対する影響の強さを左右する要因として，権力分立のシステム(大統領制・半大統領制)と権力融合のシステム(議院内閣制)の差異や，行政府の長を決める選挙と立法府の議員を決める選挙の違い(Hellwig and Samuels 2008)，行政府の選挙と立法府の選挙が同時に行われるか否か(Hellwig and Samuels 2008; Samuels 2004)，現政権党に代わり政権を担い得る政党が明確に存在するか否か(C.J. Anderson 2000; Bengtsson 2004; Maeda 2010)などが挙げられている。

政策の帰結に関する責任帰属を行う際，様々な要因が作用することが知られている。具体的には，社会心理学で言うところの「内集団奉仕的帰属バイアス(group‐serving attribution bias)」に該当する，政策評価と政党帰属意識の交互作用(Brown 2010; Hellwig and Coffey 2011; Malhotra and Kuo 2008; Marsh and Tilley 2010; Rudolph 2003a, 2006; Tilley and Hobolt 2011)や政策評価と責任を帰属させる対象に対する支持度の交互作用(Hobolt and Tilley 2014; Hobolt, Tilley, and Wittrock 2013)の影響，交互作用の効果の強さを条件付ける要素としての感情の影響(Malhotra and Kuo 2009)，テレビニュース(Iyengar 1991, 1996)，政策に関する情報源の信頼度(Hobolt, Tilley, and Wittrock 2013)，政策に対する態度の「極端さ」や政策の政治化(顕出性)の度合(Wilson and Hobolt 2015)，そして政治的洗練度(Gomez and Wilson 2001, 2003, 2006; Hellwig and Coffey 2011; Tilley and Hobolt 2011)の影響などである。

　これらに加えて，責任帰属のあり方を左右する重要な要因として挙げられるのが，「責任所在の明確性(clarity of responsibility)」である。責任所在の明確性とは，「経済や政策に関する意思決定の責任を特定の機関，政党，アクターに帰属させる市民の能力を形作る，国内政治の文脈の特徴」(C.D. Anderson 2006: 450)のことを指す。言い換えれば，その国の政治制度やその時点の政党間の勢力関係によって責任所在の明確さは変わり，ひいては政策の帰結に関する責任帰属の容易さや業績評価投票の行いやすさも変わってくると考えられているのである。

　責任所在の明確性が，業績評価の投票行動に対する影響の強さを条件付ける効果について検証する一連の研究の嚆矢となったのが，Powell and Whitten (1993)である。先に挙げた，有権者が政策に関する責任帰属を行う際に作用する要因はいずれも，有権者個人の心理に由来するものである[2]。これに対し彼らは，政策形成過程を政府(政権党)がどの程度コントロールしているかが，責任帰属や業績評価投票を左右する要因としてむし

　そしてHellwig and Samuels (2008)は，業績投票の可否は，政策の帰結に対する責任の帰属が容易な制度か否かよりもむしろ，その責任帰属に基づいた投票行動をとりやすい制度か否かによって左右されると論じている。
2　テレビニュースと政策の政治化(顕出性)の度合を除く。

ろ重要であると考えた。すなわち，政策形成過程を政府がコントロールする度合が高まるほど，経済政策をはじめとする諸政策がもたらした結果の責任が政府にあることがはっきりするため，有権者が責任を政府に求める可能性が高まり，ひいては当該政策に関する業績評価に基づく投票行動をとる確率も高まると予測したのである。

そこで彼らは，①与党第一党の凝集度が低いか高いか，②議会の委員会が持つ権限が強く，かつ委員長ポストが議席数に応じて野党にも配分されているか否か，③（第二院が政策形成に強い影響を及ぼす二院制の国に関して）選挙の時点で政権党が第二院で少数派か多数派か，④少数政権か否か，⑤連立政権か単独政権か，という五つの観点から，19の先進民主主義国について責任所在の明確性を尺度化した。そしてそれに基づいて，責任の所在が相対的に不明確な8カ国と相対的に明確な11カ国とにグループ分けした。その上で，1969年から88年までに行われた選挙をケースとして，前回の選挙から今回の選挙にかけての現政権党の得票率の変化を従属変数，経済指標（実質GDP成長率，インフレ率，失業率）を主たる独立変数にとった分析を，グループごとに行った。そうしたところ，責任の所在が相対的に不明確と評価された8カ国で行われた選挙を対象とした分析では，いずれの経済指標も従属変数に対して統計的に有意な影響を及ぼしていなかった。これに対し，責任の所在が相対的に明確と評価された11カ国で行われた選挙をケースにとった分析では，他の先進民主主義国に比べ実質GDP成長率が低い，インフレ率が高い，失業率が高い状態で迎えた選挙ほど，現政権党の得票率の下落度が有意に大きいという，経済投票の傾向が認められた[3]。つまり彼らの予測どおり，経済状況が選挙結果に及ぼす影響の強さは政策に関する責任所在の明確さによって条件付けられる

3　正確には，インフレ率と失業率の選挙結果への影響のあり方は，選挙時点の政権が右派政権か中道／左派政権かによって異なるというのが彼らの主張である。すなわち，従属変数に対するインフレ率の有意な影響は現政権が右派政権の場合に，失業率の有意な影響は現政権が中道／左派政権の場合に見られるというのである。ただ，独立変数の「インフレ率」と「右派政権×インフレ率」（あるいは，「失業率」と「右派政権×失業率」）の係数の和に関する統計的検定が行われていないため，右派政権下でのインフレ率や失業率の影響が実際に統計的に有意なのかは定かではない（cf. Royed, Leyden, and Borrelli 2000）。

ことが明らかとなったのである[4]。

その後の研究は主に，責任所在の明確性に影響する別の要因を考慮したり，別の指標化の方法をとったりしても，業績評価投票に対する条件付け効果が確認されるのかについて，集計データだけでなくCSES (The Comparative Study of Electoral Systems) やEES (The European Election Studies)，Eurobarometerといった調査データの分析も行って検証するという形で展開している(C.D. Anderson 2006; C.J. Anderson 2000; Bengtsson 2004; Brown 2010; De Vries, Edwards, and Tillman 2011; Hellwig and Samuels 2007; Hobolt, Tilley, and Banducci 2013; Maeda 2010; Nadeau, Niemi, and Yoshinaka 2002; Samuels 2004; Tilley, Garry, and Bold 2008; Tillman 2008; Whitten and Palmer 1999)。

これらの先行研究が取り上げている，責任所在の明確性を左右する要因としては，Powell and Whitten (1993)が尺度化に用いた先述の①から⑤の他，連邦国家か単一国家か，大統領制／半大統領制か議院内閣制か，二院制か一院制か，選挙制度(比例代表制か混合制か多数代表制か)，(マルチレヴェルの統治システムがとられている国における)財政に関する地方分権度，分割政府か統一政府か，連立与党の数，政権の座にある期間，総議席数や政権与党の議席数に占める与党第一党／首相の政党の議席率，与党第一党／首相の政党が閣内で占める閣僚数の割合，米国における大統領の政党と州知事の政党の異同などがある。これらをもとに責任所在の明確度を表す尺度を構成し，その値によって対象ケースを分割して分析にかけたり，業績評価を表す変数との交互作用項を作って独立変数として分析に投入したりすることで，ほぼ全ての先行研究が，業績評価の投票行動に対する影響の強さを条件付ける効果が責任所在の明確性にはあるとの結論を実証的に導いている(cf. Royed, Leyden, and Borrelli 2000)[5]。

4　Whitten and Palmer (1999)は，(1)責任所在の明確性の指標化に際して連立政権か単独政権かを考慮に入れない(独立変数にする)，(2)指標化を国単位ではなく選挙単位で行う，(3)指標に基づいて対象となる選挙を三つにグループ分けする，(4)分析対象のケース(選挙)を40増やす，という変更を加えた上でPowell and Whitten (1993)の分析結果を再検証し，同様の結果を得ている。

5　この他，責任の所在の明確性が業績評価投票だけでなく政策投票をも条件付ける可能性があることを明らかにした研究として，Williams and Whitten(2015)

以上概説した，業績評価投票に対する責任所在の明確性の条件付け効果をめぐる先行研究に関して，本章の問題関心につながる三つの論点が挙げられる。

　第1に，Hobolt, Tilley, and Banducci（2013）が指摘するように，責任所在の明確性を左右する要因は大きく2種類に分けられるということである。

　一つは国の政治制度に由来する要因である。先に挙げたものの中では，連邦国家か単一国家か，大統領制／半大統領制か議院内閣制か，二院制か一院制か，議会の委員会が持つ権限の強さなどが該当し，基本的には時間とともに変化しにくいという特徴を有する。

　もう一つは現政権の性格に由来する要因である。分割政府か統一政府か，少数政権か多数政権か，連立政権か単独政権か，政権党が第二院で少数派か多数派か，連立政権下での与党間の力関係（連立与党の数，与党第一党／首相の政党が占める議席や閣僚の割合）などがこれに当たる。政治制度に由来する要因とは対照的に，時間とともに変化しやすい。

　第2に，時間の経過による変化のしやすさを反映して，分析に際して政治制度に由来する要因に着目する場合と現政権の性格に由来する要因に着目する場合とで，利用できる手法が変わってくるということである。言うまでもなく，業績評価投票に対する責任所在の明確性の条件付け効果を検証するには，責任の所在が相対的に不明確なケースと明確なケースの両方を分析対象に含める必要がある。政治制度に由来する要因から責任所在の明確性を測る場合，特定の国のみに焦点を当てると，明確度にばらつきが生じない。このため，用いる手法は自ずと，明確度に差がある複数の国の間での比較分析ということになる。

　これに対し，現政権の性格に由来する要因から責任所在の明確性を測る場合には，特定の国に焦点を当てても，時間とともに明確度にばらつきが生じる。このため，複数の国の間での比較分析だけでなく，ある一国の複数の時点の間での比較分析も，手法としてとり得ることになる。第2章第4節で紹介した，米国の分割政府下における有権者の意識と行動を統一政府下におけるそれと比較しながら検討した諸研究が，この一例である。

　がある。

第3に，Powell and Whitten（1993）をはじめ，C.D. Anderson（2006）やMaeda（2010），Tillman（2008）が着目した，「政権党が第二院で少数派か多数派か」という現政権の性格に由来する要因は，日本の文脈で言えば「『ねじれ国会』か否か」になるということである。ここで第2の点と考え合わせれば，業績評価投票に対する責任所在の明確性の条件付け効果を我が国の政治的文脈の下で検証する格好の機会を「ねじれ国会」が提供してくれていることに気付く。選挙サイクルの中で生じる衆参「ねじれ」状況の有無を責任所在の明確度のばらつきと捉える。そして，責任の所在が相対的に不明確な「ねじれ」状況下における業績評価・投票行動と，相対的に明確な非「ねじれ」状況下における業績評価・投票行動とを，比較の視点を交えながら分析する。そうすれば，日本の国政選挙における業績評価投票が責任所在の明確性によって条件付けられるのか否かを明らかにすることができるからである。

　そして第4に，責任所在を不明確にする状況下でも，それへの有権者の反応のあり方は一様ではないと考えられるということである。先行研究は，責任所在が明確になる政治制度か否か，責任所在の明確な政治情勢か否かに主に着目しており，責任の所在が不明確な状況を有権者がどのように捉えているかにはあまり関心を向けていない。しかし，責任の所在がはっきりしない政治制度・政治情勢の下で政権運営がなされていることを有権者が否定的に受け止めていない限り，業績評価投票に対する条件付け効果は生じないはずである。すなわち，否定的に受け止めていない人は，現政権に一義的に責任を帰することになるため，責任所在が明確な状況下にあるのと同じように業績評価投票を行う。これに対し否定的に受け止めている人は，責任の所在を曖昧にする政治制度や政治情勢に責任の一端を帰することになるため，業績評価投票を行いにくくなる，ということが考えられるのである。このため，責任所在の明確性が業績評価投票に及ぼす条件付け効果について検討する場合には，責任所在の明確性を左右する政治制度や政治状況だけでなく，責任の所在が判然としない状況を有権者がどのように捉えているかについても考慮に入れる必要がある。

　以上の点を踏まえて，本章では，「『ねじれ』状況に対する見解（問題視しないかするか）」を鍵変数に，「ねじれ」状況下で迎える国政選挙における業績評価・投票行動と，非「ねじれ」状況下で迎える国政選挙における

業績評価・投票行動について，比較の視点を交えながら分析する。非「ねじれ」状況下で迎える国政選挙では，「ねじれ」状況を問題視しないか問題視するかによって，業績評価のあり方や業績評価投票のあり方に差異は生じない。これに対し，「ねじれ」状況下で迎える国政選挙では，「ねじれ」状況を問題視しない人に比べ問題視する人は，現政権の業績を高めに評価する，業績評価を投票行動にあまり反映させないというように，「ねじれ」状況に対する見解によって業績評価のあり方や業績評価投票のあり方に差異が生じる。こうした考え方の妥当性を検証するのである。

3．分析手法

本章では，「ねじれ」状況下で迎えた選挙（2012年衆院選，13年参院選），非「ねじれ」状況下で迎えた選挙（2014年衆院選）を対象に，各選挙の前後にほぼ同一のフォーマットで行われたWEBパネル調査のデータを用いて分析を行う。

これらのWEBパネル調査では，「日本の国会について，次にあげるような考え方があります。これらの考え方について，あなたはどのようにお感じになりますか。−3が『そう思わない』，＋3が『そう思う』として，以下から一つずつお選びください」という質問によって，2012年は24項目，13年は42項目，14年は7項目について回答者の意見を求めている。その中に，(1)「政権与党が参議院の過半数議席を持たないいわゆる『ねじれ国会』の下でも政策決定がスムースに進むよう，衆議院が持つ権限をより強めるべきである」，(2)「いわゆる『ねじれ国会』は問題である」，(3)「衆議院で可決された法律案が参議院で否決された場合に衆議院で再可決するための要件を，現在の『出席議員の三分の二以上の多数での可決』から緩めるべきである」という三つの項目があり，それらに対する回答に，「ねじれ」状況に対する有権者の見解が反映されていると見ることができる。

これらの質問は，「ねじれ」状況下の政策決定の遅滞の原因を現内閣の政権担当能力の欠如のみに求めるのか，それとも「ねじれ」という政治状況にも求めるのかについて，真正面から尋ねたものではない。しかしながら，「『ねじれ』状況を否定的に捉える人は，内閣の業績を評価する際に，そうした政治状況にも責任の一端を帰するため，業績を甘めに評価し

たり，業績評価を投票行動にあまり結びつけなかったりする」というように，これら3項目の回答に表れた「ねじれ」状況に対する見解(「ねじれ国会」を問題視しないかするか)が，「ねじれ」状況下における業績評価のあり方や業績評価投票のあり方を条件付けると想定することは，妥当であると考える。

そこで本章では，7件法で尋ねたこれら三つの質問の回答の和をとって構成した，「ねじれ」状況に対する見解を表す尺度[6]を鍵変数とする分析を行い，「ねじれ」状況下で行われた2012年衆院選・13年参院選，非「ねじれ」状況下で行われた2014年衆院選における業績評価および業績評価投票について検討を加える。分析の手順は次のとおりである[7]。

3.1 分析1:「ねじれ」状況に対する有権者の見解

まず，「ねじれ」状況に対する有権者の見解を従属変数にとった，通常の最小二乗法(OLS)による回帰分析を行う。

図7-1は，先述の方法で作成した，「ねじれ」状況に対する回答者の見解を表す尺度の分布を示したものである[8]。左に行くほど(負の値が大きいほど)「ねじれ」状況を問題視せず，逆に右に行くほど(正の値が大きいほど)「ねじれ」状況を問題視するということになる。回答者の20.64%が該当する「0」をピークに，「ねじれ」状況を問題視しない左(マイナス)側に42.35%，問題視する右(プラス)側に37.02%が分布する，ほぼ左右対称の単峰形を示している。分析1では，こうした意見のばらつきが生じる要因を明らかにすることを試みる。

もっとも，この分析に関しては「探索的」に行わざるを得ない。理論的に想定される独立変数が存在するわけではないからである。本章では，WEBパネル調査で尋ねた数ある質問項目の中から従属変数と共変しそう

---

6 Cronbach's alphaは，2012年が0.628，13年が0.676，14年が0.688である。
7 用いるデータが代表性に乏しいWEB調査を通じて得られたものであるということに鑑みて，分析の際には，年齢(20歳代・30歳代・40歳代・50歳代・60歳以上の5カテゴリ)，性別，居住地の都市規模(20大都市・人口20万人以上の市・人口20万人未満の市・郡部の4カテゴリ)という三つの属性に基づいて事後層化を行い，ウェイトをかけた。
8 三つの調査データをプールして作成した。

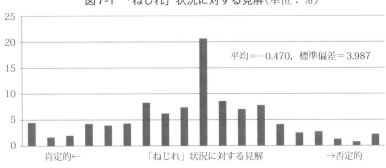

図7-1 「ねじれ」状況に対する見解(単位：%)

なものを選び出し，独立変数として投入することにした．具体的には，政党感情温度(自民党，公明党，民主党，革新系野党[9]，保守系野党[10])，保革自己定位，二院制を維持することへの賛否，政治的洗練度，前章で分析した多元的民意の反映志向(党派的側面)，「選挙があるからこそ／国会があるからこそ国民の声が政治に反映される」という考え方への賛否，有効性感覚，および政権与党の望ましい議席数[11]を独立変数にとる．

---

9 2012年は日本未来の党・共産党・社民党の平均，2013年・14年は生活の党・共産党・社民党の平均．
10 2012年・13年は日本維新の会とみんなの党の平均，2014年は維新の党．
11 「一般的に，政権与党は，定数が480（過半数は241）〔2014年は定数が475（過半数は238）〕議席の衆議院において，どの程度の議席を保有するのが望ましいとお考えですか」と尋ね，「241議席以上250議席以下〔2014年は238議席以上250議席以下〕」，「251議席以上260議席以下」，…，「321議席以上」，「240議席以下」の10の選択肢から選んでもらった質問，および「それでは，定数が242（過半数は122）議席の参議院において，どの程度の議席を保有するのが望ましいとお考えですか」と尋ね，「122議席以上126議席以下」，「127議席以上131議席以下」，…，「162議席以上」，「121議席以下」の10の選択肢から選んでもらった質問に対する回答から二つのダミー変数を作成した．
　すなわち，衆参両院で過半数議席を選んだ回答者を参照カテゴリとし，衆議院では過半数議席，参議院では「121議席以下」を選んだ回答者を示すダミー変数(与党の議席数：ねじれ)と，その他の回答者を示すダミー変数(与党の議席数：その他)の二つである．

3．2　分析2：内閣業績評価

次に行うのは，選挙前調査で判定してもらった鳩山由紀夫内閣・菅直人内閣・野田佳彦内閣(以上，2012年衆院選)，第2次安倍晋三内閣(2013年参院選・14年衆院選)の業績に対する評価[12]を従属変数にとった，OLSによる回帰分析である。この分析を行う目的は次の二つの点にある。

一つ目は，どのような政策的観点から有権者が各内閣の実績を評価していたのかを明らかにするということである。2012年・13年の調査では18項目，2014年の調査では6項目の政策課題を挙げて，「あなたはそれぞれについて，民主党を中心とする連立政権(2012年)／安倍晋三内閣(2013年)／自民党を中心とする連立政権(2014年)はよくやってきたと思いますか，それともよくやってこなかったと思いますか」と尋ね，政権の実績を「よくやってきた」から「よくやってこなかった」までの5段階でそれぞれ評価してもらっている。また2012年に関しては，「ここに，前回の2009年総選挙の際に民主党がマニフェストに掲げた22の政策があげてあります。あなたはそれぞれについて，民主党を中心とする連立政権はよくやってきたと思いますか，それともよくやってこなかったと思いますか」という質問で，22項目についての業績評価を同じ5段階で求めている。そこで，「沖縄米軍基地問題」，「尖閣諸島問題」，「経済政策」[13]，「税制改革」，「震災復興」，「原発事故対応」，「脱原発依存」(以上，2012年と13年)，「行政改革」[14]，「中学卒業まで，子ども1人あたり年31万2000円を支給する，『子ども手当』を創設する」，「道路政策」[15]，「2020年までに，

12　調査では100点満点で評価してもらったが，本研究における感情温度の扱いと同様に，0から24を「1」，25から49を「2」，50を「3」，51から75を「4」，76から100を「5」というように，5段階へのリスケールを施した。

13　「景気対策」・「円高対策」・「デフレ対策」という3項目に対する回答の和である。Cronbach's alphaは，2012年が0.935，2013年が0.927である。

14　「国の総予算を全面的に組み替える」・「税金のムダづかいを根絶する」・「天下りのあっせんを全面的に禁止する」・「国家公務員の総人件費を2割削減する」という4項目に対する回答の和である(alpha＝0.897)。

15　「高速道路を段階的に無料化する」・「ガソリン税，軽油引取税，自動車重量税，自動車取得税の暫定税率を廃止し，2.5兆円の減税を実施する」という2

温暖化ガスを1990年比で25％削減する」,「主体的な外交戦略を構築し,緊密で対等な日米同盟関係をつくる」(以上，2012年)[16],「地域活性化・公共事業」[17],「規制緩和」,「TPP交渉」(以上，2013年),「経済政策」[18],「集団的自衛権の行使容認」,「原発再稼働」,「消費税の増税」(以上，2014年)の各項目に対する回答を独立変数にとることで，個別の政策に対する評価と内閣の実績に関する総合評価との関係を見る。

　この，3代の民主党内閣および第2次安倍内閣の実績を有権者がどのような政策的観点から評価していたかを明らかにすることを試みる分析は，民主党政権に対する大きな期待を怒りにも似た失望へと短期間で変化させた要因や，返り咲きを果たした安倍首相が，ここ数代の内閣とは全く異なり，比較的高い支持率を維持し続けることができている要因を理解する一助になるとともに，次の分析3で示す各内閣の業績評価と投票行動の関係を解釈する際の手がかりにもなろう。

　二つ目は，「ねじれ」状況に対する見解と各内閣業績評価との関連を明らかにするということである。「ねじれ国会」をどのように受け止めるかによって，有権者が下す3代の民主党内閣の業績評価や，2013年参院選時・14年衆院選時の第2次安倍内閣の業績評価に差異が生じている可能性がある。具体的には次のようなロジックが想定される。

　民主党政権下の「ねじれ国会」を生んだ元凶は，歴史的政権交代からわずか1年足らずで政権担当能力の欠如を露にした鳩山首相・菅首相である。このため，「ねじれ」状況を問題視しない人に比べ問題視する人は，「ねじれ国会」を作り出した責任を問う形で，鳩山・菅両内閣の業績を相対的に厳しく（低く）評価した可能性がある。

　一方，民主党政権下で3代目となる野田首相が政権の座に就いたのは，政府が予算関連法案や内閣提出法案の成立に苦慮する「ねじれ」状況が生

項目に対する回答の和である（alpha ＝ 0.817）。
16　「行政改革」以降の6項目が，2009年にマニフェストに掲げられた政策に関する業績評価である。
17　「地域活性化」と「公共事業」という2項目に対する回答の和である（alpha ＝ 0.717）。
18　「金融緩和」・「財政出動」・「成長戦略」という3項目に対する回答の和である（alpha ＝ 0.864）。

じた後である。このため,「ねじれ」状況を肯定的に捉える人に比べ否定的に捉える人は,野田内閣が実績を上げることができなかった一因を,同内閣が直接の責任を負わない「ねじれ」という政治状況に帰する分,業績を相対的に甘く(高く)評価したことが見込まれる。

　第2次安倍内閣も,2013年参院選で自民・公明両党が大勝するまでは「ねじれ国会」と対峙することを強いられたため,「ねじれ」状況で迎えた2013年参院選時点での業績評価は,野田内閣業績評価と同様の傾向にあったと予想される。もっとも,第2次安倍内閣は野田内閣とは異なり,いわゆる「直近の民意」を味方につけていた。しかも「ねじれ国会」とはいえ,少なくとも国会に提出した法案に関しては,それほど苦心することなく成立に漕ぎ着けていたとされる(Thies and Yanai 2014)。このため,「ねじれ」状況に対する見解が2013年参院選時点の安倍内閣業績評価に及ぼした影響は,野田内閣業績評価に与えた影響に比べ,相対的に小さかったと考えられる。

　これに対し,同じ安倍内閣業績評価でも2014年衆院選時点での評価は,約1年半前に行われた2013年参院選で「ねじれ」が解消している以上,「ねじれ」状況に対する見解からは独立して下されていると考えられる。

　このように「ねじれ国会」の下では,「ねじれ」状況を問題視しないか問題視するかが,内閣の業績を評価する際に考慮に入れる要因の一つとなっていることが想定される。以上の議論を仮説として定式化すると次のようになる。

仮説1a：「ねじれ国会」を作り出した責を負うべき内閣の業績に対する評価は,「ねじれ」状況を問題視しない人に比べ問題視する人において相対的に低くなる。
仮説1b：「ねじれ国会」の下で政権運営に苦慮した内閣の業績に対する評価は,「ねじれ」状況を問題視しない人に比べ問題視する人において相対的に高くなる。
仮説1c：非「ねじれ国会」の下で政権運営に当たった内閣の業績に対する評価は,「ねじれ」状況を問題視しない人と問題視する人の間で差はない。

独立変数として分析に投入する変数「『ねじれ』状況に対する見解」が，鳩山内閣・菅内閣の業績評価を従属変数にとった分析で負の有意な影響を示した場合，仮説1aは支持される。また，野田内閣と2013年参院選時の第2次安倍内閣の業績評価を従属変数にとった分析で同変数が正の有意な影響を示した場合，仮説1bは支持される。そして，2014年衆院選時の安倍内閣業績評価を従属変数にとった分析で同変数の影響が統計的に有意でなかった場合，仮説1cは支持される。

　これらの仮説を支持する分析結果が得られれば，分析対象者は内閣業績評価を下す際に「ねじれ」という政治状況を勘案していたとの解釈を引き出すことができる[19]。

3.3　分析3：投票行動

　分析1・分析2を踏まえて，2012年・14年衆院選の小選挙区選挙，2013年参院選の選挙区選挙における投票行動の分析を行う。従属変数には，2012年衆院選の分析では民主党候補に投票したか，自民党候補に投票したか，みんなの党／日本維新の会候補に投票したかを[20]，2013年参院選の分析では自民党候補に投票したか，民主党／日本維新の会／みんなの党候補に投票したか，共産党候補に投票したかを，2014年衆院選の分析では自民党候補に投票したか，民主党／維新の党候補に投票したか，共産党候補に投票したかをとる[21]。このように従属変数が三つのカテゴリから

19　統制変数として，政権与党(民主党内閣の分析に関しては民主党・国民新党，安倍内閣の分析に関しては自民党・公明党)に対する感情温度，首相に対する感情温度(野田内閣・安倍内閣の分析のみ)，景気現状認識，景気向上感(安倍内閣の分析のみ)，暮らし向き満足度，暮らし向き向上感(安倍内閣の分析のみ)を投入する。

20　このように本章では，民主党・自民党・みんなの党／日本維新の会が候補者を立てた小選挙区を対象とした，民主党候補に投票したか，自民党候補に投票したか，みんなの党／日本維新の会候補に投票したかを従属変数にとった分析を行う。しかし，民主党と自民党が候補者を立てた小選挙区を対象とした，民主党候補に投票したか自民党候補に投票したかを従属変数にとったロジット分析を行っても，得られる結果は変わらない。

21　各党の公認候補だけでなく推薦を受けた候補者も含む。

の選択であるため，条件付ロジット分析の手法を適用して推定を行う。独立変数は，統制変数として，立候補者数（参院選のみ），候補者認知の有無，候補者感情温度，政党感情温度，選挙運動接触の有無，被投票依頼経験の有無を，選択肢固有変数の形で投入する。そして，選択主体固有変数として，衆院選の分析では，望ましい政権の枠組み（政権交代ダミー，その他ダミー）[22]，「ねじれ」状況に対する見解，内閣業績評価，およびこれら変数の交互作用項を，参院選の分析では，「ねじれ」状況に対する見解，内閣業績評価，および両変数の交互作用項を，それぞれとる。

　分析の結果は次のように予測される。「ねじれ国会」の下で政権運営に四苦八苦した末，野田内閣が捨て身の覚悟で打って出た2012年の解散総選挙における有権者の投票行動に内閣業績評価が及ぼす影響の大きさは，「ねじれ」状況に対する見解によって条件付けられたと考えられる。具体的には，「ねじれ」状況を問題視しない人に比べ問題視する人は，野田内閣が実績を上げることができなかった一因を「ねじれ」という政治状況に帰する分，業績評価を投票行動にあまり結びつけなかったと予測される。

　同じく「ねじれ」状況下で迎えた2013年参院選についても同様に，「ねじれ」状況を肯定的に捉える人に比べ否定的に捉える人の間では，安倍内閣業績評価と投票行動の関係が弱かったと想定される。もっとも，前項で述べたとおり，2012年衆院選で「直近の民意」を得たことで，安倍内閣は「ねじれ国会」の弊害にあまり悩まされなかったことから，「ねじれ」状況に対する見解が内閣業績評価と投票行動の関係を条件付ける効果は，2012年衆院選時に比べ相対的に弱かった可能性がある。

　これに対し，「ねじれ」が解消した中で行われた2014年衆院選におけ

22　「今回の衆議院選挙の後，どの政党が政権を担うのが望ましいとお考えですか。あてはまる政党をすべてお選びください」という質問への回答を用いて作成した。2012年に関しては，民主党を挙げて自民党・日本維新の会・みんなの党のいずれも挙げなかった場合を参照カテゴリとし，民主党を挙げなかった場合を「政権交代」，民主党に加えて自民党・日本維新の会・みんなの党の三つのうちいずれか一つ以上を挙げた場合を「その他」とした。2014年に関しては，自民党を挙げて民主党・維新の党のいずれも挙げなかった場合を参照カテゴリとし，自民党を挙げなかった場合を「政権交代」，自民党に加えて民主党・維新の党二つのうちいずれか一つ以上を挙げた場合を「その他」とした。

る投票行動に内閣業績評価が及ぼす影響の大きさは，当然，「ねじれ」状況に対する見解によって左右されるということはなかったはずである。

以上の議論を仮説として定式化すると次のようになる。

仮説2a：「ねじれ国会」の下で政権運営に苦慮した内閣の業績に対する評価が投票行動に及ぼす影響は，「ねじれ」状況を問題視しない人に比べ問題視する人において相対的に弱くなる。

仮説2b：非「ねじれ国会」の下で政権運営に当たった内閣の業績に対する評価が投票行動に及ぼす影響は，「ねじれ」状況を問題視しない人と問題視する人の間で差はない。

3回の国政選挙を対象とした投票行動の分析においてこれらの仮説を支持する結果が得られた場合，分析対象者は投票行動を決める際に「ねじれ」という政治状況を勘案していたと結論づけることができる。

4．分析結果

4．1　分析1の結果

「ねじれ」状況に対する人々の見解を従属変数にとった，OLSによる回帰分析の結果は表7-1のとおりである。決定係数の値が，2012年が0.158，13年が0.244，14年が0.187とそれ程大きくはなく，投入した独立変数群では従属変数の分散をあまりよく説明できていないものの，それでもいくつかの興味深い点を読み取ることができる。

第1に，「ねじれ」状況を問題だと考えるか考えないかは，日本の国会のあり方，すなわち一院制に移行すべきか二院制を維持すべきかに関する意見と結びついている。2012年・13年のいずれの分析においても，変数「二院制の是非」の従属変数に対する影響が負で統計的に有意であるということは，一院制が望ましいと考える人は「ねじれ」状況を問題視し，逆に二院制が望ましいと考える人は「ねじれ」状況を問題視しないという共変関係が成り立っていることを意味する。

第2に，民意を政治に反映させる制度装置としての選挙・国会をどのように評価するかも，「ねじれ」状況に対する見解と共変している。「選挙が

表7-1 分析1(OLS)結果

	2012年衆院選		2013年参院選		2014年衆院選	
	Coef.	Std. Err.	Coef.	Std. Err.	Coef.	Std. Err.
感情温度：自民党	1.588 ***	0.296	3.215 ***	0.239	2.838 ***	0.269
感情温度：公明党	0.820 **	0.317	0.937 **	0.281	0.519	0.331
感情温度：民主党	0.353	0.325	−1.134 ***	0.261	−1.037 **	0.350
感情温度：革新系野党	−2.598 ***	0.408	−1.644 ***	0.377	−2.173 ***	0.419
感情温度：保守系野党	0.998 **	0.335	0.383	0.287	0.982 **	0.316
保革自己定位	1.654 ***	0.429	1.021 **	0.373	2.255 ***	0.421
二院制の是非	−2.639 ***	0.250	−1.660 ***	0.219	——	
政治的洗練度	−0.511	0.319	−1.197 ***	0.276	−1.691 ***	0.314
多元的民意の反映志向	——		−1.426 **	0.515	0.389	0.486
選挙があるからこそ	−0.460	0.338	−0.720 †	0.383	−0.616 †	0.373
国会があるからこそ	0.860 *	0.365	——		1.284 **	0.389
衆議院があるからこそ	——		1.083 *	0.462	——	
参議院があるからこそ	——		0.250	0.378	——	
有効性感覚	−0.649 †	0.362	−0.523 *	0.263	−0.742 *	0.351
与党の議席数：ねじれ	−1.082 *	0.505	−2.757 ***	0.300	−1.648 **	0.584
与党の議席数：その他	−0.171	0.198	−0.634 ***	0.146	0.067	0.210
(定数項)	0.574 †	0.319	0.285	0.344	−1.948 ***	0.472
Number of obs	2531		4609		2988	
R^2	0.158		0.244		0.187	

† p<.10　* p<.05　** p<.01　*** p<.001

あるからこそ，国民の声が政治に反映されるようになる」という考え方に関しては，2013年参院選・14年衆院選の分析で，10％水準ではあるが有意な負の影響を示している。つまり，これに賛同する人ほど「ねじれ」状況を問題だとは考えない傾向があるということである。選挙の意義を認める以上，その結果として生じた「ねじれ」状況も，民意の表れとして受け入れる——こうした意識を読み取ることができるように思われる。逆に，変数「国会があるからこそ，国民の声が政治に反映される」(2012年・14年)，「衆議院があるからこそ，国民の声が政治に反映される」(2013年)の影響は，いずれも正で有意となっている。国会，とくに衆議院を通じて国民の声を政治に届けることを期待する人の目には，「ねじれ国会」はその障害になっていると映るのであろう。

第3に，各政党への感情温度と「ねじれ」状況に対する考え方との関係

は，政党の性格によって特徴づけられている。まず，自民党・公明党に対する好感度の高い人ほど，「ねじれ」状況に否定的であるという傾向が見られる。これは，自民・公明両党が政権復帰後にまたも「ねじれ」状況に悩まされることを，両党に好感を抱く有権者は問題視していたということを示唆する。また，日本維新の会・みんなの党といった保守系野党に対する好感度の高い人ほど「ねじれ」状況を問題視するという傾向もうかがえる。これに対し，同じ野党でも革新系野党（日本未来の党／生活の党・共産党・社民党）に対する感情温度の係数の符号はマイナスである。小政党にとっては存在感を発揮しやすい「ねじれ国会」の方が望ましいことから，これら三つの革新系の小政党に関しては，感情温度の高い人ほど「ねじれ」状況を肯定的に受け止めるという分析結果が得られたものと考えられる。

そして第4に，これが本論にとって最も重要な点であるが，2012年衆院選の分析において，民主党感情温度の従属変数に対する影響は統計的に有意ではない。仮にこの分析1で，民主党に対する好感度の高い人ほど「ねじれ」状況を問題視するという正の有意な関係が確認されたとしよう。その場合，後に行う業績評価投票の分析で，「ねじれ国会」はよくないと考える人は内閣業績評価を投票行動に結びつけないという理論的想定に合致する傾向が見られたとしても，それをもって，「ねじれ」という政治状況を考慮に入れた意思決定が行われたと結論づけることはできない。単に民主党に好感を持つ人が民主党政権の数多の失策には目を瞑って投票したことをその結果は意味するに過ぎないという可能性も否定できないからである。しかしながらこの分析1において，民主党感情温度と「ねじれ」状況に対する認識との間に有意な関連性が認められなかったことで，内閣業績評価と投票行動の関係を条件付ける要因の存在が分析3で確認された場合，それは，民主党への好感ではなく，「ねじれ」という政治状況を問題視する意識であると言えるのである。

分析1は「探索的」に行ったものであったが，その結果に関する以上のような解釈はいずれも，現実に照らして首肯できるものであると考える。

4．2　分析2の結果

3代の民主党内閣および2013年参院選・14年衆院選時の第2次安倍内

閣の業績に対する評価を従属変数にとったOLSによる回帰分析[23]の結果をまとめたのが表7-2である。独立変数はいずれも最小値0，最大値1となるようにリスケールした上で分析に投入している。つまり表中に示した各独立変数の係数は，他の変数の影響を統制した状況における，当該独立変数の値が最大の場合と最小の場合の従属変数の平均的な差を表す。このため，係数の値から，各独立変数が従属変数に及ぼす相対的な影響の大きさを読み取ることができる。

まずは，個別の政策に関する評価の効果から見ていくことにしよう。従属変数に対して統計的に有意な正の影響を及ぼしている項目を係数が大きい順に挙げると，鳩山内閣については沖縄米軍基地問題（係数＝0.522），道路政策（0.338），温室効果ガス削減（0.258）[24]。菅内閣については原発事故対応（0.684），行政改革（0.424），日米同盟（0.306），経済政策（0.273，$p < .10$），沖縄米軍基地問題（0.234），温室効果ガス削減（0.229）。野田内閣については税制改革（0.410），尖閣諸島問題（0.323），行政改革（0.273），道路政策（0.254），日米同盟（0.250，$p < .10$），脱原発依存（0.245）となる。

また，2013年参院選時の安倍内閣については経済政策（0.848），TPP交渉（0.335），沖縄米軍基地問題（0.218），原発事故対応（0.211），税制改革（0.195），地域活性化・公共事業（0.157，$p < .10$）。2014年衆院選時の安倍内閣については経済政策（1.028），消費税増税（0.364），集団的自衛権の行使容認（0.268）。こうした個別の政策に関する評価の総合的な業績評価に対する影響がそれぞれ正で有意となっている。

各内閣業績評価に相対的に最も大きな影響を及ぼしている項目が，普天間飛行場の移設先をめぐる「最低でも県外」という発言に端を発する迷走の末に政権を投げ出した鳩山首相（内閣）に関しては「沖縄米軍基地問題」，東電福島第一原発における未曾有の過酷事故への対処にあたり一国の首相

23　厳密には順序付ロジット分析を行う方が望ましいが，解釈を容易にするためOLSによる回帰分析を採用した。なお，順序付ロジット分析も併せて行ってみたが，本旨に大きな変更を生じさせる結果とはならなかった。

24　「税制改革」に関する評価の低い人ほど鳩山内閣の業績全般を高く評価するという，一見奇異に思われる負の関係が見られるが，その理由は率直に言ってよくわからない。

表7-2　分析2（OLS）結果

	鳩山由紀夫内閣		菅直人内閣		野田佳彦内閣	
	Coef.	Std. Err.	Coef.	Std. Err.	Coef.	Std. Err.
沖縄米軍基地問題	0.522 ***	0.118	0.234 *	0.117	−0.127	0.118
尖閣諸島問題	0.058	0.097	0.105	0.118	0.323 *	0.126
経済政策	0.116	0.139	0.273 †	0.155	0.068	0.137
税制改革	−0.189 *	0.093	−0.045	0.104	0.410 ***	0.105
震災復興	0.028	0.106	−0.112	0.120	0.113	0.112
原発事故対応	0.109	0.118	0.684 ***	0.148	0.163	0.127
脱原発依存	−0.066	0.104	−0.050	0.125	0.245 *	0.123
行政改革	0.194	0.119	0.424 **	0.141	0.273 *	0.135
子ども手当	0.088	0.075	0.035	0.077	0.068	0.077
道路政策	0.338 **	0.113	0.106	0.120	0.254 *	0.121
温室効果ガス削減	0.258 *	0.106	0.229 *	0.116	−0.045	0.117
日米同盟	0.100	0.115	0.306 *	0.130	0.250 †	0.137
感情温度（民主党）	0.363 ***	0.088	1.032 ***	0.101	0.365 ***	0.107
感情温度（国民新党）	0.682 ***	0.089	0.484 ***	0.091	−0.021	0.079
感情温度（首相）	―――		―――		1.992 ***	0.101
景気現状認識	0.159	0.100	0.163	0.110	−0.007	0.108
暮らし向き満足度	−0.109 †	0.064	−0.052	0.074	−0.046	0.065
ねじれ状況に対する見解	−0.218 **	0.083	−0.102	0.097	0.277 **	0.087
（定数項）	1.129 ***	0.055	1.062 ***	0.061	1.063 ***	0.053
Number of obs	2531		2531		2531	
R^2	0.263		0.426		0.628	

† $p<.10$　* $p<.05$　** $p<.01$　*** $p<.001$

としての資質を著しく欠くことを改めて露呈した菅首相（内閣）に関しては「原発事故対応」，政権与党の分裂という事態を引き起こしながら任期中は消費税増税を行わないという国民との約束を自らの信念に従って反故にした野田首相（内閣）に関しては「税制改革」，いわゆる「アベノミクス」を前面に掲げて再登板後の政権運営に慎重にあたっている安倍首相（内閣）に関しては「経済政策」であるというこの分析結果は，当時の政治の動向と考え合わせてみると，容易に納得がいく。

また，2013年参院選・14年衆院選時に，1年前に比べて景気が良くなったと感じていた回答者，暮らし向きに満足していた回答者ほど安倍内閣の業績を高く評価するという，経済投票の有意な傾向が見られることも，「アベノミクス」との関連で極めて興味深い。このような分析結果が

表7-2　分析2（OLS）結果（つづき）

	第2次安倍晋三内閣 （2013年参院選）		第2次安倍晋三内閣 （2014年衆院選）	
	Coef.	Std. Err.	Coef.	Std. Err.
沖縄米軍基地問題	0.218 **	0.075	――	
尖閣諸島問題	0.065	0.068	――	
経済政策	0.848 ***	0.080	――	
税制改革	0.195 **	0.073	――	
震災復興	0.050	0.085	――	
原発事故対応	0.211 *	0.095	――	
脱原発依存	0.043	0.080	――	
地域活性化・公共事業	0.157 †	0.092	――	
規制緩和	0.027	0.067	――	
TPP交渉	0.335 ***	0.069	――	
経済政策	――		1.028 ***	0.085
集団的自衛権の行使容認	――		0.268 ***	0.078
原発再稼働	――		0.131	0.088
消費税増税	――		0.364 ***	0.078
感情温度（自民党）	0.375 ***	0.076	0.489 ***	0.089
感情温度（公明党）	0.093 †	0.051	0.034	0.055
感情温度（首相）	1.598 ***	0.077	1.689 ***	0.093
景気現状認識	0.108	0.073	0.007	0.082
景気向上感	0.243 **	0.077	0.309 ***	0.092
暮らし向き満足度	0.123 **	0.043	0.179 **	0.069
暮らし向き向上感	−0.032	0.073	−0.035	0.080
ねじれ状況に対する見解	0.115 †	0.069	0.068	0.065
（定数項）	0.796 ***	0.039	0.861 ***	0.043
Number of obs	4609		2988	
R^2	0.727		0.752	

† $p<.10$　* $p<.05$　** $p<.01$　*** $p<.001$

得られたことから，本分析の対象者に関しては，3代の民主党内閣・第2次安倍内閣の業績を，それぞれ特有の政策的観点から評価していたと言えるだろう。

　次に，本章で焦点を当てる，「ねじれ」状況に対する見解の効果を確認しよう。

　鳩山内閣業績評価に関しては，予想されたとおり，変数「『ねじれ』状況に対する見解」の有意な負の効果が認められる。すなわち，他の変数の影響を統制してもなお，「ねじれ」状況を否定的に捉える人ほど鳩山内閣

の業績を低く評価する傾向があったということである。2010年参院選で民主党を敗北させ,「ねじれ国会」を作り出した一因は,鳩山内閣のあまりに稚拙な政権運営に求められる。このため,「ねじれ」状況を問題視する人は,そのような政治状況を生じさせた責任を問うて,鳩山内閣の業績を相対的に低く評価した,と考えられるのである。

　菅内閣業績評価に関しては,想定どおり変数「『ねじれ』状況に対する見解」の係数の符号がマイナスとなっているものの,その効果は統計的に有意ではない。「ねじれ」状況を問題だと考える人が,菅首相が選挙前に消費税増税を唐突に持ち出したことが2010年参院選における民主党敗北の大きな要因となったとして,「ねじれ国会」を生み出した責任を問う形で菅内閣の業績を相対的に厳しめに評価したというわけでもなければ,「ねじれ」という難しい政治状況下での政権運営であったことを考慮して,菅内閣の業績を相対的に甘めに評価したというわけでもなかった。「ねじれ」状況に対する見解如何にかかわらず,分析対象者の大多数が,原発事故への対応をはじめとした菅内閣の仕事ぶりを否定的に評価したのである。

　野田内閣業績評価に関しては,予想されたとおり,変数「『ねじれ』状況に対する見解」の有意な正の効果が確認された。「ねじれ」状況を肯定的に受け止める人に比べ否定的に捉える人は,野田内閣が乏しい実績しか上げられなかった一因を「ねじれ国会」という政治状況に帰する分,業績を相対的に甘く評価する傾向があったということを,この分析結果は示唆しているのである。

　一方,政権奪還後も「ねじれ国会」の下での政権運営を強いられた,2013年参院選時の第2次安倍内閣業績評価に関しても,「ねじれ」状況を否定的に捉える人ほど高めの評価を与える傾向があったことが確認された。ただし,変数「『ねじれ』状況に対する見解」の影響の大きさは,野田内閣業績評価に対する影響の半分以下であった。第2次安倍内閣は,野田内閣とは異なり,いわゆる「直近の民意」を味方につけており,「ねじれ国会」の弊害を受けにくかったことから,「ねじれ」状況に対する見解が内閣業績評価に及ぼす影響が相対的に小さくなったと考えられる。

　最後に,2014年衆院選時の第2次安倍内閣業績評価に関しては,変数「『ねじれ』状況に対する見解」の有意な影響は認められなかった。約1年

半前に行われた参院選で「ねじれ」が解消している以上，これは至極当然の結果と言える。

このように，分析2の結果は仮説1a・1b・1cを概ね支持するものであると言える。「ねじれ」状況を問題視しない人に比べ問題視する人は，「ねじれ」という悪い政治状況を作り出した責任を負う内閣の業績は相対的に厳しく評価し，逆に「ねじれ」状況下での政権運営において辛酸を嘗めた内閣の業績は相対的に甘く評価する傾向がある。他方，非「ねじれ」状況下で政権運営を担当した内閣の業績に対する評価は，当然のことながら，「ねじれ」状況に対する見解如何によって左右されることはない。つまり，「ねじれ」状況下では，有権者がその状況を肯定的に受け止めるか否定的に受け止めるかによって，内閣業績評価は変わり得るのである。

4.3 分析3の結果

2012年・14年衆院選の小選挙区選挙，2013年参院選の選挙区選挙における投票行動の分析結果は表7-3のとおりである。ただ，多数の交互作用項を独立変数として投入しているため，この表を見ただけでは結果を理解することができない。以下，適宜図示しながら，分析結果の解釈を進めていく。

「ねじれ」状況下で迎えた2012年衆院選に関しては，政権交代を望む人の間で内閣業績評価が投票行動に及ぼす影響の大きさが，「ねじれ」状況に対する見解によって条件付けられるのではないかと予測した。分析結果はこの予測を支持するものであった。すなわち，民主党候補に投票するか自民党候補に投票するかの選択に対する野田内閣業績評価の影響は，「ねじれ」状況を肯定的に捉える分析対象者の間でのみ有意となったのである[25]。

図7-2aは，横軸に「ねじれ」状況に対する見解（左に行くほど肯定的，右に行くほど否定的），縦軸に内閣業績評価の係数の大きさをとったグラフで，実線が政権交代を望む分析対象者の間での民主党候補に投票するか

---

[25] 民主党候補に投票するか日本維新の会／みんなの党候補に投票するかの選択に対する内閣業績評価の影響は，「ねじれ」状況に対する見解にかかわらず，統計的に有意ではなかった。

表7-3　分析3（条件付ロジット分析）結果

2012年衆院選	選択肢固有変数		自民		維新／みんな	
	Coef.	Std. Err.	Coef.	Std. Err.	Coef.	Std. Err.
候補者認知	−0.635 *	0.255				
候補者感情温度	4.303 ***	0.445				
政党感情温度	3.705 ***	0.322				
選挙運動接触	0.595 **	0.191				
被投票依頼経験	0.537 †	0.305				
感情温度：公明党			0.259	0.522	−1.043 *	0.518
ねじれ状況に対する見解			−4.835	3.342	−1.174	5.716
望ましい政権：政権交代			−1.791	2.606	1.322	3.043
望ましい政権：その他			−3.669	3.606	−0.428	3.636
野田内閣業績評価			−6.175	4.461	0.152	3.824
政権交代×業績評価			3.534	4.660	−1.486	4.059
政権交代×ねじれ見解			5.866 †	3.480	1.151	5.869
業績評価×ねじれ見解			11.582 *	5.521	3.096	7.353
政権交代×業績評価×ねじれ			−8.658	5.977	−2.001	7.769
その他×業績評価			6.201	5.682	2.948	4.834
その他×ねじれ見解			6.493	5.412	3.912	7.056
その他×業績評価×ねじれ			−12.154	8.178	−9.635	9.388
（定数項）			1.863	2.562	−0.507	2.944
Number of obs			1127			
Wald x^2 (31)			480.64			
Pseudo R^2			0.494			

† p<.10　* p<.05　** p<.01　*** p<.001

自民党候補に投票するかの選択における内閣業績評価の係数を，破線がその90％信頼区間を示している。

　このグラフを見ると，「ねじれ」状況を肯定的に捉える人の間では内閣業績評価の係数が負で大きい，つまり内閣業績評価が高いほど参照カテゴリである民主党候補への投票を選択する傾向がある。しかし，「ねじれ」状況に対する見方が厳しくなるにつれて係数が小さくなる。そして，「ねじれ」状況に対する見解が中間のあたりで90％信頼区間がゼロの線を跨ぐ，すなわち内閣業績評価の影響が有意でなくなる，ということが読み取れる。より具体的に言えば，政権交代を望み「ねじれ」状況を比較的問題視しない分析対象者のうち，約三分の二の人々の間では，野田内閣業績

表7-3　分析3（条件付ロジット分析）結果（つづき）

2013年参院選	選択肢固有変数		民主／維新／みんな		共産	
	Coef.	Std. Err.	Coef.	Std. Err.	Coef.	Std. Err.
選挙区候補者数	0.169 *	0.081				
候補者認知	−0.173	0.187				
候補者感情温度	3.158 ***	0.340				
政党感情温度	3.940 ***	0.217				
選挙運動接触	0.315 *	0.133				
被投票依頼経験	0.230	0.220				
感情温度：公明党			−1.403 ***	0.334	−1.572 **	0.486
ねじれ状況に対する見解			−2.214 *	0.964	−2.181 *	1.021
安倍内閣業績評価			−1.008	0.737	−1.397 †	0.816
業績評価×ねじれ見解			1.889	1.263	1.078	1.521
（定数項）			2.160 ***	0.503	2.258 ***	0.498
Number of obs			2639			
Wald x^2 (16)			651.52			
Pseudo R^2			0.525			

2014年衆院選	選択肢固有変数		民主／維新		共産	
	Coef.	Std. Err.	Coef.	Std. Err.	Coef.	Std. Err.
候補者認知の有無	−0.477 *	0.226				
候補者感情温度	3.926 ***	0.396				
政党感情温度	3.273 ***	0.243				
選挙運動接触	0.391 †	0.201				
被投票依頼経験	0.264	0.250				
感情温度：公明党			−1.389 ***	0.384	−0.838 †	0.501
ねじれ状況に対する見解			−4.107 *	1.609	−2.942	2.145
望ましい政権：政権交代			0.108	0.912	0.625	1.329
望ましい政権：その他			−1.636	1.517	1.456	2.062
安倍内閣業績評価			−0.961	1.044	−0.317	1.647
政権交代×業績評価			0.046	1.591	−0.199	2.105
政権交代×ねじれ見解			1.736	2.016	1.819	2.513
業績評価×ねじれ見解			2.030	2.246	1.340	2.977
政権交代×業績評価×ねじれ			−1.487	3.322	−1.787	4.323
その他×業績評価			2.085	2.278	−1.683	2.869
その他×ねじれ見解			5.899 †	3.233	−1.443	5.817
その他×業績評価×ねじれ			−6.209	4.332	2.022	7.224
（定数項）			2.712 ***	0.737	0.927	1.202
Number of obs			1926			
Wald x^2 (31)			808.92			
Pseudo R^2			0.555			

† p<.10　* p<.05　** p<.01　*** p<.001

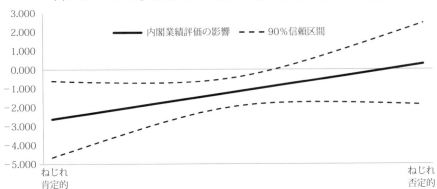

図7-2a 「ねじれ」状況に対する見解の条件付け効果（2012年衆院選）

　評価が民主党候補と自民党候補のいずれに投票するかを有意に左右する。これに対し，「ねじれ」状況は問題だと考える約三分の一の人々の間では，内閣業績評価は投票行動に有意な影響を及ぼしていない，ということである。

　表7-4にまとめた，この分析に基づいて行ったシミュレーションの結果を紹介しよう[26]。ある特定の条件[27]の下で，「ねじれ」状況に対する見解が分析対象者の平均マイナス1標準偏差の値をとる（「ねじれ」状況に比較的肯定的な），政権交代を望む有権者を想定する。この人の内閣業績評価が分析対象者の平均プラス1標準偏差であった場合，民主党候補に投票する確率が23.58％，自民党候補に投票する確率が34.60％，日本維新の会／みんなの党の候補者に投票する確率が41.82％と予測された。これが，内閣業績評価が分析対象者の平均マイナス1標準偏差であった場合には，各肢の予測選択確率は，民主党候補が11.37％，自民党候補が50.52％，日本維新の会／みんなの党候補が38.11％となる。つまり，「ねじれ」状況をあまり問題視しない人の間では，内閣業績評価が平均値の周辺で2標準

26　シミュレーションはStata12のprvalueコマンドを用いて行った。
27　選挙運動接触の有無，被投票依頼経験の有無にはいずれの選択肢についても「0」（経験なし）を，候補者認知の有無にはいずれの選択肢についても「1」（知っている）を，候補者感情温度には候補者を知っている分析対象者の間での平均値を，残りの各変数には分析対象者の平均値を，それぞれ代入した。

表7-4 内閣業績評価の影響に関するシミュレーション結果（単位：％）

	ねじれ：肯定的 （平均マイナス1標準偏差）			ねじれ：否定的 （平均プラス1標準偏差）		
	業績評価 平均 プラス 1標準偏差	業績評価 平均 マイナス 1標準偏差	差	業績評価 平均 プラス 1標準偏差	業績評価 平均 マイナス 1標準偏差	差
2012年衆院選						
民主	23.58	11.37	−12.21	11.56	8.56	−3.00
自民	34.60	50.52	15.92	60.57	62.30	1.73
維新／みんな	41.82	38.11	−3.71	27.87	29.13	1.27
2013年参院選						
自民	34.24	25.00	−9.25	41.19	43.73	2.53
民主／維新／みんな	55.51	59.12	3.61	51.86	45.02	−6.85
共産	10.25	15.89	5.64	6.95	11.26	4.31

偏差分低下すると，民主党候補に投票する確率が12.21ポイント低下する一方で，自民党候補に投票する確率が15.92ポイント上昇すると予測されたのである。他方，「ねじれ」状況に対する見解が分析対象者の平均プラス1標準偏差の値をとる（「ねじれ」状況に比較的否定的な），政権交代を望む有権者を想定したシミュレーションの結果は次のようになった。この人の内閣業績評価が分析対象者の平均プラス1標準偏差であった場合の，各政党の候補者への予測投票確率は，民主党候補が11.56％，自民党候補が60.57％，日本維新の会／みんなの党候補が27.87％であった。これに対し，内閣業績評価が平均マイナス1標準偏差であった場合は，順に8.56％，62.30％，29.13％となった。つまり，「ねじれ」状況を問題視する人の間では，内閣業績評価が平均値の周辺で2標準偏差分低下しても，投票行動はあまり変わらないと予測されたのである。

このように，2012年衆院選に関しては，内閣業績評価が投票行動に及ぼす影響を「ねじれ」状況に対する見解が条件付けるという，予測どおりの結果が得られた。同じく「ねじれ」状況下で迎えた2013年参院選に関しても，同様に，自民党候補に投票するか共産党候補に投票するかの選択において，「ねじれ」状況を肯定的に捉える人の間でのみ内閣業績評価の

有意な影響が確認された[28]。

　図7-2bは，自民党候補に投票するか共産党候補に投票するかの選択における内閣業績評価の係数を，「ねじれ」状況に対する見解を横軸にとってグラフ化したものである。この図にも先の図7-2aと同様の傾向が現れている。「ねじれ国会」を肯定的に捉えている分析対象者の間では，90％信頼区間の上限がゼロを下回っており，内閣業績評価の影響が負で有意となっている。しかしながら，否定的に捉えている分析対象者の間では，信頼区間がゼロを跨いでおり，内閣業績評価が有意な影響を及ぼしていないのである。もっとも，係数を表す実線の傾きは図7-2aに比べ緩く，「ねじれ」状況に対する見解による効果の差はそれほど大きくはない。野田内閣が直面した「ねじれ国会」に比べ第2次安倍内閣が直面した「ねじれ国会」の方が政権運営に与える負の効果が小さかったことを反映しているものと推察される。

　シミュレーション[29]の結果（表7-4参照）によれば，「ねじれ」状況に対す

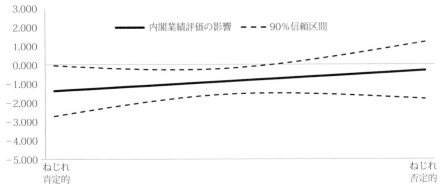

図7-2b　「ねじれ」状況に対する見解の条件付け効果（2013年参院選）

28　自民党候補に投票するか民主党／日本維新の会／みんなの党候補に投票するかの選択に対する内閣業績評価の影響は，「ねじれ」状況に肯定的か否定的かにかかわらず，統計的に有意ではなかった（自民党候補に投票したか，民主党候補に投票したか，共産党候補に投票したかを従属変数にとった分析も行ってみたが，この結果は変わらなかった）。

29　選挙区候補者数に，自民党＝1，民主党／日本維新の会／みんなの党＝3，共産党＝1を代入した他は，脚注27と同じ条件を想定した。

る見解が分析対象者の平均マイナス 1 標準偏差の値をとる,「ねじれ」状況に比較的肯定的な人に関しては,内閣業績評価が平均プラス 1 標準偏差の場合に比べ平均マイナス 1 標準偏差の場合に,自民党候補に投票する確率が34.24％から25.00％へと9.25ポイント低下する一方で,民主党／日本維新の会／みんなの党の候補者に投票する確率が59.12％へと3.61ポイント上昇し,共産党候補に投票する確率が15.89％へと5.64ポイント上昇すると予測された。これに対し,「ねじれ」状況に対する見解が分析対象者の平均プラス 1 標準偏差の値をとる,「ねじれ」状況を問題視する人に関しては,内閣業績評価が平均プラス 1 標準偏差の場合と平均マイナス 1 標準偏差の場合の自民党候補への予測投票確率はそれぞれ41.19％と43.73％であった。内閣業績評価が平均値の周辺で 2 標準偏差分低下したとしても,通常想定されるのとは逆方向の小さな変化が生じるに過ぎないと予測されたのである。

　つまり,「直近の民意」を背にした安倍内閣の政権運営に大きな支障を来すことはなかったものの,衆参両院の議席配分上は「ねじれ」状況にあった2013年参院選において,「ねじれ」状況を問題視しない,分析対象者の約三分の二を占める人々に関しては,内閣の業績を高く評価すれば与党・自民党候補に投票し,低く評価すれば共産党候補に投票するという傾向があった。これに対し,「ねじれ」状況を問題視する,分析対象者の約三分の一程度の人に関しては,内閣業績評価を投票行動に反映させていなかったのである。

　最後に,「ねじれ」が解消した中で迎えた2014年衆院選に関しては,政権交代を望まない人の間でも望む人の間でも,「ねじれ」状況に対する見解如何にかかわらず,内閣業績評価は投票行動に有意な影響を与えていなかった[30]。「ねじれ」状況に対する見解が内閣業績評価と投票行動の関係を条件付けなかったという点では,予測されたとおりの結果と言える。

　以上の分析結果は,仮説 2 を支持するものと結論づけることができる。「ねじれ」状況下で迎えた選挙において,「ねじれ」という状況を問題視しない人は,政権が実績を上げられなかった責任を全て現政権に帰するた

---

[30] 自民党候補に投票したか,民主党候補に投票したか,共産党候補に投票したかを従属変数にとった分析も行ってみたが,結果は同様であった。

め，非「ねじれ」状況下にあるのと同じように業績評価投票を行う。これに対し，「ねじれ」という状況を問題視する人は，政権が実績を上げられなかった責任は現政権だけでなく「ねじれ国会」にもあると考えるため，業績評価を野党候補への投票には結びつけない。「ねじれ」状況下における業績評価投票は，「ねじれ」状況を問題視しないか問題視するかという有権者の意識によって条件付けられるのである。

5．小括

本章では，「『ねじれ国会』が生じた場合，それは次の衆院選や参院選にいかなる影響を及ぼすのか」というリサーチ・クェスチョンについて検討した。「ねじれ」状況下では，政策の帰結に関する責任が現政権にあるのか，「ねじれ国会」を梃子に政策形成過程に対して影響力を行使しようとする野党にあるのか，定かではなくなる。この場合，「ねじれ国会」を肯定的に捉えるか否定的に捉えるかによって，有権者の行動は変わってくる。「ねじれ」状況を問題視しない人は，非「ねじれ」状況下にある場合と同様に，政策の責任を現政権に一義的に求め，次の国政選挙で業績評価投票を行うと考えられる。他方，「ねじれ」状況を問題視する人は，政策の責任を現政権だけでなく「ねじれ」による弊害を生んだアクターにも帰属させる。このため，内閣の業績を割り引いて評価するとともに，業績評価を投票行動にあまり結びつけないと予想される。つまり，政策の責任の所在がはっきりしない「ねじれ」状況下で迎える国政選挙では，「ねじれ」を肯定的に捉える人に比べ否定的に捉える人の間では，内閣業績評価が相対的に高くなる，業績評価の投票行動に対する影響が相対的に弱くなるという傾向が生じることが理論的に想定されるのである。

この理論的想定の妥当性について，「ねじれ」状態で迎えた2012年衆院選・13年参院選，非「ねじれ」状態で迎えた2014年衆院選時にそれぞれ行われたWEBパネル調査のデータを用いて行った検証の結果は，次の4点にまとめられる。

(1) まず，本章の分析の鍵変数である「『ねじれ』状況に対する見解」と共変する意識を探ることを目的とした分析を行った。そ

の結果，保守的な人，二院制を維持するよりも一院制に移行すべきであると考える人，政治的洗練度の低い人，「選挙があるからこそ，国民の声が政治に反映されるようになる」との考え方に反対の人，「国会(衆議院)があるからこそ，国民の声が政治に反映されるようになる」との考え方に賛成の人，政治的有効性感覚が低い人ほど，「ねじれ国会」は問題であると考える傾向があることが判明した。各政党に対する感情温度との関係では，自民・公明両党，保守系野党(日本維新の会／維新の党・みんなの党)に対する感情温度の高い人ほど「ねじれ国会」を問題視し，野党・民主党や革新系野党(日本未来の党／生活の党・共産党・社民党)に対する感情温度の高い人ほど「ねじれ国会」を問題視しないという傾向があった。

(2) 3代の民主党内閣，および2013年参院選・14年衆院選時の第2次安倍内閣の業績に対する総合評価を従属変数にとった分析の独立変数として，個別の政策に対する評価を投入することで，両者の関係について検討した。その結果，本分析の対象者に関しては，鳩山内閣の業績は沖縄米軍基地問題，菅内閣の業績は原発事故対応，野田内閣の業績は税制改革，2013年参院選・14年衆院選時の第2次安倍内閣の業績は経済政策をはじめとする様々な政策の観点から，それぞれ評価していたことが明らかとなった。当時の政治の動向に合致する分析結果が得られたことは示唆に富む。

(3) 同じ分析で独立変数にとった「『ねじれ』状況に対する見解」の効果に関して，興味深い結果が得られた。まず，「ねじれ」状況を問題視する人ほど鳩山内閣の業績を低く評価する傾向があることが確認された。鳩山首相(内閣)は民主党政権への期待を一気に萎ませ，2010年参院選における民主党敗北とその後の「ねじれ国会」をもたらした張本人であることから，「ねじれ」状況を問題だと考える人は，そのような政治状況を作り出した責任を問う形で，鳩山内閣の業績を相対的に低く評価したものと考えられる。

他方で，「ねじれ」状況を問題視する人ほど野田内閣，2013

年参院選時の第2次安倍内閣の業績を高く評価する傾向があることも明らかになった。「ねじれ」状況を問題だと考える人は，「ねじれ国会」と対峙した野田内閣・第2次安倍内閣下での政策アウトプットに関する責任の一端を「ねじれ」という政治状況に求める分，業績を相対的に甘く評価した，という解釈を引き出すことができる。もっとも，「ねじれ」状況下での政権運営において辛酸を嘗めた野田内閣の業績評価と「ねじれ」状況に対する見解との関係に比べ，2012年衆院選での自民・公明両党の大勝によって「直近の民意」を味方につけていた第2次安倍内閣の業績評価と「ねじれ」状況に対する見解との関係は，相対的に弱かった。

　最後に，菅内閣業績評価，2014年衆院選時の第2次安倍内閣業績評価と変数「『ねじれ』状況に対する見解」の間には，有意な関連性は認められなかった。後者は，非「ねじれ」状況下で迎えた選挙時点での業績評価である以上，当然の結果と言える。前者は，「ねじれ」状況を問題視するか否かにかかわらず，大多数の人が，首相としての器量を持ち合わせていない人間が率いる内閣の仕事ぶりを否定的に評価した結果と考えられる。

　このように，「ねじれ」状況を問題視しないか問題視するかによって，「ねじれ」状況を作り出した責任を負う内閣の業績評価や，「ねじれ」状況下での政権運営に苦慮した内閣の業績評価に，差が生じ得るということが判明した。

(4) 2012年・14年の衆院選，2013年の参院選における投票行動を従属変数にとり，統制変数群に加えて「『ねじれ』状況に対する見解」，内閣業績評価，および「『ねじれ』状況に対する見解」と業績評価の交互作用項を独立変数として投入する分析を行った。非「ねじれ」状況下で迎えた2014年衆院選では，少なくとも本章の分析の対象者に関しては，「ねじれ」状況を肯定的に捉えるか否定的に捉えるかにかかわらず，内閣業績評価を投票行動に反映させていなかった。

　これに対し，「ねじれ」状況下で迎えた2012年衆院選では，政権交代を望む人の民主党候補に投票するか自民党候補に投票

するかの選択に対する内閣業績評価の影響が，2013年参院選では，自民党候補に投票するか共産党候補に投票するかの選択に対する内閣業績評価の影響が，それぞれ「ねじれ」状況に対する見解によって条件付けられていたことが判明した。すなわち，「ねじれ」を比較的問題視しない人の間では，実績を高く評価すれば与党の候補者に投票し，低く評価すれば野党候補に投票するという，業績評価投票の有意な傾向が確認されたのに対し，「ねじれ」を問題視する人の間では，業績評価の投票行動に対する有意な影響は認められなかった。

　以上の分析結果から引き出される，「『ねじれ国会』が生じた場合，それは次の衆院選や参院選にいかなる影響を及ぼすのか」という問いに対する本章の答えは，次のようなものである。「ねじれ」状況下では，その状況を問題視する有権者の業績評価のあり方や業績評価投票のあり方が，非「ねじれ」状況下とは異なってくる。衆参「ねじれ」の状態を否定的に捉える有権者は，政策の帰結に関する責任を現政権のみならず「ねじれ」という政治状況にも求めるため，政権が直面する「ねじれ」という状況を割り引いて業績を甘めに評価するとともに，その業績評価を投票行動に反映させないようにする傾向がある。欧米の先行研究で確認されているのと同様に，我が国の「ねじれ」状況下でも，政策に関する責任の所在が不明確になることが，業績評価のあり方や業績評価投票のあり方に影響を及ぼしていたのである。

第8章
結論:「中間選挙」としての参院選の意義

1. 要約

　ともに直接公選された議員が構成する衆議院と参議院から成る二院制が採用されている我が国では，2種類の国政選挙が行われる。政権選択選挙としての意味を持つ衆議院議員総選挙と，そうした意味を持たない参議院議員通常選挙である。このうち，中間選挙として行われることがほとんどであった参院選の結果を，衆院選の結果との比較の視点を交えながら観察すると，次のような点が見えてくる。参院選では一般に，直近の衆院選に比べ時の政権与党の得票率が伸び悩むという傾向があること，与党の議席数が参議院の過半数を下回る衆参「ねじれ」の状況に陥るのは，こうした一般的傾向が非常に強く出て与党が大敗を喫した場合と位置づけられることである。ここから，二つのリサーチ・クェスチョンが浮かび上がる。

　一つは，一般になぜ衆院選に比べ参院選では与党の得票率が伸び悩む傾向にあるのか，というリサーチ・クェスチョンである。この問いを解明するにあたり鍵を握ると考えたのが，衆議院と参議院の役割の違いに起因する衆院選と参院選の性格の相違である。衆議院は内閣の存立基盤としての役割を担う。このため，衆院選は政権選択の意味合いを持つ。これに対し参議院は，制度上内閣の存立と直接的な関係を持たず，民意を多元的に反映させることにその存在意義があるとされる。このため，参院選は政権選択の意味合いを持たず，むしろその存在意義に適った選挙となることが期待されている。このように，議院内閣制・二院制の下で衆議院と参議院が

担う役割は異なるため，衆院選と参院選が持つ性格も異なる。そのことが，衆参両院選挙における有権者の投票行動に質的な差異を生み，ひいては，直近の衆院選に比べ参院選では政権与党の得票率が相対的に低くなるというサイクルを生じさせている可能性が想定される。

そこで本研究では，政権選択選挙としての衆院選，非政権選択選挙・中間選挙としての参院選という，衆参両院選挙の性格の相違を切り口に，有権者の投票行動に関してそれぞれの選挙に特有の特徴をあぶり出すことを通じて，一般になぜ衆院選に比べ参院選では与党の得票率が伸び悩む傾向にあるのかというリサーチ・クェスチョンへの回答を提示することを目指した。

もう一つのリサーチ・クェスチョンは，参院選で与党の得票率が伸び悩むという一般的な傾向が顕著に出過ぎて与党が敗北を喫した結果「ねじれ国会」が生じた場合，それは次の国政選挙における有権者の行動にいかなる影響を及ぼすのかというものである。こちらの問いの解明に取り組む際に着目したのは，衆参「ねじれ」の状況に対する有権者の見解である。有権者の中には，「ねじれ」状況に肯定的な人もいれば否定的な人もいる。そうした「ねじれ」状況に対する見解次第で，現政権の実績に対する評価のあり方や，その評価の投票行動への反映のさせ方が変わってくることが想定される。より具体的に言えば，「ねじれ」状況を問題視しない人は，「ねじれ」状況下でも非「ねじれ」状況下にあるのと同様に内閣の業績を評価し，その業績評価を投票行動に結びつける。これに対し，「ねじれ」状況を問題視する人は，政策の責任を現政権だけでなく「ねじれ」という政治状況にも求めるため，「ねじれ」状況下では内閣の業績を相対的に甘めに評価し，業績評価を投票行動にあまり反映させないということが考えられる。

そこで本研究では，「ねじれ」状況に対する有権者の見解を鍵に，非「ねじれ」状況下で迎える選挙と「ねじれ」状況下で迎える選挙の両方を対象とした分析を行い，その結果を比較検討することで，衆参「ねじれ」の状態がその後の衆院選や参院選における有権者の意識と行動にいかに作用するかを明らかにすることも試みた。

第2章で，本研究と同様の問題関心に基づく欧米における先行研究を概観したのを踏まえて，第3章以下で，これら二つのリサーチ・クェスチョ

ンの解明を目的とした実証分析を行った。

まず第3章「衆参両院選挙におけるパーソナル・ヴォート」では，候補者個人に対する評価を重視して投票する，いわゆるパーソナル・ヴォートを行って自民党候補を選択するという行動をとる有権者が，衆院選に比べ参院選では相対的に少なかったことの影響について検討した。

第2章で紹介した，米国の連邦下院中間選挙で大統領の政党が敗北する原因に関するコートテイル効果仮説が想定するロジックは，次のようなものであった。大統領選挙と同時に行われる連邦下院議員選挙では，大統領候補の人気／不人気が投票行動に波及的に作用するコートテイル効果が生じるため，追い風を受ける大統領候補の政党が票と議席を伸ばす。これに対し，中間選挙として行われる同選挙では，そうした効果が生じないため，現職大統領の政党が2年前に比べ相対的に得票と獲得議席を減らす，というロジックである。

この理論仮説から普遍的な要点を抽出すれば，我が国の政治的文脈の下でも類推適用できる。そうすると，日本でも，衆院選における投票行動には与党に有利な形で作用するが，参院選における投票行動には影響を及ぼさないような何らかの要因が存在するならば，それが，参院選での与党の得票率の相対的な伸び悩みを生む一因だと考えられるということになる。そうした要因の一つの候補として，衆院選で見られた候補者中心の選挙政治を想定したのである。

そこで，1972年衆院選以降国政選挙のたびに行われている明推協調査，1996年衆院選時に行われたJEDS96調査，2003年衆院選・04年参院選時にパネル形式で行われた東京大学蒲島＝谷口研究室・朝日新聞共同世論調査を用いて，衆院選で候補者を重視して投票したと主観的に認識している回答者の行動に焦点を当てて，コートテイル効果仮説から類推した想定の妥当性を検証する分析を行った。その結果，次の3点が明らかとなった。

第1に，衆院選における投票者の中には，内閣の実績に対する評価や政党に対する評価を判断基準にする人ももちろんいる。ただ，時の政治情勢に基づくそうした評価は考慮に入れず，もっぱら選挙区の候補者に対する評価に基づいてパーソナル・ヴォートを行う（そして，自民党候補に投票する）人も一定数存在した。

第2に，パーソナル・ヴォートを行って自民党に投票する人は，衆院選に比べ参院選では有意に少なかった。衆院選で自民党候補に投票することを決める際には，政治情勢からは独立して形成される候補者に対する評価を重視する。しかし次の参院選では，政治情勢を受けて形成される政権の業績に対する評価や政党に対する評価を考慮に入れて投票行動を決めたり，あるいは棄権したりする。こうした行動をとる有権者が少なからず存在したことを，この結果は示唆している。

そして第3に，2003年衆院選における投票行動を決める際，候補者を重視したと認識している人と政党を重視したと認識している人の，2004年参院選における行動の規定要因を分析したところ，2003年衆院選で候補者を重視したか政党を重視したかにかかわらず，2004年参院選では政権に対する業績評価を判断材料に行動を決定していたことが確認された。

衆院選でどの政党の候補者に一票を投じるかを決める際には，日々の政治の動向によって左右されにくい，候補者に対する評価に着目（して自民党候補に安定的に投票）する。しかし参院選では，政党に対する好感度や内閣の実績に対する評価といった要因に着目して，その時々の政治情勢に応じて投票行動を決める。このように，衆院選でのみパーソナル・ヴォートを行って自民党候補に投票するという有権者が少なからず存在した。このことが，2009年の政権交代前の参院選において，自民党の得票率が直近の衆院選に比べ伸び悩む一因となったと考えられるというのが，第3章の分析結果から引き出される結論である。

第4章「衆参両院選挙における業績評価投票」では，現政権の枠組みの継続を願う有権者，その中でもとくに，政権選択選挙か否かという衆参両院選挙の性格の違いを認識している有権者が，衆院選と参院選とで異なる形の業績評価投票を行っているのかについて検討した。

第2章で紹介したレファレンダム仮説は，政権の2年間の実績に対する中間評価を下す機会として連邦下院中間選挙を活用する有権者が存在することが，同選挙における大統領の政党の敗北の一因であると考える理論仮説であった。日本でも，中間選挙として行われることの多い参院選が，それまでの政権の実績に対する中間評価を下す機会となっている蓋然性は高い。ここで，非政権選択選挙である参院選における業績評価投票のあり方が，政権選択選挙である衆院選における業績評価投票のあり方と異なると

する。仮にそうだとすれば，そのことが，参院選における与党の得票率の相対的な伸び悩みの一因と考えられるということになる。

実際，ある特定の有権者に関して，衆院選と参院選とで業績評価投票のあり方が異なるということが，理論的に想定される。それは，現政権の枠組みの継続を願う有権者である。

政権選択選挙である衆院選では，どの政党に選挙後の政権を任せるかが問われる。このため，現政権の枠組みの継続は願うものの，政権の実績は評価できないと考える有権者は，衆院選では，政権の枠組みに関する選好と現政権の業績評価との間で一種の交差圧力を感じることになる。この交差圧力を解消しつつ，政権の実績に対する不満の意思を示す手段として，現政権の枠組みの継続を願う有権者が衆院選でとると考えられる行動は，棄権である。

これに対し，政権選択選挙ではない参院選では，選挙後の政権の枠組みは争点にならない。このため，現政権の実績を評価できないと考える有権者がその意思表示の手段として参院選でとると考えられる行動は，政権の枠組みに関する選好如何にかかわらず，野党候補への投票となる。

このように，政権選択選挙か否かという衆院選と参院選の性格の違いに起因して，現政権の枠組みの継続を願う有権者が政権の実績を評価できないと考えた場合の行動が，衆院選（棄権）と参院選（野党候補への投票）とで異なってくる。言い換えれば，衆院選と参院選で業績評価投票の使い分けが行われていることが，理論的に想定されるのである。

そこで，1996年・2003年・05年・09年の4回の衆院選，2001年・04年・07年・10年の4回の参院選を対象に，現政権の枠組みの継続を願う有権者がどのような形で業績評価投票を行っているのか分析した。その結果，現在の与党に政権を担い続けてもらいたいと願うものの，現政権の実績は評価できないと考える有権者には，政権選択選挙である衆院選では，棄権という形でその意思表示をする有意な傾向があることが確認された。また，現政権の枠組みの継続を望むか否かにかかわらず，現政権の選挙までの実績を評価できないと考える有権者には，政権選択選挙ではない参院選では，野党候補への投票という形でその意思を明確に示す有意な傾向があることも確認された。つまり，現政権の枠組みの継続を望む有権者が，現政権の実績を評価できないと考えた場合，政権選択選挙である衆院

選では棄権し，政権選択選挙ではない参院選では野党候補に投票するという形で，業績評価投票の使い分けを行っているとする理論的想定が妥当であることが判明したのである。

このように，政権選択選挙である衆院選と政権選択選挙ではない参院選とで異なる形で業績評価投票を行うという傾向は，政権選択選挙か否かという衆院選と参院選の性格の相違を認識している人においてより顕著に生じると考えられる。この点に関して示唆に富むのが，欧州の選挙研究で提示されている二次的選挙モデルである。国政レヴェルの政権選択につながる一次的選挙は，結果がもたらす利害が大きいため，有権者も重要な選挙と認識している。これに対し，政権選択につながらない二次的選挙は，利害が小さいため，有権者もあまり重要な選挙とは認識していない，と同モデルは指摘する。このことから，衆院選は政権選択選挙であるが参院選は政権選択選挙ではないということを正しく理解している人は，政権選択につながる衆院選を相対的に重視し，つながらない参院選を相対的に軽視すると想定した。その上で，衆院選と参院選を同等に重視する人に比べ，衆院選よりも参院選を相対的に軽視する人において，業績評価投票の使い分けの傾向がより強く現れているのか検証する分析を行った。

分析の結果，衆参両院選挙の相対的重要度に関する想定の妥当性がまず確認された。すなわち，衆院選を政権選択選挙と認識している人，参院選を政権選択選挙と認識していない人ほど，衆院選に比べ参院選の重要度は相対的に低いと評価する傾向があることが判明した。

また，2009年衆院選を対象とした分析では，内閣業績評価が低いほど自民党候補への投票ではなく棄権を選択する確率が高くなるという有意な傾向が，自民党を中心とする政権の枠組みの継続を望む有権者のうち，衆院選と参院選を同程度に重視する人の間では認められず，衆院選を参院選より相対的に重視する人の間でのみ見られた。

さらに，2007年参院選・10年参院選を対象とした分析では，内閣業績評価が低いほど与党候補ではなく野党候補への投票を選択する確率が高くなるという傾向が，衆院選と参院選を同程度に重視する人に比べ，参院選を衆院選より相対的に軽視する人の間で，有意に強く生じていた。

つまり，予測したとおり，政権選択選挙か否かという衆院選と参院選の性格の相違を認識している人々において，それぞれの選挙に特有の業績評

価投票の傾向がより顕著に現れていたのである。

　政権選択選挙である衆院選では，現政権の枠組みの継続を望む有権者が政権の実績を否定的に評価した場合，野党候補への投票によって積極的にその意思を示すのではなく，棄権によって消極的にその意思を示すにとどめる。これに対し参院選では，政権選択選挙ではないが故に，現政権の枠組みの継続を望む有権者も望まない有権者も，政権の実績を評価できないと判断した場合には，野党候補への投票によって明確にその意思を表明する。しかも，有権者の3割ほどを占める，衆院選に比べ参院選を相対的に軽視する人々には，業績に対する否定的評価に基づく衆院選における棄権，参院選における野党候補への投票をより積極的に選択する傾向がある。このように第4章の分析結果からは，現政権の枠組みの継続を願う有権者が行う業績評価投票のあり方が衆院選と参院選とで異なることが，直近の衆院選に比べ参院選で政権与党の得票率が相対的に伸び悩む一因となっていると考えられるのである。

　第5章「参院選における政策バランス投票」では，保革次元上での自身の立場が，主観的に認識する自民党の立場と民主党の立場の間に位置する中道的な有権者の行動を分析した。具体的には，政権選択選挙である衆院選では選挙後に政権を担う政党の候補者に投票しつつ，中間選挙として行われる参院選では野党第一党の候補者に投票するという形で，時間差分割投票を行う傾向が中道的な有権者にあるのか検証した。

　第2章で，政策バランス仮説を紹介した。政策決定に多大な影響を及ぼす行政府（大統領）と立法府（連邦下院）をそれぞれ異なる政党が押さえる分割政府の下では，実現する政策が穏健化することが期待される。そこで，穏健な政策を望む中道的な有権者が，分割政府状態を作り出すべく，とくに連邦下院中間選挙において，反対党の候補者に投票する。その結果，中間選挙で大統領の政党が敗北を喫する，と考えるのが政策バランス仮説であった。

　この仮説を日本の政治的文脈に援用すれば，中間選挙として行われることの多い参院選で，政策的バランスを考慮して野党第一党の候補者に一票を投じる有権者がおり，そのことが参院選における与党の得票率の相対的な伸び悩みの一因となっているのではないかと考えることができる。そこで，政策バランス仮説を日本の政治的文脈の下で再構成することで，「民

主党に比べ自民党をより保守的であると(正しく)認識し，かつ，自民党と民主党の間に自己を位置づける，中道的な有権者には，政策的バランスを考慮に入れて，衆院選では政権を担当することになる政党の候補者に投票しながら参院選では野党第一党の候補者に時間差で分割投票する傾向がある」という仮説を立てた。そして，2003年衆院選以降の6回の国政選挙を題材に，上記の仮説の妥当性を検証する分析を行った。

分析に際して着目したのは，保革イデオロギー次元上における自身の立場と自身が主観的に認識する自民・民主両党の立場との相対的な関係である。この関係に基づけば，有権者は大きく四つに類型化できる。すなわち，民主党に比べ自民党をより保守的であると(正しく)認識し，かつ，(A)自身は自民党よりも保守的な立場をとるグループ(民主＜自民≦自己)，(B)民主党と自民党の間に自己を位置づけるグループ(民主＜自己＜自民)，(C)自身は民主党よりも革新的な立場をとるグループ(自己≦民主＜自民)，そして(D)残余のカテゴリの四つである。このうちグループB(民主＜自己＜自民)に該当する中道的な有権者に，衆院選では政権を担当することになる政党の候補者に投票しながら参院選では野党第一党の候補者に時間差で分割投票するという形で政策バランス投票を行う傾向が見られるのかについて検討した。分析の結果は次の3点に要約できる。

第1に，政治的洗練度が高い人ほど，グループA・C・Dではなく，政策バランス投票を行っていることが想定されるグループBに該当する確率が有意に高いということが明らかとなった。この分析結果は，グループBに該当する人が，認知的負荷の高い政策バランス投票を行う前提条件とも言うべき高度な洗練性を備えているということを意味する。

第2に，衆院選では，選挙後の政権与党より極端な政策的立場をとる人(2003年・05年はグループA，2009年はグループC)とグループBに該当する中道的な有権者のいずれも与党候補に投票する確率が高く，両グループ間で投票行動に有意な違いが見られなかった。これに対し参院選では，前者に比べグループBの有権者の方が，与党候補ではなく野党第一党の候補者に一票を投じる確率が有意に高いという傾向が認められた。

そして第3に，2003年衆院選・04年参院選時に行われたパネル調査の分析を行ったところ，グループAに該当する有権者はいずれの選挙でも自民党候補に投票する確率が高く，グループCの有権者は両選挙で民主党候

補に一票を投じる確率が高いと予測された。対照的に，グループBに該当する中道的な有権者に関しては，2003年衆院選で自民党候補に投票した人の三人に一人が2004年参院選では民主党候補に投票するという，「時間差分割投票」を行うとのシミュレーション結果が出た。

　これらの分析結果から，日本の政治的文脈の下で再構成した政策バランス仮説の妥当性は支持されると言える。保革次元上で自民党と民主党の間に自己を位置づけるグループBの中道的な有権者には，政権選択選挙である衆院選では選挙後に与党になる政党の候補者に投票したとしても，中間選挙として行われる参院選では野党第一党の候補者に投票先を変えるという形で，政策的バランスを志向した時間差分割投票を行う傾向がある。こうした行動もまた，参院選における与党の得票率の相対的な伸び悩みに寄与していると考えられるのである。

　第6章「参院選における多元的民意の反映」では，衆議院が担う役割と参議院に期待される役割とが異なることに起因して，衆院選と参院選とで投票行動を規定する要因が異なることが，参院選における与党の得票率の相対的な伸び悩みという規則性を生んでいる可能性について検討した。

　単一国家で議院内閣制・二院制を採用する我が国の，第一院たる衆議院が担う主たる役割は，内閣の存立基盤となることにある。これに対し，第二院たる参議院に期待される役割は，衆議院に対する抑制・均衡・補完の役割を果たすことにあると一般に考えられている。

　参議院にこの役割を果たさせるには，人材的に，あるいは党派的に，衆議院と異なる構成の院とすることで，国会に反映される民意を多元的なものとすることが必要であるとされる。ここで，党派的に衆参両院の構成を違えて民意を多元的に反映させるとは，具体的には，衆議院では少数派である野党が参議院で占める議席を増やすことを意味する。このため，第二院に特有の多元的民意の反映という役割を参議院が果たすことを期待して，野党が参議院で占める議席を増やすべく，中間選挙として行われる参院選において野党候補に投票するという行動をとる有権者が存在する可能性が考えられる。仮に，多元的民意の反映を志向する意識が参院選でのみ野党候補への投票に結びついているとすれば，衆院選に比べ参院選で与党の得票率が伸び悩む一因をそうした行動に求めることができる。

　第6章では，二院制の下で国会に民意を多元的に反映させることを積極

的に評価する意識を「多元的民意の反映志向」と定義した。そして，多元的民意の反映志向を持つ有権者ほどそれを現実のものとするべく参院選においてのみ野党候補への投票を選択するという傾向があるのかについて，2013年参院選前後・14年衆院選前後にそれぞれ行われたWEBパネル調査のデータを用いて検証した。

　検証を行うにあたり，まずは多元的民意の反映志向を表す尺度を作成した。分析に用いたWEB調査では，(1)「参議院議員には，社会の各部門，各職域で特別の知識・経験を持つ専門家のような人が選出されるべきである」，(2)「参議院は，衆議院だけでは十分に代表・反映されていない国民の多種多様な利益や意見を国会に反映させるために存在する」，(3)「参議院議員選挙では，衆議院議員選挙とは異なる民意が表出されるべきである」，(4)「参議院議員には，衆議院議員とは異なる人材が選出されるべきである」という四つの考え方に対する賛否を尋ねている。このうち(1)と(4)が一つの潜在変数(多元的民意の反映志向の人材的側面)によって，(2)と(3)がもう一つの潜在変数(多元的民意の反映志向の党派的側面)によって規定されると想定する検証的因子分析(二因子モデル)を行い，二つの潜在変数を析出した。

　そして後者(多元的民意の反映志向の党派的側面)の構成概念スコアを従属変数にとった回帰分析を行った。そうしたところ，「参議院議員選挙は，与党と野党の議席のバランスを考えて投票する選挙である」という考え方に同意する人ほど，また，ことわざ・四字熟語の意味する内容にどの程度共感できるかを尋ねることで測定を試みた一般的な多元性志向を強く持つ人ほど，党派的側面における多元的民意の反映を強く志向する傾向があることが判明した。この回帰分析の結果は，従属変数が構成概念妥当性を備えていることを示唆する。そこで，多元的民意の反映志向の党派的側面を表すこの潜在変数の構成概念スコアを，多元的民意の反映志向を表す尺度とすることにした。

　これを受けて，2013年参院選の選挙区選挙，14年衆院選の小選挙区選挙における政党選択を従属変数，多元的民意の反映志向を表す尺度を独立変数の一つにとった条件付ロジット分析を行った。2014年衆院選に関しては，多元的民意の反映志向が投票行動に及ぼす有意な影響は認められなかった。対照的に2013年参院選に関しては，党派的側面における多元的

民意の反映を強く志向する人ほど自民党候補ではなく野党候補に投票するという有意な傾向が確認された。つまり，国会に反映される民意を多元的なものにしようとする意識は，両院間で党派的側面における構成の相違を生じさせることを意図した，参院選での野党各党の候補者への投票という行動に結びついていることが，分析から明らかになったのである。

単一国家で議院内閣制・二院制をとる我が国では，衆議院と衆議院とで担う役割が異なる。このことに起因して，内閣の存立基盤になることを役割とする衆議院の議員選挙では政権選択を考慮して投票し，衆議院とは異なる民意を表出することを役割とする参議院の議員選挙では多元的民意の反映を考慮して投票するというように，同じ国政選挙とは言え，衆参両院選挙で投票行動の規定要因は同一にはならない。その結果として，参院選における与党の得票率の相対的な伸び悩みという規則性が生じている可能性があることを，第6章の分析結果は示唆しているのである。

第7章「『ねじれ』状況下における業績評価と投票行動」では，二つ目のリサーチ・クェスチョン，すなわち「『ねじれ国会』が生じた場合，それは次の衆院選や参院選にいかなる影響を及ぼすのか」の解明に取り組んだ。

衆参「ねじれ」の状況は，政策の帰結に関する責任所在の不明確さをもたらす。この場合，「ねじれ国会」を問題視しないか問題視するかによって，有権者の意識と行動が変わってくる。「ねじれ国会」でもとくに問題ないと考える人は，「ねじれ」状況にあるか否かにかかわらず，政策アウトプットの責任は一義的に現政権にあると考え，業績を評価し，業績評価投票を行う。これに対し，「ねじれ国会」を問題視する人は，政策の責任を現政権だけでなく「ねじれ」という政治状況にも求めることから，その分内閣の業績を甘めに評価するとともに，その業績評価を投票行動にあまり結びつけない。

つまり，政策の責任の所在が曖昧になりがちな「ねじれ」状況下で迎える国政選挙では，「ねじれ」を問題視しない人に比べ問題視する人の間で，内閣の業績評価が相対的に高くなる，業績評価の投票行動に対する影響が相対的に弱くなるという傾向が生じることが，理論的に想定される。そこで第7章では，この理論的想定の妥当性について，「ねじれ」状態で迎えた2012年衆院選・13年参院選，非「ねじれ」状態で迎えた2014年衆院

選時にそれぞれ行われたWEBパネル調査のデータを用いて検証を試みた。

　分析を行うにあたり鍵変数としたのが，「『ねじれ』状況に対する見解」である。まず，この「『ねじれ』状況に対する見解」を規定する要因を明らかにする分析を行った。そうしたところ，保守的な人，一院制が望ましいと考える人，「国会（衆議院）があるからこそ，国民の声が政治に反映されるようになる」との考え方に賛成の人，自民党・公明党や保守系の野党（日本維新の会／維新の党，みんなの党）に対する好感度の高い人ほど，「ねじれ国会」は問題であると考える傾向が認められた。その一方で，政治的洗練度の高い人，「選挙があるからこそ，国民の声が政治に反映されるようになる」との考え方に賛成の人，政治的有効性感覚が高い人，民主党や革新系の野党（日本未来の党／生活の党，共産党，社民党）に対する好感度の高い人ほど，「ねじれ国会」でもとくに問題はないと考える傾向があることが明らかになった。

　この分析を受けて次に行ったのが，3代の民主党内閣および2013年参院選・14年衆院選時の第2次安倍内閣に対する業績評価と「ねじれ」状況に対する見解との関係を解明することを目的とした分析である。

　鳩山内閣に関しては，「ねじれ国会」を問題視する人ほど業績を低く評価する傾向にあることが確認された。同内閣のあまりに稚拙な政権運営が「ねじれ国会」を作り出した一因であったことから，「ねじれ」状況を問題視する人は，そのような政治状況を作り出した責任を問うて，鳩山内閣の業績を相対的に低く評価したと考えられる。

　対照的に，野田内閣・2013年参院選時点での第2次安倍内閣に関しては，理論的想定どおり，「ねじれ」状況を否定的に捉える人ほど実績を高く評価するという関係が見られた。「ねじれ国会」に否定的な人は，参議院で多数を占める野党も政策形成過程に影響力を行使し得る衆参「ねじれ」の状況にあったことを割り引いて，両内閣の業績を評価したということを示唆する。

　一方，「ねじれ」が解消した中での政権運営の実績を問われた2014年衆院選時点での第2次安倍内閣の業績評価と，「ねじれ」状況に対する見解との間には，当然のことながら，有意な共変関係は認められなかった。

　このように，「ねじれ」状況を問題視しない人に比べ問題視する人は，「ねじれ」という悪い政治状況を作り出した責任を負う内閣の業績は相対的に

辛く評価し，逆に「ねじれ」状況下での政権運営において辛酸を嘗めた内閣の業績は相対的に甘く評価する傾向にある。つまり，理論的に想定されるとおり，有権者が「ねじれ」状況をどう受け止めるかによって，内閣業績評価は変わり得ることが実証されたのである。

最後に，2012年と14年の衆院選の小選挙区選挙，2013年参院選の選挙区選挙における投票行動に対する内閣業績評価の影響を，「ねじれ」状況に対する見解が条件付けるのか否かを検証することを目的とした分析を行った。非「ねじれ」状況下にあった2014年衆院選に関しては，「ねじれ国会」に肯定的か否定的かにかかわらず，内閣業績評価は投票行動に対して有意な影響を及ぼしていなかった。

これに対し，「ねじれ」状況下で迎えた2012年衆院選における，政権交代を望む人の，民主党候補に投票するか自民党候補に投票するかの選択，2013年参院選における，自民党候補に投票するか共産党候補に投票するかの選択に対する内閣業績評価の影響は，想定どおり，「ねじれ」状況に対する見解によって条件付けられていたことが判明した。いずれの選挙でも，「ねじれ国会」を問題だと思っていない人の間では，実績を高く評価すれば与党の候補者に投票し，低く評価すれば野党候補に投票するという，業績評価投票の有意な傾向が確認された。しかし，「ねじれ国会」を問題だと思っている人の間では，業績評価の投票行動に対する有意な影響は認められなかったのである。

「ねじれ」状況下では，その状況を否定的に捉える有権者の業績評価のあり方や業績評価投票のあり方が，非「ねじれ」状況下とは異なってくる。衆参「ねじれ」の状態を問題だと考える有権者は，政策に関する責任を現政権のみならず「ねじれ」という政治状況にも求めるため，実績を相対的に甘めに評価するとともに，その業績評価を投票行動に反映させないという傾向にある。これが，第7章の分析結果に基づく，「『ねじれ国会』が生じた場合，それは次の衆院選や参院選にいかなる影響を及ぼすのか」という問いに対する答えである。

このように，第3章から第6章では，衆院選に比べ参院選で与党の得票率が伸び悩む「原因」としての有権者の意識と行動を探究した。投票行動を規定する要因が，政権選択選挙である衆院選と中間選挙として行われる非政権選択選挙である参院選とで異なる。あるいは，同じ要因の投票行

動への作用の仕方が衆院選と参院選とで異なる。そのことが「原因」となって，直近の衆院選に比べ参院選で与党の得票率が相対的に伸び悩むという規則性が生じていると考えられることが明らかとなった。一方第7章では，参院選で与党の得票率が伸び悩み，「ねじれ国会」が生じた「結果」として見られる有権者の意識と行動を探究した。政策に関する責任を現政権だけでなく「ねじれ」という政治状況にも求める人に，内閣の業績を甘めに評価する，業績評価を投票行動に反映させないといった傾向が「結果」として生じていることが確認された。

以上のような形で，本研究では，1955年体制終焉後の衆参両院選挙時に行われた意識調査の実証分析を通じて，表裏一体の関係にある二つのリサーチ・クェスチョンに対する解を提示することができたと考える。

2．貢献

もちろん，本研究にも限界がないわけではない。

第1に，第3章から第6章の分析を通じて，参院選における与党の得票率の相対的な伸び悩みの原因となる行動をとる有権者像を明らかにしたが，それらが完全に相互排他的ではない可能性もあり得るということである。衆院選で専ら候補者に着目して投票する有権者，現政権の枠組みの継続を望むものの政権の実績を評価できないと考える有権者，その中でも衆院選に比べ参院選を相対的に軽視する有権者，政策的に自民党の立場と民主党の立場の間に位置すると考えている有権者，そして多元的民意の反映を志向する有権者。こうした，野党候補に投票する確率が衆院選に比べ参院選においてより高いという傾向を示した有権者像の複数に，同一の人が当てはまるということも考えられる。このため，有権者の中にこれらの特徴を持つ人々が別個に存在し，それぞれが独立して参院選における与党の得票率の相対的な伸び悩みの原因となる行動をとっていると捉えるのは適切ではない。むしろ，これらの特徴を持つ人々の存在が，総体として，参院選における与党の得票率の相対的な伸び悩みに一定の寄与をしていると捉えるべきである。

第2に，第6章と第7章は，サンプルの代表性に難があるWEB調査で得られたデータの分析に基づく議論だということである。本研究で分析し

たような意識を持ち，行動をとるには，ある程度政治的に洗練されていることが求められる。一般に，WEB調査の回答者は無作為抽出による世論調査の回答者に比べ，政治的洗練性が高いとされる。このため，第6章・第7章で理論的に想定されるとおりの結果が得られたのは，政治的に洗練された人々を対象に分析を行ったからであるという可能性も否定できない。

しかし，こうした限界を抱えながらも，本研究は次に挙げる四つの点で，重要な学術的貢献をなし得たのではないかと考えている。

一つ目は，米国における中間選挙・分割政府に関する理論の一般性を検証することができたという点である。第2章で行った先行研究のレヴューを踏まえて，第4章ではレファレンダム仮説，第5章では政策バランス仮説を援用して，参院選における投票行動の分析を行った結果，いずれの仮説も我が国の文脈にも妥当することが確認された。具体的には，現政権の枠組みの継続を願う有権者が現政権の業績を低く評価した場合に野党候補に一票を投じるという傾向や，保革次元上で自民党の立場と民主党の立場の間に位置する中道的な有権者が，野党候補への投票を選択しやすいという傾向が，中間選挙として行われる非政権選択選挙である参院選においてのみ生じていることが，参院選における与党の得票率の相対的な伸び悩みにつながっている可能性が示された。また第7章では，米国の分割政府下と同様に日本の衆参「ねじれ」状況下でも，政策に関する責任の所在が不明確になることによって，業績評価投票を行いにくいと感じる有権者が存在するということが判明した。このように，米国の中間選挙・分割政府という事象に関する研究から発展した理論仮説が，異なる政治的文脈の下での同様の事象にも妥当することが確認されたことから，これら理論の一般性がより高まったと言えるだろう。

二つ目は，欧州における二次的選挙に関する理論の一般性を検証することができたという点である。第2章第5節で概説したように，二次的選挙モデルは，欧州議会議員選挙の分析を行う際に適用されることが多い。別の言い方をすれば，国政とは異なるレヴェルの二次的選挙の特徴を説明する理論モデルとして有用視されてきた。しかし，国政レヴェルの政権選択につながるため結果がもたらす利害が大きい選挙を一次的選挙，つながらないため利害が小さい選挙を二次的選挙に分類するというモデルの考え方

第8章 結論：「中間選挙」としての参院選の意義　267

に照らせば，二次的選挙に該当するのは何も欧州議会議員選挙に限られない。国政レヴェルの選挙にも，二次的選挙に該当するものがある。議院内閣制下の第二院の議員選挙がそれである。ただ，第二院の議員選挙を二次的選挙と捉え，二次的選挙モデルの観点からその分析を行った研究は，少なくとも現在のところ存在しない。これは，一次的選挙とは別の期日に直接選挙で第二院の議員を選ぶという制度を採用する国が欧州にほぼ存在しないことに起因すると考えられる。

　これに対し日本では，国政レヴェルの二次的選挙である参院選が，一次的選挙である衆院選の中間選挙として行われることが多い。このため，二次的選挙モデルの概念を援用して参院選の分析を行うことは，モデルの一般性の検証につながる。第4章の後半では，政権選択選挙か否かという選挙の性格の違いを反映した，一次的選挙（衆院選）と二次的選挙（参院選）の相対的な重要度を鍵変数に，業績評価投票の分析を行った。その結果，衆院選と参院選を同程度に重視する有権者に比べ，衆院選に比べ参院選を相対的に軽視する有権者の間では，二次的選挙である参院選で業績評価が投票行動に及ぼす影響が有意に強いことが判明した。

　結果がもたらす利害が大きく，有権者も重要と認識する一次的選挙と，利害が小さいためにあまり重要とは認識していない二次的選挙とに区別する。一次的選挙のサイクルの中盤に実施される二次的選挙では，重要ではない選挙であるが故に思い切って業績評価投票を行う有権者が多く存在する。結果，二次的選挙では国政レヴェルの政権党が敗北を喫しやすい――このように考える二次的選挙モデルが，欧州議会議員選挙のような異なるレヴェルの二次的選挙だけでなく，国政レヴェルの二次的選挙にも当てはまることが確認された。本研究により，理論モデルの妥当する射程が広がったのである。

　加えて，欧州における研究の発展可能性をも本研究は示していると考える。第4章で述べたとおり，本研究で用いた選挙の重要度に関する質問項目は，EESで尋ねられた質問をもとに作成したものである。ただ，この質問項目の生みの親とも言うべき欧州における選挙研究では，管見の限り，選挙の重要度を変数として用いた分析は行われていない。こうした現状にある，欧州における二次的選挙に関する研究の一つの発展の方向性を，本研究の分析結果は示しているように思われる。

第2章で概説したように，欧州における二次的選挙をめぐる議論では，二次的選挙(欧州議会議員選挙)における投票行動を一次的選挙のレヴェルに関わる要因(つまり，国政レヴェルの業績評価)が規定しているのか，それとも二次的選挙のレヴェルに関わる要因(つまり，欧州統合に関わる争点態度)が規定しているのかに関して対立が見られる。ここで，一次的選挙と二次的選挙の相対的重要度に着目することで，この対立を解くことができる可能性がある。すなわち，一次的選挙と二次的選挙を同程度に重視する有権者の間では，欧州議会議員選挙における投票行動に対する欧州統合に関わる争点態度の規定力が強くなる。これに対し，一次的選挙に比べ二次的選挙を相対的に軽視する有権者の間では，国政レヴェルの業績評価の規定力が強くなる。こうした形で，投票行動の規定要因としていずれの影響力が強くなるかを，一次的選挙と二次的選挙の相対的重要度が条件付けている可能性が考えられるのである。このように，欧州における選挙研究の発展可能性を見出したという点も，重要な貢献と言えるのではないだろうか。

　三つ目は，日本における選挙・投票行動研究として，新たな知見を提供できたという点である。米国における政治行動研究では伝統的に，政党・候補者・政策争点(Campbell et al. 1960)・業績評価(Fiorina 1981)が，投票行動を規定する主な要因として取り上げられてきた。本研究では，候補者評価(第3章)，業績評価(第4章・第7章)，政策態度(第5章)が衆参両院選挙における投票行動に及ぼす影響に関する分析を，それぞれ複数回の選挙を対象に，比較の視点を交えながら行った。それにより，衆院選・参院選それぞれに特有の，投票行動の一般的傾向を明らかにすることを試みた。とくに業績評価と政策態度の影響に関しては，二院制の下で第一院(衆議院)と第二院(参議院)が異なる役割を担うことに起因して，衆参両院選挙における投票行動も質的に異なるものになると理論的に想定されることから，そうした理論に基づく仮説を導出し，その妥当性を検証するという形で分析を行った。

　候補者要因に基づく投票に関しては，衆院選におけるそれと参院選におけるそれとで，量的にも質的にも差異があることを明らかにした。

　業績評価投票に関しては，実績を評価しない人が衆院選で選択する行動として，野党候補への投票と棄権の2種類あるという理論的想定の妥当性

を実証した。具体的には，政権選択選挙ではない参院選では，現政権の実績を評価できないと考える有権者は，望ましい政権の枠組みにかかわらず野党候補に投票する傾向があった。一方，政権選択選挙である衆院選では，現政権の実績を評価せず，政権の枠組み自体の変更を望む有権者は野党候補に投票するのに対し，現政権の実績は評価できないものの，政権の枠組みの継続は望むという有権者は棄権に回る傾向があることを明らかにした。また，そうした傾向が，衆院選に比べ参院選を相対的に軽視する有権者においてより強く出ることも見出した。さらに，「ねじれ国会」の下での業績評価や業績評価投票のあり方は，「ねじれ」状況を問題視しないか問題視するかによって左右されることも発見した。

政策態度に基づく投票に関しては，自民党よりも保守的な立場をとる人は自民党候補に，民主党よりも革新的な立場をとる人は民主党候補に，衆参両院選挙でそれぞれ一貫して投票する傾向があった。ただこれとは対照的に，自民党の立場と民主党の立場の間に位置する中道的な人は，衆院選では与党になる政党の候補者に投票しても，参院選ではあえて野党候補に投票するというように，政策的にバランスを取ろうと時間差で分割投票する傾向があることを明らかにした。

こうした，衆院選には衆院選に特有の投票行動が，参院選には参院選に特有の投票行動がある——そして，そのことが参院選における与党の得票率の相対的な伸び悩みの一因である——とする分析結果は，二院制という制度の下で理論的に想定される仮説に基づいて，衆参両院選挙における投票行動を同一の枠組みの下で分析したことで初めて得られたものである。それは，従前日本で行われてきた選挙・投票行動研究では提示されていない新たな知見と言っても過言ではない。その意味で，日本人の選挙行動に関する理解を深めることにも一定の貢献を果たしたと考えている。

3．「中間選挙」としての参院選の意義，参議院の存在意義

そして四つ目は，我が国で二院制が採用されていることの是非について，有権者の視点から考える材料を提供できたという点である。

単一国家である日本で二院制が採用されている意義は，参議院に衆議院とは異なる形で多元的に民意を反映させることで，衆議院に対する抑制・

均衡・補完の役割を担わせることにあるとされる。このため，第1章で詳述したように，参議院がこの期待された役割を実際に果たしているのか否かが，日本の二院制をめぐる重要な論点となってきた。とくに近年，衆参「ねじれ」の状況が続いたということもあり，我が国の二院制，第二院たる参議院に対する学術的関心はこれまで以上に高まりを見せ，この論点に関する論考が数多く発表されている。具体的には，参議院は衆議院に対する抑制・均衡・補完の役割を果たすどころか衆議院の「カーボンコピー」に成り下がっているのではないか。参議院に憲法上付与された権限が強過ぎるが故に過度の抑制・均衡が生じるのではないか。参議院議員のプロファイルは衆議院議員のそれと大差なく，結果として民意の多元的反映は実現していないのではないか。こういった形で，主に理念と現実のギャップに対する批判の観点から，二院制をめぐる議論が展開されている。

ただ，衆院選や参院選を通じてなされるインプットを政策アウトプットへと変換する過程や，アウトプットそのものの特徴に着目した議論が大部分を占めており，既存研究では一つの重要な分析視角が欠落してしまっているように思われる。それは，有権者の立場から日本の二院制について論じるという視点である。日本国憲法で規定された我が国の二院制について論じるにあたり，主権者たる有権者が二院制の下でどのような意識を持ち，どのように行動しているかを理解することは，不可欠なのではなかろうか。

本研究では，衆参両院選挙における投票行動の比較分析を通じて，一般になぜ衆院選に比べ参院選では与党の得票率が伸び悩む傾向にあるのか，というリサーチ・クェスチョンに対する一つの答えを見出した。候補者評価，業績評価や政策態度，多元的民意の反映志向が投票行動を規定するメカニズムが，衆院選と参院選とで異なる。このため，野党候補への投票を，政権選択選挙である衆院選では行わないが，中間選挙として行われる非政権選択選挙である参院選では行うという有権者が，一定数存在する。そうした行動をとる有権者の存在が，参院選における与党の得票率の相対的な伸び悩みを生んでいると考えられる，ということを示したのである。有権者の立場から日本の二院制について論じるという視点に立つと，この分析結果から二つの含意が引き出せる。

第1に，参議院が存在し，中間選挙として参院選が行われることが，一

種の「安全弁」として機能しているということである。直近の衆院選以降の施策・実績に対する中間評価に基づいて，政権の政策が偏り過ぎだと感じたり，実績を評価できないと考えたりした場合に，望ましい政権の枠組みについて考慮に入れることなく野党候補に投票する。そうすることで，政権与党に対する一種の「イエローカード」を提示する。こうした行動をとれるのも，中間選挙として非政権選択選挙(二次的選挙)である参院選が行われるからこそなのである。

仮に，参院選という中間評価に基づく警告を発する機会がなかったとしたら，有権者としては，衆院選で野党候補に投票しない(つまり，政権与党の失政を見て見ぬふりをする)か，野党候補に投票する(つまり，与党に「レッドカード」を提示して政権からの一発退場を求める)かの，いずれかを選ぶより他ない[1]。この場合，政権与党の行き過ぎと頻繁な政権交代のどちらかが生じることになり，いずれにせよ政治が不安定化することは避けられないと考えられる。

Oppenhuis, van der Eijk, and Franklin (1996)は，二次的選挙として欧州議会議員選挙が行われる意義について次のように述べている。「もし全ての選挙が一次的選挙であったならば，怒りや欲求不満の発散の手段として，あるいは新政党を試す機会として，選挙を使うことを有権者はためらうであろう。〔政権を担当させるには〕あまり望ましくないと思っている政党や政治的に未熟な政党に権力を与えることにつながりかねないからである」(304)。「安全弁として機能する欧州議会議員選挙がなかったならば，はけ口のない怒りや欲求不満があまりに高まることで，投票者が，国政選挙で政権交代を起こすという願望が実現した場合に実際にどのようなこと

---

[1] もちろん，参議院が存在しない一院制がとられたらとられたで，その制度に適応して政権与党に対する「警告」の意思表示を行おうとする有権者は出てくるだろう。一院制議会の選挙制度として，たとえば現行の小選挙区比例代表並立制がとられると想定すれば，小選挙区選挙では与党になる政党の候補者に，比例区選挙では野党に分割投票するということは考えられる。しかし，中間選挙として行われる参院選が存在しないことで，直近の衆院選から参院選までの政権の施策や実績を踏まえて中間評価を下す——時間差で分割投票する——ということはできなくなり，政権与党に対する「警告」としての意味は弱まらざるを得ない。

が生じるかに思いを巡らすことなく政権交代を引き起こしてしまうという可能性がより高まる」(305)。彼らの指摘は，日本の政治的文脈にも当てはまる。「二院制は，いわば，通常は特別に機能することが求められていない安全弁のようなものとして存在している」(川人，2008，509頁)のであり，本研究の分析結果からは，有権者が実際に参院選を安全弁として活用している様子がうかがえるのである。

　第2に，参議院は多元的民意の反映という期待された役割を果たしているということである。多元的民意の反映と言うと，参議院設置の過程で期待されていたような，「社会に普遍的に存在する，衆議院には反映されにくい少数派の民意」を参議院に反映させることを意味すると捉えられがちである。そして，衆議院議員とは異なるプロファイルを持つ有為な人材が参議院議員に選出されるという，人材的側面における多元的民意の反映の実現が暗に期待されている。しかし，「ある衆院選では，投票行動として表明されなかった民意」が，次の参院選にかけて時間とともに変化したり，衆院選とは異なる投票行動のメカニズムが働いたりすることで，参院選では投票行動として表明された結果，衆議院とは異なる党派間での議席配分が参議院に現出したという場合，それもまた，多元的民意の反映の実現と捉えてもよいのではなかろうか[2]。そのような観点から本研究の分析結果を捉え直すと，衆院選と参院選とでは実施の期日が異なること，投票行動のメカニズムが異なることにより，直近の衆院選で示されたのとは異なる民意が中間選挙として行われる参院選では示される傾向にある。その結果として，衆議院と参議院の党派的構成に相違が生じ，衆議院とは異なる民意が参議院に多元的に反映されている，と解釈できる。つまり，インプットを政策アウトプットへと変換する過程やアウトプットそのものはどうあれ，少なくともインプット(参院選)の部分は，多元的民意の反映という参議院の存在意義の実現に寄与していると考えられることを，本研究は示唆しているのである。

　参院選は中間選挙として行われることが多いため，参院選時点における民意の分布は衆院選時点におけるそれとは異なる。しかも，政権選択選挙

2　加藤(2004)は，これを「定点的民意反映機能」と呼んでいる。

である衆院選における投票行動を規定するメカニズムと，非政権選択選挙である参院選における投票行動を規定するメカニズムは同一ではない。このように，衆参両院選挙における投票行動が質的に異なる結果，衆院選を通じて衆議院に反映される民意と，参院選を通じて参議院に反映される民意には差異が生じ得る。つまり，衆院選では政権選択の意を含む民意が，参院選では現政権に対する警告の意を含む民意が示されることにより，参議院に期待される役割である多元的民意の反映の実現が可能になる。このため参院選，とくに中間選挙として行われる参院選には，安全弁としての機能と多元的民意の反映の機能を果たすという点で，非常に重要な意義が認められる。そして，有権者が政治過程に対するインプットを行う機会である参院選に重要な意義がある以上，その選挙の機会を提供する制度である二院制・参議院の存在意義も，肯定的に捉えられるべきである――これが，我が国における二院制をめぐる議論に対する，本研究で得られた知見に基づく，有権者の政治行動を分析する立場からのメッセージである。

補遺 A
データの出典

明推協調査（第3章）

　明推協調査は，（公益財団法人）明るい選挙推進協会が1972年衆院選・74年参院選以降，各国政選挙後に実施している世論調査である。蒲島郁夫先生から個票データ一式の提供を受け，それを分析した。

JEDS96調査（第3章・第4章）

　JEDS96調査は，「JEDS研究会」(Bradley Richardson, Susan Pharr, Dennis Patterson, 内田満, 林文, 谷藤悦史, 田中愛治, 池田謙一, 西澤由隆, 川上和久の各先生)が1996年衆院選の前後に実施した2波のパネル調査である。分析にあたり，東京大学社会科学研究所附属社会調査・データアーカイブ研究センター SSJデータアーカイブから，「衆議院選挙に関する世論調査（1996年総選挙前後調査），1996」（寄託者：JEDS研究会）の個票データの提供を受けた。

東京大学蒲島＝谷口研究室・朝日新聞共同調査（第3章）

　東京大学蒲島＝谷口研究室・朝日新聞共同調査は，東京大学大学院法学政治学研究科・蒲島郁夫，谷口将紀研究室が朝日新聞社と協力して実施した世論調査である。本研究では，2003年衆院選前後，2004年参院選後に行われたパネル調査を分析した。分析にあたり，谷口将紀研究室HP (http://www.masaki.j.u-tokyo.ac.jp/utas/utasv.html) から個票データをダウンロードさせていただいた。調査の詳細は同HPを参照されたい。

JES III 調査（第 4 章・第 5 章）

　JES III 調査は，2001 年度〜 05 年度科学研究費特別推進研究「21 世紀初頭の投票行動の全国的・時系列的調査研究」に基づき，「JES III 研究会」（池田謙一，小林良彰，平野浩の各先生）が実施した調査である。分析にあたり，東京大学社会科学研究所附属社会調査・データアーカイブ研究センター SSJ データアーカイブから，「21 世紀初頭の投票行動の全国的・時系列的調査研究（JES III　SSJDA 版），2001-2005」（寄託者：JES III 研究会）の個票データの提供を受けた。

Waseda - CASI&PAPI2007・2009，Waseda - CASI2010 調査（第 4 章・第 5 章）

　2007 年参院選前後に実施された，「日本人の社会意識に関する世論調査」（Waseda - CASI&PAPI2007（WC&P2007））は，コンピュータを用いた面接式の全国世論調査(CASI: Computer Assisted Self - Administered Interview, Waseda - CASI2007) と，一般的な紙の調査票による面接式の全国世論調査 (PAPI: Paper - and - Pencil Interview, Waseda - PAPI2007) の二つによって構成される。両調査は，田中愛治（調査代表者），船木由喜彦，西澤由隆，久米郁男，品田裕，河野勝，山田真裕，清水和巳，栗山浩一，福元健太郎，堀内勇作，渡部幹，日野愛郎，今井耕介，飯田健，森本裕子の各先生（および筆者）によって，荒井紀一郎，大石昇平，三村憲弘，山﨑新，山本鉄平の各氏の助力を得て実施された。Waseda - CASI2007 の実施にあたっては，文部科学省科学研究費補助金・基盤研究(A)「政治変動と日本人の意志決定のメカニズム──心理学・経済学実験と全国世論調査の統合──」（研究課題番号：18203008）の補助を受けた。一方，Waseda - PAPI2007 は，文部科学省私立大学学術研究高度化推進事業（オープン・リサーチ・センター整備事業）「政治経済制度・価値理念の比較研究プロジェクト」の一環として実施された。

　2009 年衆院選前後に実施された，早稲田大学・読売新聞共同実施「日本人の社会的期待と総選挙に関する世論調査」（Waseda - CASI&PAPI2009（WC&P2009））も，CASI と PAPI の二つによって構成される。本調査は，読売新聞世論調査部の協力の下，田中愛治（調査代表者），西澤由隆，栗山浩一，渡部幹，日野愛郎，飯田健，森本裕子の各先生（および筆者）に

よって，また遠藤晶久，細貝亮，荒井紀一郎，三村憲弘，山﨑新の各氏の助力を得て実施された．Waseda‑CASI2009は，早稲田大学グローバルCOEプログラム「制度構築の政治経済学——期待実現社会に向けて——」の一環として，文部科学省からの補助金を受けて実施された．Waseda‑PAPI2009の実施にあたっては，文部科学省私立大学学術研究高度化推進事業(オープン・リサーチ・センター整備事業)「政治経済制度・価値理念の比較研究プロジェクト」の補助を受けた．

　2010年参院選前後に実施された，早稲田大学・読売新聞共同実施「日本人の社会的期待と選挙に関する世論調査」（Waseda‑CASI2010（WCASI2010））は，CASIによる面接式の全国世論調査である．読売新聞世論調査部の協力の下，田中愛治（調査代表者），西澤由隆，日野愛郎，飯田健の各先生（および筆者）によって，また遠藤晶久，細貝亮，荒井紀一郎，三村憲弘，山﨑新の各氏の助力を得て実施された．Waseda‑CASI2010は，早稲田大学グローバルCOEプログラム「制度構築の政治経済学——期待実現社会に向けて——」の一環として，文部科学省からの補助金を受けて実施された．

　これら調査の個票データは，東京大学社会科学研究所附属社会調査・データアーカイブ研究センターSSJデータアーカイブを通じて公開されている（寄託者名：W‑CASI研究会2007，W‑CASI研究会2009，W‑CASI研究会2010）．筆者はプロジェクトに参画していたため，公開前からデータ利用の許可を受けた．

WEB2012調査（第6章・第7章）

調査名　　　　：　衆議院議員選挙に関する調査
調査代表者　　：　スティーヴンR.リード（中央大学教授）
調査委託先　　：　株式会社　日経リサーチ
調査時期　　　：　選挙前調査　2012年12月7日（金）から12月15日（土）まで
　　　　　　　　　選挙後調査　2012年12月17日（月）から12月25日（火）まで
調査対象者　　：　日経リサーチに登録している調査モニターから，比例ブロック×世代×性別でほぼ均等になるように割り付けた

       上で，32239名を抽出した
回答者数　　：選挙前調査・選挙後調査の両方に回答したのは3210名
　　　　　　　である
その他　　　：本調査の実施にあたり，科学研究費補助金・基盤研究(B)
　　　　　　　(研究課題番号24330045)の助成を受けた
　　　　　　　筆者は本研究課題の研究分担者として，データ利用の許
　　　　　　　可を得た

WEB2013調査(第4章・第6章・第7章)
調査名　　　：参議院議員選挙に関する調査
調査代表者　：今井亮佑
調査委託先　：株式会社　日経リサーチ
調査時期　　：選挙前調査　2013年7月12日(金)から7月20日(土)まで
　　　　　　　選挙後調査　2013年7月22日(月)から7月29日(月)まで
調査対象者　：日経リサーチに登録している調査モニターから，比例ブ
　　　　　　　ロック×世代×性別でほぼ均等になるように割り付けた
　　　　　　　上で，56617名を抽出した
回答者数　　：選挙前調査・選挙後調査の両方に回答したのは5283名
　　　　　　　である
その他　　　：本調査の実施にあたり，科学研究費補助金・若手研究(B)
　　　　　　　(研究課題番号25780093)の助成を受けた

WEB2014調査(第6章・第7章)
調査名　　　：衆議院議員選挙に関する調査
調査代表者　：遠藤晶久(早稲田大学助手)
調査委託先　：株式会社　日経リサーチ
調査時期　　：選挙前調査　2014年12月2日(火)から12月12日(金)
　　　　　　　まで
　　　　　　　選挙後調査　2014年12月18日(木)から12月25日(木)
　　　　　　　まで
調査対象者　：日経リサーチに登録している調査モニターから，比例
　　　　　　　ブロック×世代×性別でほぼ均等になるように割り付けた

回答者数　　：選挙前調査・選挙後調査の両方に回答したのは3668名である
その他　　　：本調査の実施にあたり，科学研究費補助金・若手研究(B)（研究課題番号25780103)の助成を受けた
　　　　　　研究代表者の遠藤晶久先生のご厚意により，データ利用の許可をいただいた。記して謝意を表する

　なお，本研究における分析は全て筆者の責任によって行われたものであり，これらのデータを収集した研究者グループには一切の責任がないことは言うまでもない。

補遺 B
二次データ　変数の定義

JEDS96
【投票行動】　選挙後調査 Q2 SQ1
0 ＝自民党の公認候補，自民党の推薦／支持候補への投票
1 ＝新進党／民主党の公認候補，新進党／民主党の推薦／支持候補への投票
2 ＝棄権，小選挙区では投票せず（第 4 章のみ）
- さきがけが推薦／支持した民主党公認候補に投票した回答者は分析から除外した。
- 民主党公認候補をさきがけが推薦／支持した選挙区で，新進党公認候補が出馬していない 3 選挙区は分析から除外した。
- 民主党公認候補を自民党が推薦／支持した 3 選挙区は分析から除外した。
- 自民党公認候補を民主党が推薦／支持した 1 選挙区は分析から除外した。
- 新進党が公認／推薦／支持した候補者，民主党が公認／推薦／支持した候補者がいずれもいなかった 21 選挙区は分析から除外した。
- さきがけ公認候補を自民・民主両党が推薦／支持した 1 選挙区は分析から除外した。

【候補者重視／政党重視】　選挙後調査 Q2 SQ3
【候補者認知（自民党，野党）】　選挙前調査 Q1 SQ1
- 従属変数として対象となっている候補者について，「よく知っている」「ある程度知っている」「名前だけ知っている」とし，かつ感情温度形式による好感度を答えた場合 1，それ以外を 0 とする。
- 「候補者認知：野党」に関しては，新進党の公認／推薦／支持候補と民主党の公認／推薦／支持候補の両方が立候補している選挙区では，いずれか一方もしくは両方の候補者を認知している場合 1，両方とも知らない場合 0 とした。

【候補者感情温度（自民党，野党）】　選挙前調査 Q1 SQ2
- 0 度から 24 度を 0，25 度から 49 度を 1，50 度を 2，51 度から 75 度を 3，76 度から 100 度を 4 とした（以下，本研究で感情温度を用いる際は全て 5

段階にリスケールしている)。
- □ 「候補者感情温度:野党」に関しては，新進党の公認／推薦／支持候補と民主党の公認／推薦／支持候補の両方が立候補している選挙区で，かつ両方の候補者を認知している場合には，新進党候補に対する感情温度と民主党候補に対する感情温度の相対的に高い方をとった。
- □ 上記「候補者認知」が0の場合は0とした。

【政党感情温度】 選挙前調査Q3 SQ2
- □ 「政党感情温度:野党」に関しては，新進党の公認／推薦／支持候補と民主党の公認／推薦／支持候補の両方が立候補している選挙区では新進党感情温度と民主党感情温度の相対的に高い方を，前者のみが立候補している選挙区では新進党感情温度を，後者のみが立候補している選挙区では民主党感情温度を，それぞれとった。
- □ DK／NAは50度として扱った(他のデータに関しても同様)。
- □ 第3章の分析では，それぞれ5段階にリスケールした上で，野党に対する感情温度から自民党に対する感情温度を引いた。最小値-4，最大値+4。

【保革:立場の認識の有無】 選挙前調査Q14, Q15 (1)～(3)
- □ 保革次元上の自身の立場を表明し，自民党の立場，および新進党と民主党のいずれかの立場を主観的に認識している場合を1，それ以外の場合を0とした。

【保革:｜自己-野党｜-｜自己-自民｜】 選挙前調査Q14, Q15 (1)～(3)
- □ 保革次元上の自己の立場と自分が認識する野党の立場との距離の絶対値から，自己の立場と自身が認識する自民党の立場との距離の絶対値を引いた値。最小値-10，最大値+10。
- □ 「立場の認識の有無」が0の人は0とした。
- □ 新進党と民主党のいずれかのみ認識している場合はその認識している政党の立場を野党の立場とし，両党ともに認識している場合は自己の立場との距離がより小さい方を野党の立場とした。

【内閣業績評価】 選挙前調査Q21
「一般的にいって，これまでの橋本内閣の仕事ぶりをどうお考えですか」という質問に対する回答。
1=全くよくない　2=あまりよくない　3=ふつう／DK／NA
4=まあよい　　　5=非常によい

【被投票依頼経験】 選挙後調査Q8 SQ2
「それでは，反対に，どなたか知り合いや家族・親せきなどから，ある候補者や政党に投票してほしい，というような働きかけを受けましたか」という質問に対する回答。
- □ 「被投票依頼:自民党」に関しては，「自民党」，「社民党」／「さきがけ」(該

当選挙区のみ)についての働きかけを受けた場合1，それ以外を0とした。
「被投票依頼：野党」に関しては，「新進党」，「民主党」，「民改連」／「無所属」(該当選挙区のみ)についての働きかけを受けた場合1，それ以外を0とした。

- 第3章では，「被投票依頼：野党」から「被投票依頼：自民党」を引いた。最小値-1，最大値+1。

【選挙運動接触】　選挙後調査Q9_2（ア）（イ）（ウ）
「今年の9月以降，あなたは，選挙運動に関することで，ここにあげるようなことに参加したり，働きかけを受けましたか。それは，どの候補者や政党でしたか。思いつく方からお答えください」という質問の，(ア)選挙運動のハガキを受け取った，(イ)選挙運動の新聞・ビラを受け取った，(ウ)選挙運動の電話を受けた，という3項目に対する回答。

- 「選挙運動接触：自民党」に関しては，「自民党」,「社民党」／「さきがけ」(該当選挙区のみ)から，(ア)〜(ウ)のいずれか一つ以上について受けた場合1，それ以外を0とした。
  「選挙運動接触：野党」に関しては，「新進党」,「民主党」,「民改連」／「無所属」(該当選挙区のみ)から，(ア)〜(ウ)のいずれか一つ以上について受けた場合1，それ以外を0とした。
- 第3章では，「選挙運動接触：野党」から「選挙運動接触：自民党」を引いた。最小値-1，最大値+1。

【投票義務感】　選挙前調査Q30（2）
「選挙では大勢の人々が投票するのだから，自分一人位投票しても，しなくても，どちらでもかまわない」という意見に対する考え方。
1＝賛成　2＝どちらかといえば賛成　3＝どちらともいえない／DK／NA
4＝どちらかといえば反対　5＝反対

【有効性感覚】　選挙後調査Q20（1）（2）
「自分は政府のすることに対して，それを左右する力はない」，「政治とか政府とかは，あまりに複雑なので，自分には何をやっているのかよく理解できないことがある」という二つの意見に対する考え方。
1＝賛成　2＝どちらかといえば賛成　3＝どちらともいえない／DK／NA
4＝どちらかといえば反対　5＝反対
として，和をとった。

東京大学蒲島＝谷口研究室・朝日新聞共同調査
【投票行動】
(2003年衆院選：第2回調査問8)
0＝自民党公認候補に投票　1＝民主党公認候補に投票

□ 自民党公認候補もしくは民主党公認候補のいずれかが出馬していない小選挙区の回答者，および2004年参院選における投票行動に関する分析で対象外となる回答者は分析から除外した。
(2004年参院選：第3回調査問1，問7)
0＝自民党公認候補，自民党の推薦を受けた無所属候補に投票
1＝民主党公認候補，民主党の推薦を受けた無所属候補に投票　2＝棄権

【政党感情温度】
2003年衆院選：第2回調査問13，04年参院選：第3回調査問11
□ 「感情温度：野党マイナス自民党」に関しては，それぞれ5段階にリスケールした上で，民主党に対する感情温度から自民党に対する感情温度を引いた。最小値−4，最大値＋4。

【保革：立場の認識の有無】
2003年衆院選：第2回調査問13，04年参院選：第3回調査問11
□ 保革次元上の自身の立場を表明し，自民党と民主党の立場の両方を主観的に認識している場合を1，それ以外の場合を0とした。

【保革：｜自己−野党｜−｜自己−自民｜】　同上
□ 保革次元上の自己の立場と自分が認識する民主党の立場との距離の絶対値から，自己の立場と自身が認識する自民党の立場との距離の絶対値を引いた値。最小値−9，最大値＋9。
□ 「立場の認識の有無」が0の人は0とした。

【内閣業績評価】
(2003年衆院選：第1回調査問6-1)
「あなたは，小泉内閣の実績全般を評価しますか，評価しませんか」という質問に対する回答。
1＝全く評価しない　2＝あまり評価しない　3＝どちらとも言えない／DK／NA　4＝ある程度評価する　5＝大いに評価する
(2004年参院選：第3回調査問12)
「あなたは，これまでの小泉内閣や小泉首相の施策や行動，言動についてどの程度評価していますか」という質問の，「景気対策」「年金制度改革」「北朝鮮との外交交渉」「イラクへの自衛隊派遣」「イラクでの多国籍軍への参加表明」「道路公団改革」「首相の靖国神社への参拝」「『構造改革なくして成長なし』という発言」「『人生いろいろ，会社もいろいろ，社員もいろいろだ』という発言」「財政改革」「安倍晋三氏の自民党幹事長への抜擢」の11項目に対する回答の和をとった。最小値11，最大値55，Cronbach's alpha＝0.859。

【投票義務感】　第3回調査問23
「選挙では大勢の人々が投票するのだから，自分一人くらい投票しなくてもかまわない」という意見に対する考え方。

1 ＝反対　2 ＝どちらかと言えば反対　3 ＝どちらとも言えない／DK／NA
4 ＝どちらかと言えば賛成　5 ＝賛成

JES III 調査
【投票行動】
(2001 年参院選　事後電話調査問 1・問 2)
0 ＝自民党の公認候補, 自民党の推薦／支持候補への投票
1 ＝民主党／自由党の公認候補, 民主党／自由党の推薦／支持候補への投票
2 ＝棄権(第 4 章のみ)
(2003 年衆院選　事後調査 Q1, Q1 SQ1, Q1 SQ2)
0 ＝自民党の公認／推薦候補への投票　1 ＝民主党の公認／推薦候補への投票
2 ＝棄権／白票／無効票(第 4 章のみ)
□　自民党が公認／推薦した候補者がいなかった 3 選挙区は分析から除外した。
□　民主党が公認／推薦した候補者がいなかった 14 選挙区は分析から除外した。
(2004 年参院選　事後調査 Q1, Q1 SQ1, Q1 SQ2)
0 ＝自民党の公認／推薦候補への投票　1 ＝民主党の公認／推薦候補への投票
2 ＝棄権／白票／無効票(第 4 章のみ)
□　民主党が公認／推薦した候補者がいなかった 1 選挙区は分析から除外した。
(2005 年衆院選　事後調査 Q1, Q1 SQ1, Q1 SQ2)
0 ＝自民党の公認／推薦候補への投票　1 ＝民主党の公認候補への投票
2 ＝棄権／白票／無効票(第 4 章のみ)
□　自民党が公認／推薦した候補者がいなかった 1 選挙区は分析から除外した。
□　民主党が公認した候補者がいなかった 11 選挙区は分析から除外した。

【保革次元上の位置(グループ A 〜 D の類型化)】
□　自己：2003 年事前調査 Q22, 04 年事前調査 Q24, 05 年事前調査 Q29
□　自民党・民主党：2004 年参院選事後調査 Q37 (1)・(2)。
□　類型化の方法は本文参照。

【候補者認知(自民党, 野党)】
□　2001 年・03 年・04 年・05 年事前調査 Q1
□　従属変数として対象となっている候補者について,「よく知っている」「少し知っている」とし, かつ感情温度形式による好感度を答えた場合 1, それ以外を 0 とするダミー変数。
□　同一政党の公認／推薦候補が複数出馬している場合, うち 1 名でも「よく知っている」「少し知っている」とし, かつ感情温度形式による好感度を答えた場合 1 とした。
□　2001 年参院選の「候補者認知：野党」に関しては, 民主党の公認／推薦／支持候補と自由党の公認／推薦／支持候補の両方が立候補している選挙区

では，いずれか一方もしくは両方の候補者を認知している場合1，両方とも知らない場合0とした。

【候補者感情温度(自民党，野党)】
- 2001年・03年・04年・05年事前調査Q1
- 従属変数として対象となっている候補者に対する感情温度。上記「候補者認知」が0の場合は0度とした。
- 同一政党の公認／推薦候補が複数出馬し，かつ上記「候補者認知」が1の候補者が複数いる場合，候補者感情温度の相対的に高い方をとった。
- 2001年参院選の「候補者感情温度：野党」に関しては，民主党の公認／推薦／支持候補と自由党の公認／推薦／支持候補の両方が立候補している選挙区で，かつ両方の候補者を認知している場合には，民主党候補に対する感情温度と自由党候補に対する感情温度の相対的に高い方をとった。

【政党感情温度(自民党，野党，公明党，保守新党)】
- 2001年事前調査Q5，03年事前調査Q6，04年事前調査Q6，05年事前調査Q8
- 2001年参院選の「政党感情温度：野党」に関しては，民主党の公認／推薦／支持候補と自由党の公認／推薦／支持候補の両方が立候補している選挙区では民主党感情温度と自由党感情温度の相対的に高い方を，前者のみが立候補している選挙区では民主党感情温度を，後者のみが立候補している選挙区では自由党感情温度を，それぞれとった。

【内閣業績評価】
- 2001年事前調査Q6（1）～（3），2003年事前調査Q7（1）～（3），2004年事前調査Q7（1）～（3），2005年事前調査Q9（1）～（3）
- 財政構造改革／景気対策／外交のこれまでの実績に対する評価について，それぞれ「1＝かなり悪い，2＝やや悪い，3＝どちらともいえない／DK／NA，4＝やや良い，5＝かなり良い」として，和をとった。

【被投票依頼経験(自民党，野党)】
- 2001年事後調査問15，03年事後調査Q6，04年事後調査Q11，05年事後調査Q6
- 質問の形式がJEDS96とほぼ同様のため，基本的にはJEDS96と同様の形で変数化した。
- 「被投票依頼経験：自民党」に関しては，自民党公認候補が出馬している選挙区において「自民党」についての働きかけを受けた場合，および自民党が推薦している他党公認候補が出馬している選挙区において当該政党（「公明党」（2003年・05年衆院選のみ），「保守新党」（2003年衆院選のみ））についての働きかけを受けた場合を1，それ以外を0とした。
- 「被投票依頼経験：野党」に関しては，民主党公認候補が出馬している選挙

区において「民主党」についての働きかけを受けた場合，および民主党が推薦している候補者が出馬している選挙区において「社民党」（2003年衆院選のみ），「無所属」（2004年参院選のみ）についての働きかけを受けた場合を1，それ以外を0とした。

【選挙運動接触（自民党，野党）】
- 2001年事後調査問16，03年事後調査Q7，04年事後調査Q12，05年事後調査Q7
- 質問の形式がJEDS96とほぼ同様のため，基本的にはJEDS96と同様の形で変数化した。
- 「選挙運動接触：自民党」に関しては，自民党公認候補が出馬している選挙区において「自民党」から(ア)～(ウ)のいずれか一つ以上について受けた場合，および自民党が推薦している他党公認候補が出馬している選挙区において当該政党（「公明党」（2003年・05年衆院選のみ），「保守新党」（2003年衆院選のみ））から(ア)～(ウ)のいずれか一つ以上について受けた場合を1，それ以外を0とした。
- 「選挙運動接触：野党」に関しては，民主党公認候補が出馬している選挙区において「民主党」から(ア)～(ウ)のいずれか一つ以上について受けた場合，および民主党が推薦している他党公認候補が出馬している選挙区において当該政党（「社民党」（2003年衆院選のみ））から(ア)～(ウ)のいずれか一つ以上について受けた場合を1，それ以外を0とした。

【争点態度（郵政民営化）】 2005年のみ（事前調査Q28）
- 「A：郵政事業の効率を良くしてコストを下げるためには，郵政民営化に賛成である，B：郵政事業が撤退して困る地域が出てくるので，郵政民営化には反対である」という二つの意見に対する考え方。「Aに近い」を−2，「どちらかといえばA」を−1，「DK／NA」を0，「どちらかといえばB」を＋1，「Bに近い」を＋2とし，この問題を「かなり重要である」と考えている人は×3，「やや重要である」と考えている人は×2，「あまり重要ではない」と考えている人は×1，「ほとんど重要ではない」と考えている人およびDK／NAの人は×0，という形で重み付けした。

【政治関心度】
- 2001年事前調査Q24，03年事前調査Q25，04年事前調査Q27，05年事前調査Q32
- 「選挙のある，なしに関わらず，いつも政治に関心を持っている人もいますし，そんなに関心を持たない人もいます。あなたは政治上のできごとに，どれくらい注意を払っていますか」という質問に対する回答。
1＝全く注意していない／DK／NA　2＝たまに注意を払っている
3＝時々注意を払っている　4＝いつも注意を払っている

【投票義務感・有効性感覚】
- □ 2001年事前調査Q32，03年事前調査Q32，04年事前調査Q34，05年事前調査Q39
- □ 質問文・選択肢のワーディングが一部異なるが，基本的にはJEDS96と同様の形で変数化した。

Waseda-CASI&PAPI2007・2009, Waseda-CASI2010
【投票行動】
(2007年事後調査3，問3 SQ5，09年事後調査問3，問3 SQ1)
0＝自民党の公認／推薦候補への投票　1＝民主党の公認／推薦候補への投票
2＝棄権，（小）選挙区では投票せず，（小）選挙区では白票
- □ 2009年に自民党が公認／推薦した候補者がいなかった3選挙区は分析から除外した。
- □ 2009年に民主党が公認／推薦した候補者がいなかった4選挙区は分析から除外した。

(2010年事後調査問3，問3 SQ1)
0＝民主党の公認／推薦候補への投票　1＝自民党の公認候補への投票
2＝棄権，選挙区では投票せず，選挙区では白票
- □ 民主党が公認／推薦した候補者がいなかった1選挙区は分析から除外した。

【保革次元上の位置（グループA～Dの類型化）】
- □ 自己：2007年事後調査問11（1），09年事後調査問6（1），10年事前調査問29
- □ 自民党・民主党：2007年事後調査問11（2）（3），09年事後調査問6（2）（3），10年事前調査問29（1）1・2
- □ 類型化の方法は本文参照。

【性別】　2007年事前調査問35，09年事前調査問37，10年事前調査問38
0＝男性　1＝女性

【年代】　2007年事前調査問36，09年事前調査問38，10年事前調査問39
1＝20歳代　2＝30歳代　3＝40歳代　4＝50歳代　5＝60歳代
6＝70歳以上

【学歴】　2007年事前調査問39，09年事前調査問41，10年事前調査問42
1＝戦前の旧制中学校／旧制女学校，戦後の高校　2＝戦前の小学校／尋常小学校／高等小学校，戦後の小学校／中学校　3＝戦前の旧制高専／旧制高校，戦後の短大／高等専門学校／専門学校　4＝戦前の旧制専門学校／予科／旧制大学，戦後の大学／大学院

【テレビ視聴頻度】　2007年・09年・10年事前調査問1（1）
1＝全く見ない／DK／NA　2＝週に1日くらい　3＝週に2～3日くらい

4＝週に4〜5日くらい　5＝毎日または，ほぼ毎日
【新聞閲読頻度】2007年・09年・10年事前調査問1（2）
1＝全く読まない／DK／NA　2＝週に1日くらい　3＝週に2〜3日くらい
4＝週に4〜5日くらい　5＝毎日または，ほぼ毎日
【政治関心度】2007年・09年・10年事前調査問3
1＝関心がない／DK／NA　2＝あまり関心がない　3＝ある程度関心がある
4＝関心がある
【政治満足度】2007年事前調査問17，09年事前調査問10，10年事前調査問11
1＝不満である　2＝やや不満である　3＝どちらでもない／DK／NA
4＝だいたい満足している　5＝満足している
【無党派ダミー】2007年事前調査問9，09年事前調査問6，10年事前調査問7
1＝（支持政党が）どの政党でもない／DK／NA　0＝それ以外
【政治的知識量】
- 2007年事前調査問26，問34，事後調査問19，問20，09年事前調査問19〜問22，10年事前調査問20〜問23
- 正解を1，不正解／DK／NAを0とし，標準化した上で加算した。

【政党感情温度（自民党，民主党，公明党）】
- 2007年事前調査問5，09年事前調査問4 SQ1，10年事前調査問5-1
- 2009年衆院選の「政党感情温度：野党」に関しては，社民党公認候補，国民新党公認候補を民主党が推薦している場合，民主党感情温度と社民党感情温度，国民新党感情温度の相対的に高い方をとった。

【内閣業績評価】
- 2007年事前調査問30，09年事前調査問27，10年事前調査問28-1
- 「今までうかがってきたような，政策上のさまざまな問題を考えたとき，全体として○○内閣はよくやってきたと思いますか。それとも，よくやってこなかったと思いますか」という質問に対する回答。
1＝よくやってこなかった　2＝あまりよくやってこなかった
3＝DK／NA　4＝まあよくやってきた　5＝よくやってきた

【被投票依頼経験（自民党，民主党）】
- 2007年事後調査問4，問4 SQ1，09年事後調査問12，問12 SQ1，10年事後調査問11，問11 SQ1
- 2007年参院選に関しては，質問の形式がJES IIIとほぼ同様（ただし，「最も多く働きかけを受けた政党」と「2番目に多く働きかけを受けた政党」を挙げてもらうのではなく多重回答形式）のため，基本的にはJES III（2004年参院選）と同様の形で変数化した。

- 2009年衆院選・10年参院選に関しては，「今回の選挙期間中，ここに挙げている団体からある候補者や政党に投票してほしいと働きかけを受けましたか」という質問を用いて，計13の団体からの働きかけの有無を変数化した。
- 2009年の「被投票依頼経験：与党」と10年の「被投票依頼経験：野党」に関しては，自民党公認候補が出馬している選挙区においていずれかの団体から「自民党」についての働きかけを受けた場合，および自民党が推薦している公明党公認候補が出馬している選挙区においていずれかの団体から「公明党」（2009年衆院選のみ）についての働きかけを受けた場合を1，それ以外を0とした。
- 2009年の「被投票依頼経験：野党」と10年の「被投票依頼経験：与党」に関しては，民主党公認候補が出馬している選挙区においていずれかの団体から「民主党」についての働きかけを受けた場合，および民主党が推薦している候補者が出馬している選挙区においていずれかの団体から「社民党」（2009年衆院選のみ），「国民新党」（同），「無所属」についての働きかけを受けた場合を1，それ以外を0とした。

【選挙運動接触（自民党，民主党）】
- 2009年・10年事後調査問4，問4 SQ1
- 「あなたは今回の衆議院／参議院選挙で，候補者や政党の事務所からハガキや電話やビラで，候補者に投票してほしい，というような働きかけを受けましたか」と尋ね，「ハガキ」「電話」「ビラ」について該当する政党を挙げてもらった質問に対する回答。
- 2009年の「選挙運動接触：与党」と10年の「選挙運動接触：野党」に関しては，自民党公認候補が出馬している選挙区において「自民党」を挙げた場合，および自民党が推薦している公明党公認候補が出馬している選挙区において「公明党」（2009年衆院選のみ）を挙げた場合を1，それ以外を0とした。
- 2009年の「選挙運動接触：野党」と10年の「選挙運動接触：与党」に関しては，民主党公認候補が出馬している選挙区において「民主党」を挙げた場合，および民主党が推薦している候補者が出馬している選挙区において「社民党」（2009年衆院選のみ），「国民新党」（2009年衆院選のみ），「無所属」（2010年参院選のみ）を挙げた場合を1，それ以外を0とした。

【投票義務感・有効性感覚】
- 2007年事前調査問33（イ）（エ）（オ），09年事前調査問34（イ）（エ）（オ），10年問35（イ）（エ）（オ）
- 質問文・選択肢のワーディングが一部異なるが，基本的にはJEDS96，JES Ⅲと同様の形で変数化した。

【衆院選・参院選の重要度】
- □ 2007年事前調査問28，09年事前調査問25，10年事前調査問26
- □ 類型化の方法は本文参照。

※ いずれの変数も，最小値0，最大値1にリスケールして分析に投入した。

参考文献（アルファベット順）

Abramowitz, Alan I. 1985. "Economic Conditions, Presidential Popularity, and Voting Behavior in Midterm Congressional Elections." *Journal of Politics* 47: 31-43.

Abramowitz, Alan I., and Jeffrey A. Segal. 1992. *Senate Elections*. Ann Arbor: The University of Michigan Press.

Abramowitz, Alan I., Albert D. Cover, and Helmut Norpoth. 1986. "The Presidential Party in Midterm Elections: Going from Bad to Worse." *American Journal of Political Science* 30: 562-76.

Abramowitz, Alan I., David J. Lanoue, and Subha Ramesh. 1988. "Economic Conditions, Causal Attributions, and Political Evaluations in the 1984 Presidential Election." *Journal of Politics* 50: 848-63.

Alesina, Alberto, and Howard Rosenthal. 1989. "Partisan Cycles in Congressional Elections and the Macroeconomy." *American Political Science Review* 83: 373-98.

Alesina, Alberto, and Howard Rosenthal. 1995. *Partisan Politics, Divided Government, and the Economy.* New York: Cambridge University Press.

Alvarez, R. Michael, and Matthew M. Schousen. 1993. "Policy Moderation or Conflicting Expectations? Testing the Intentional Models of Split-Ticket Voting." *American Politics Quarterly* 21: 410-38.

Anderson, Cameron D. 2006. "Economic Voting and Multilevel Governance: A Comparative Individual-Level Analysis." *American Journal of Political Science* 50: 449-63.

Anderson, Christopher J. 2000. "Economic Voting and Political Context: A Comparative Perspective." *Electoral Studies* 19: 151-70.

Anderson, Christopher J., and Daniel S. Ward. 1996. "Barometer Elections in Comparative Perspective." *Electoral Studies* 15: 447-60.

Arceneaux, Kevin. 2006. "The Federal Face of Voting: Are Elected Officials Held Accountable for the Functions Relevant to Their Office?" *Political Psychology* 27: 731-54.

Bafumi, Joseph, Robert S. Erikson, and Christopher Wlezien. 2010. "Balancing, Generic Polls and Midterm Congressional Elections." *Journal of Politics* 72: 705-19.

Beck, Nathaniel. 1991. "The Economy and Presidential Approval: An Information Theoretic Perspective." in Helmut Norpoth, Michael S. Lewis-Beck, and Jean-Dominique Lafay (eds.). *Economics and Politics: The Calculus of Support.* Ann Arbor: The University of Michigan Press, 85-101.

Bengtsson, Åsa. 2004. "Economic Voting: The Effect of Political Context, Volatility and Turnout on Voters' Assignment of Responsibility." *European Journal of Political*

Research 43: 749-67.

Berelson, Bernard R., Paul F. Lazarsfeld, and William N. McPhee. 1954. *Voting: A Study of Opinion Formation in a Presidential Campaign*. Chicago: The University of Chicago Press.

Blondel, Jean, Richard Sinnott, and Palle Svensson. 1997. "Representation and Voter Participation." *European Journal of Political Research* 32: 243-72.

Born, Richard. 1984. "Reassessing the Decline of Presidential Coattails: U.S. House Elections from 1952 — 80." *Journal of Politics* 46: 60-79.

Born, Richard. 1986. "Strategic Politicians and Unresponsive Voters." *American Political Science Review* 80: 599-612.

Born, Richard. 1990. "Surge and Decline, Negative Voting, and the Midterm Loss Phenomenon: A Simultaneous Choice Analysis." *American Journal of Political Science* 34: 615-45.

Born, Richard. 1994a. "Split - Ticket Voters, Divided Government, and Fiorina's Policy - Balancing Model." *Legislative Studies Quarterly* 19: 95-115.

Born, Richard. 1994b. "Split - Ticket Voters, Divided Government, and Fiorina's Policy - Balancing Model — Rejoinder." *Legislative Studies Quarterly* 19: 126-29.

Born, Richard. 2000. "Policy - Balancing Models and the Split - Ticket Voter, 1972 — 1996." *American Politics Quarterly* 28: 131-62.

Brown, Adam R. 2010. "Are Governors Responsible for the State Economy? Partisanship, Blame, and Divided Federalism." *Journal of Politics* 72: 605-15.

Brunell, Thomas L., and Bernard Grofman. 2009. "Testing Sincere versus Strategic Split - Ticket Voting at the Aggregate Level: Evidence from Split House - President Outcomes, 1900 — 2004." *Electoral Studies* 28: 62-69.

Burden, Barry C., and David C. Kimball. 2002. *Why Americans Split Their Tickets: Campaigns, Competition, and Divided Government*. Ann Arbor: The University of Michigan Press.

Calvert, Randall L., and John A. Ferejohn. 1983. "Coattail Voting in Recent Presidential Elections." *American Political Science Review* 77: 407-19.

Campbell, Angus. 1960. "Surge and Decline: A Study of Electoral Change." *Public Opinion Quarterly* 24: 397-418.

Campbell, Angus, Philip E. Converse, Warren E. Miller, and Donald E. Stokes.1960. *The American Voter*. New York: John Wiley & Sons.

Campbell, James E. 1985. "Explaining Presidential Losses in Midterm Congressional Elections." *Journal of Politics* 47: 1140-57.

Campbell, James E. 1991. "The Presidential Surge and its Midterm Decline in Congressional Elections, 1868 — 1988." *Journal of Politics* 53: 477-87.

Campbell, James E. 1997a. *The Presidential Pulse of Congressional Elections, 2nd ed.* Lexington: The University Press of Kentucky.

Campbell, James E. 1997b. "The Presidential Pulse and the 1994 Midterm Congressional Election." *Journal of Politics* 59: 830-57.

Carrubba, Cliff, and Richard J. Timpone. 2005. "Explaining Vote Switching Across First - and Second - Order Elections: Evidence from Europe." *Comparative Political Studies* 38: 260-81.

Carsey, Thomas M., and Geoffrey C. Layman. 2004. "Policy Balancing and Preferences for Party Control of Government." *Political Research Quarterly* 57: 541-50.

Chappell, Henry W., Jr., and Motoshi Suzuki. 1993. "Aggregate Vote Functions for the U.S. Presidency, Senate, and House." *Journal of Politics* 55: 207-17.

Clarke, Harold D., and Marianne C. Stewart. 1994. "Prospections, Retrospections, and Rationality: The 'Bankers' Model of Presidential Approval Reconsidered." *American Journal of Political Science* 38: 1104-23.

Converse, Philip E. 1966. "The Concept of a Normal Vote." in Angus Campbell, Philip E. Converse, Warren E. Miller, and Donald E. Stokes. *Elections and the Political Order.* New York: John Wiley and Sons, Inc., 9-39.

Cover, Albert D. 1986. "Presidential Evaluations and Voting for Congress." *American Journal of Political Science* 30: 786-801.

Cox, Gary W., Mikitaka Masuyama, and Mathew D. McCubbins. 2000. "Agenda Power in the Japanese House of Representatives." *Japanese Journal of Political Science* 1: 1-21.

Cutler, Fred. 2008. "One Voter, Two First - Order Elections?" *Electoral Studies* 27: 492-504.

De Vries, Catherine E., Erica E. Edwards, and Erik R. Tillman. 2011. "Clarity of Responsibility Beyond the Pocketbook: How Political Institutions Condition EU Issue Voting." *Comparative Political Studies* 44: 339-63.

De Vries, Catherine E., Wouter van der Brug, Marcel H. van Egmond, and Cees van der Eijk. 2011. "Individual and Contextual Variation in EU Issue Voting: The Role of Political Information." *Electoral Studies* 30: 16-28.

Downs, Anthony. 1957. *An Economic Theory of Democracy.* New York: Harper & Raw.

Easton, David. 1965. *A Systems Analysis of Political Life.* New York: John Wiley & Sons.

Elkink, Johan A., and Richard Sinnott. 2015. "Political Knowledge and Campaign Effects in the 2008 Irish Referendum on the Lisbon Treaty." *Electoral Studies* 38: 217-25.

Erikson, Robert S. 1988. "The Puzzle of Midterm Loss." *Journal of Politics* 50: 1011-29.

Erikson, Robert S. 1990a. "Economic Conditions and the Congressional Vote: A Review of the Macrolevel Evidence." *American Journal of Political Science* 34: 373-99.

Erikson, Robert S. 1990b. "Reply to Jacobson." *American Journal of Political Science* 34: 405-07.

Erikson, Robert S., Michael B. MacKuen, and James A. Stimson. 2000. "Bankers or Peasants Revisited: Economic Expectations and Presidential Approval." *Electoral Studies* 19: 295-312.

Feldman, Stanley. 1982. "Economic Self-Interest and Political Behavior." *American Journal of Political Science* 26: 446-66.

Ferejohn, John A., and Randall L. Calvert. 1984. "Presidential Coattails in Historical Perspective." *American Journal of Political Science* 28: 127-46.

Ferrara, Federico, and J. Timo Weishaupt. 2004. "Get Your Act Together: Party Performance in European Parliament Elections." *European Union Politics* 5: 283-306.

Festinger, Leon. 1957. *A Theory of Cognitive Dissonance*. Stanford: Stanford University Press.

Fiorina, Morris P. 1978. "Economic Retrospective Voting in American National Elections: A Micro-Analysis." *American Journal of Political Science* 22: 426-43.

Fiorina, Morris P. 1981. *Retrospective Voting in American National Elections*. New Haven: Yale University Press.

Fiorina, Morris P. 1988. "The Reagan Years: Turning to the Right or Groping to the Middle?" in Barry Cooper, Allan Kornberg, and William Mishler (eds.). *The Resurgence of Conservatism in Anglo-American Democracies*. Durham: Duke University Press, 430-59.

Fiorina, Morris P. 1992. "An Era of Divided Government." *Political Science Quarterly* 107: 387-410.

Fiorina, Morris P. 1994. "Split-Ticket Voters, Divided Government, and Fiorina's Policy-Balancing Model — Response to Born." *Legislative Studies Quarterly* 19: 117-25.

Fiorina, Morris P. 2003. *Divided Government, 2nd ed.* New York: Longman.

Flanagan, Scott C., Shinsaku Kohei, Ichiro Miyake, Bradley M. Richardson, and Joji Watanuki. 1991. *The Japanese Voter*. New Haven: Yale University Press.

Flickinger, Richard S., and Donley T. Studlar. 2007. "One Europe, Many Electorates? Models of Turnout in European Parliament Elections After 2004." *Comparative*

Political Studies 40: 383-404.

Franklin, Mark N. 2002. "Learning from the Danish Case: A Comment on Palle Svensson's Critique of the Franklin Thesis." *European Journal of Political Research* 41: 751-57.

Franklin, Mark N. 2007. "Effects of Space and Time on Turnout in European Parliament Elections." in Wouter van der Brug and Cees van der Eijk (eds.). *European Elections & Domestic Politics: Lessons from the Past and Scenarios for the Future*. Notre Dame: University of Notre Dame Press, 13-31.

Franklin, Mark N., and Wolfgang P. Hirczy de Miño. 1998. "Separated Powers, Divided Government, and Turnout in U.S. Presidential Elections." *American Journal of Political Science* 42: 316-26.

Franklin, Mark N., and Sara B. Hobolt. 2011. "The Legacy of Lethargy: How Elections to the European Parliament Depress Turnout." *Electoral Studies* 30: 67-76.

Franklin, Mark, Cees van der Eijk, and Erik Oppenhuis. 1996. "The Institutional Context: Turnout." in Cees van der Eijk and Mark N. Franklin (eds.). *Choosing Europe? The European Electorate and National Politics in the Face of Union*. Ann Arbor: The University of Michigan Press, 306-31.

Frymer, Paul, Thomas P. Kim, and Terri L. Bimes. 1997. "Party Elites, Ideological Voters, and Divided Party Government." *Legislative Studies Quarterly* 22: 195-216.

Garand, James C., and Marci Glascock Lichtl. 2000. "Explaining Divided Government in the United States: Testing an Intentional Model of Split-Ticket Voting." *British Journal of Political Science* 30: 173-91.

Garry, John. 2013. "Direct Democracy and Regional Integration: Citizens' Perceptions of Treaty Implications and the Irish Reversal on Lisbon." *European Journal of Political Research* 52: 94-118.

Garry, John. 2014. "Emotions and Voting in EU Referendums." *European Union Politics* 15: 235-54.

Garry, John, Michael Marsh, and Richard Sinnott. 2005. "'Second-order' versus 'Issue-voting' Effects in EU Referendums." *European Union Politics* 6: 201-21.

Geer, John G., Amy Carter, James McHenry, Ryan Teten, and Jennifer Hoef. 2004. "Experimenting with the Balancing Hypothesis." *Political Psychology* 25: 49-63.

Glencross, Andrew, and Alexander Trechsel. 2011. "First or Second Order Referendums? Understanding the Votes on the EU Constitutional Treaty in Four EU Member States." *West European Politics* 34: 755-72.

Gomez, Brad T., and J. Matthew Wilson. 2001. "Political Sophistication and Economic Voting in the American Electorate: A Theory of Heterogeneous Attribution." *American Journal of Political Science* 45: 899-914.

Gomez, Brad T., and J. Matthew Wilson. 2003. "Causal Attribution and Economic Voting in American Congressional Elections." *Political Research Quarterly* 56: 271-82.

Gomez, Brad T., and J. Matthew Wilson. 2006. "Cognitive Heterogeneity and Economic Voting: A Comparative Analysis of Four Democratic Electorates." *American Journal of Political Science* 50: 127-45.

Grofman, Bernard, William Koetzle, Michael P. McDonald, and Thomas L. Brunell. 2000. "A New Look at Split-Ticket Outcomes for House and President: The Comparative Midpoint Model." *Journal of Politics* 62: 34-50.

Gronke, Paul. 2001. *The Electorate, the Campaign, and the Office: A Unified Approach to Senate and House Elections*. Ann Arbor: The University of Michigan Press.

Heath, Anthony, Iain McLean, Bridget Taylor, and John Curtis. 1999. "Between First and Second Order: A Comparison of Voting Behaviour in European and Local Elections in Britain." *European Journal of Political Research* 35: 389-414.

Hellwig, Timothy, and Eva Coffey. 2011. "Public Opinion, Party Messages, and Responsibility for the Financial Crisis in Britain." *Electoral Studies* 30: 417-26.

Hellwig, Timothy, and David Samuels. 2008. "Electoral Accountability and the Variety of Democratic Regimes." *British Journal of Political Science* 38: 65-90.

Hirschman, Albert O. 1970. *Exit, Voice, and Royalty: Responses to Decline in Firms, Organizations, and States*. Cambridge: Harvard University Press.

Hix, Simon, and Michael Marsh. 2007. "Punishment or Protest? Understanding European Parliament Elections." *Journal of Politics* 69: 495-510.

Hix, Simon, and Michael Marsh. 2011. "Second-Order Effects Plus Pan-European Political Swings: An Analysis of European Parliament Elections Across Time." *Electoral Studies* 30: 4-15.

Hobolt, Sara Binzer. 2005. "When Europe Matters: The Impact of Political Information on Voting Behaviour in EU Referendums." *Journal of Elections, Public Opinion and Parties* 15: 85-109.

Hobolt, Sara Binzer. 2006. "How Parties Affect Vote Choice in European Integration Referendums." *Party Politics* 12: 623-47.

Hobolt, Sara Binzer. 2007. "Taking Cues on Europe? Voter Competence and Party Endorsements in Referendums on European Integration." *European Journal of Political Research* 46: 151-82.

Hobolt, Sara Binzer, and Sylvain Brouard. 2011. "Contesting the European Union? Why the Dutch and the French Rejected the European Constitution." *Political Research Quarterly* 64: 309-22.

Hobolt, Sara B., and Bjørn Høyland. 2011. "Selection and Sanctioning in European

Parliamentary Elections." *British Journal of Political Science* 41: 477-98.

Hobolt, Sara B., and Jae-Jae Spoon. 2012. "Motivating the European Voter: Parties, Issues and Campaigns in European Parliament Elections." *European Journal of Political Research* 51: 701-27.

Hobolt, Sara B., and James Tilley. 2014. "Who's in Charge? How Voters Attribute Responsibility in the European Union." *Comparative Political Studies* 47: 795-819.

Hobolt, Sara Binzer, and Jill Wittrock. 2011. "The Second-Order Election Model Revisited: An Experimental Test of Vote Choices in European Parliament Elections." *Electoral Studies* 30: 29-40.

Hobolt, Sara B., Jae-Jae Spoon, and James Tilley. 2009. "A Vote Against Europe? Explaining Defection at the 1999 and 2004 European Parliament Elections." *British Journal of Political Science* 39: 93-115.

Hobolt, Sara, James Tilley, and Susan Banducci. 2013. "Clarity of Responsibility: How Government Cohesion Conditions Performance Voting." *European Journal of Political Research* 52: 164-87.

Hobolt, Sara B., James Tilley, and Jill Wittrock. 2013. "Listening to the Government: How Information Shapes Responsibility Attributions." *Political Behavior* 35: 153-74.

Imai, Ryosuke, and Ikuo Kabashima. 2008. "The LDP's Defeat in Crucial Single-seat Constituencies of the 2007 Upper House Election." *Social Science Japan Journal* 11: 277-93.

Ingberman, Daniel, and John Villani. 1993. "An Institutional Theory of Divided Government and Party Polarization." *American Journal of Political Science* 37: 429-71.

Iyengar, Shanto. 1991. *Is Anyone Responsible? How Television Frames Political Issues*. Chicago: The University of Chicago Press.

Iyengar, Shanto. 1996. "Framing Responsibility for Political Issues." *Annals of the American Academy of Political and Social Science* 546: 59-70.

Jacobson, Gary C. 1989. "Strategic Politicians and the Dynamics of U.S. House Elections, 1946 – 86." *American Political Science Review* 83: 773-93.

Jacobson, Gary C. 1990. "Does the Economy Matter in Midterm Elections?" *American Journal of Political Science* 34: 400-04.

Jacobson, Gary C., and Samuel Kernell. 1983. *Strategy and Choice in Congressional Elections, 2nd ed.* New Haven: Yale University Press.

Jones, David R., and Monika L. McDermott. 2004. "The Responsible Party Government Model in House and Senate Elections." *American Journal of Political Science* 48: 1-12.

Kawato, Sadafumi, and Mikitaka Masuyama. 2015. "Does the Divided Diet Make a Difference?" *University of Tokyo Journal of Law and Politics* 12: 22-39.

Kedar, Orit. 2009. *Voting for Policy, Not Parties: How Voters Compensate for Power Sharing.* New York: Cambridge University Press.

Kernell, Samuel. 1977. "Presidential Popularity and Negative Voting: An Alternative Explanation of the Midterm Congressional Decline of the President's Party." *American Political Science Review* 71: 44-66.

Kernell, Samuel. 1978. "Explaining Presidential Popularity: How Ad Hoc Theorizing, Misplaced Emphasis, and Insufficient Care in Measuring One's Variables Refuted Common Sense and Led Conventional Wisdom Down the Path of Anomalies." *American Political Science Review* 72: 506-22.

Key, V. O., Jr. 1966. *The Responsible Electorate: Rationality in Presidential Voting, 1936 — 1960.* Cambridge: The Belknap Press of Harvard University Press.

King, Gary, Michael Tomz, and Jason Wittenberg. 2000. "Making the Most of Statistical Analyses: Improving Interpretation and Presentation." *American Journal of Political Science* 44: 341-55.

Koepke, Jason R., and Nils Ringe. 2006. "The Second-order Election Model in an Enlarged Europe." *European Union Politics* 7: 321-46.

Kousser, Thad. 2004. "Retrospective Voting and Strategic Behavior in European Parliament Elections." *Electoral Studies* 23: 1-21.

Kramer, Gerald H. 1971. "Short-Term Fluctuations in U.S. Voting Behavior, 1896 — 1964." *American Political Science Review* 65: 131-43.

Krasno, Jonathan S. 1994. *Challengers, Competition, and Reelection: Comparing Senate and House Elections.* New Haven: Yale University Press.

Kuklinski, James H., and Darrell M. West. 1981. "Economic Expectations and Voting Behavior in United States House and Senate Elections." *American Political Science Review* 75: 436-47.

Lacy, Dean, and Philip Paolino. 1998. "Downsian Voting and the Separation of Powers." *American Journal of Political Science* 42: 1180-99.

Lefevere, Jonas, and Petre van Aelst. 2014. "First-Order, Second-Order, or Third-Rate? A Comparison of Turnout in European, Local, and National Elections in the Netherlands." *Electoral Studies* 35: 159-70.

Lewis-Beck, Michael S., and Richard Nadeau. 2004. "Split-Ticket Voting: The Effects of Cognitive Madisonianism." *Journal of Politics* 66: 97-112.

Lewis-Beck, Michael S., and Mary Stegmaier. 2000. "Economic Determinants of Electoral Outcomes." *Annual Review of Political Science* 3: 183-219.

Lewis-Beck, Michael S., and Mary Stegmaier. 2007. "Economic Models of Voting." in Russell J. Dalton and Hans-Dieter Klingemann (eds.). *The Oxford Handbook of Political Behavior.* New York: Oxford University Press, 518-37.

Leyden, Kevin M., and Stephen A. Borrelli. 1995. "The Effect of State Economic Conditions on Gubernatorial Elections: Does Unified Government Make a Difference?" *Political Research Quarterly* 48: 275-90.

Linn, Suzanna, Jonathan Nagler, and Marco A. Morales. 2010. "Economics, Elections, and Voting Behavior." in Jan E. Leighley (ed.). *The Oxford Handbook of American Elections and Political Behavior.* New York: Oxford University Press, 375-96.

Long, J. Scott. 1997. *Regression Models for Categorical and Limited Dependent Variables.* Thousand Oaks: Sage Publications.

Long, J. Scott, and Jeremy Freese. 2006. *Regression Models for Categorical and Limited Dependent Variables Using Stata, 2nd ed.* College Station: STATA Press.

Lowry, Robert C., James E. Alt, and Karen E. Ferree. 1998. "Fiscal Policy Outcomes and Electoral Accountability in American States." *American Political Science Review* 92: 759-74.

Lubbers, Marcel. 2008. "Regarding the Dutch 'Nee' to the European Constitution: A Test of the Identity, Utilitarian and Political Approaches to Voting 'No'." *European Union Politics* 9: 59-86.

MacKuen, Michael B. 1983. "Political Drama, Economic Conditions, and the Dynamics of Presidential Popularity." *American Journal of Political Science* 27: 165-92.

MacKuen, Michael B., Robert S. Erikson, and James A. Stimson. 1992. "Peasants or Bankers? The American Electorate and the U.S. Economy." *American Political Science Review* 86: 597-611.

MacKuen, Michael B., Robert S. Erikson, and James A. Stimson. 1996. "Comment." *Journal of Politics* 58: 793-801.

Maeda, Ko. 2010. "Divided We Fall: Opposition Fragmentation and the Electoral Fortunes of Governing Parties." *British Journal of Political Science* 40: 419-34.

Malhotra, Neil, and Alexander G. Kuo. 2008. "Attributing Blame: The Public's Response to Hurricane Katrina." *Journal of Politics* 70: 120-35.

Malhotra, Neil, and Alexander G. Kuo. 2009. "Emotions as Moderators of Information Cue Use: Citizen Attitudes Toward Hurricane Katrina." *American Politics Research* 37: 301-26.

Mann, Thomas E., and Raymond E. Wolfinger. 1980. "Candidates and Parties in Congressional Elections." *American Political Science Review* 74: 617-32.

Marra, Robin F., and Charles W. Ostrom, Jr. 1989. "Explaining Seat Change in U.S. House of Representatives, 1950 – 86." *American Journal of Political Science* 33: 541-69.

Marsh, Michael. 1998. "Testing the Second - Order Election Model after Four

European Elections." *British Journal of Political Science* 28: 591-607.

Marsh, Michael. 2007. "European Parliament Elections and Losses by Governing Parties." in Wouter van der Brug and Cees van der Eijk (eds.). *European Elections & Domestic Politics: Lessons from the Past and Scenarios for the Future*. Notre Dame: University of Notre Dame Press, 51-72.

Marsh, Michael. 2009. "Vote Switching in European Parliament Elections: Evidence from June 2004." *European Integration* 31: 627-44.

Marsh, Michael. 2015. "Voting on Europe, Again and Again: Stability and Change in the Irish Experience with EU Referendums." *Electoral Studies* 38: 170-82.

Marsh, Michael, and Mark Franklin. 1996. "The Foundations: Unanswered Questions from the Study of European Elections, 1979 – 1994." in Cees van der Eijk and Mark N. Franklin (eds.). *Choosing Europe? The European Electorate and National Politics in the Face of Union*. Ann Arbor: The University of Michigan Press, 11-32.

Marsh, Michael, and James Tilley. 2010. "The Attribution of Credit and Blame to Governments and Its Impact on Vote Choice." *British Journal of Political Science* 40: 115-34.

Mattei, Franco, and Joshua Glasgow. 2005. "Presidential Coattails, Incumbency Advantage, and Open Seats: A District - Level Analysis of the 1976 – 2000 U.S. House Elections." *Electoral Studies* 24: 619-41.

Mattei, Franco, and John S. Howes. 2000. "Competing Explanations of Split - Ticket Voting in American National Elections." *American Politics Quarterly* 28: 379-407.

Mattila, Mikko. 2003. "Why Bother? Determinants of Turnout in the European Elections." *Electoral Studies* 22: 449-68.

Mebane, Walter R., Jr. 2000. "Coordination, Moderation, and Institutional Balancing in American Presidential and House Elections." *American Political Science Review* 94: 37-57.

Mebane, Walter R., Jr., and Jasjeet S. Sekhon. 2002. "Coordination and Policy Moderation at Midterm." *American Political Science Review* 96: 141-57.

Merrill, Samuel, III, and Bernard Grofman. 1999. *A Unified Theory of Voting: Directional and Proximity Spatial Models*. New York: Cambridge University Press.

Miller, W. L., and M. Mackie. 1973. "The Electoral Cycle and the Asymmetry of Government and Opposition Popularity: An Alternative Model of the Relationship between Economic Conditions and Political Popularity." *Political Studies* 21: 263-79.

Mondak, Jeffery J. 1990. "Determinants of Coattail Voting." *Political Behavior* 12: 265-88.

Mondak, Jeffery J., and Carl McCurley. 1994. "Cognitive Efficiency and the

Congressional Vote: The Psychology of Coattail Voting." *Political Research Quarterly* 47: 151-75.

Mulligan, Kenneth. 2011. "Partisan Ambivalence, Split-Ticket Voting, and Divided Government." *Political Psychology* 32: 505-30.

Nadeau, Richard, and Michael S. Lewis-Beck. 2001. "National Economic Voting in U.S. Presidential Elections." *Journal of Politics* 63: 159-81.

Nadeau, Richard, Richard G. Niemi, and Antoine Yoshinaka. 2002. "A Cross-National Analysis of Economic Voting: Taking Account of the Political Context Across Time and Nations." *Electoral Studies* 21: 403-23.

Nicholson, Stephen P., and Gary M. Segura. 1999. "Midterm Elections and Divided Government: An Information-Driven Theory of Electoral Volatility." *Political Research Quarterly* 52: 609-29.

Nicholson, Stephen P., Gary M. Segura, and Nathan D. Woods. 2002. "Presidential Approval and the Mixed Blessing of Divided Government." *Journal of Politics* 64: 701-20.

Niemi, Richard G., Herbert F. Weisberg, and David C. Kimball (eds.). 2011. *Controversies in Voting Behavior, 5th ed.* Washington, D.C.: CQ Press.

Norpoth, Helmut. 1984. "Economics, Politics, and the Cycle of Presidential Popularity." *Political Behavior* 6: 253-73.

Norpoth, Helmut. 1996a. "Presidents and the Prospective Voter." *Journal of Politics* 58: 776-92.

Norpoth, Helmut. 1996b. "Rejoinder." *Journal of Politics* 58: 802-05.

Norpoth, Helmut. 2001. "Divided Government and Economic Voting." *Journal of Politics* 63: 414-35.

Norris, Pippa. 1997. "Nomination: Second-Order Elections Revisited." *European Journal of Political Research* 31: 109-14.

Oppenheimer, Bruce I., James A. Stimson, and Richard W. Waterman. 1986. "Interpreting U.S. Congressional Elections: The Exposure Thesis." *Legislative Studies Quarterly* 11: 227-47.

Oppenhuis, Erik, Cees van der Eijk, and Mark Franklin. 1996. "The Party Context: Outcomes." in Cees van der Eijk and Mark N. Franklin (eds.). *Choosing Europe? The European Electorate and National Politics in the Face of Union.* Ann Arbor: The University of Michigan Press, 287-305.

Ostrom, Charles W., Jr., and Dennis M. Simon. 1985. "Promise and Performance: A Dynamic Model of Presidential Popularity." *American Political Science Review* 79: 344-58.

Patty, John W. 2006. "Loss Aversion, Presidential Responsibility, and Midterm

Congressional Elections." *Electoral Studies* 25: 227-47.
Peffley, Mark. 1984. "The Voter as Juror: Attributing Responsibility for Economic Conditions." *Political Behavior* 6: 275-94.
Petrocik, John R., and Frederick T. Steeper. 1986. "The Midterm Referendum: The Importance of Attributions of Responsibility." *Political Behavior* 8: 206-29.
Piereson, James E. 1975. "Presidential Popularity and Midterm Voting at Different Electoral Levels." *American Journal of Political Science* 19: 683-94.
Powell, G. Bingham, Jr., and Guy D. Whitten. 1993. "A Cross-National Analysis of Economic Voting: Taking Account of the Political Context." *American Journal of Political Science* 37: 391-414.
Rabinowitz, George, and Stuart Elaine Macdonald. 1989. "A Directional Theory of Issue Voting." *American Political Science Review* 83: 93-121.
Reed, Steven R. 1994. "Democracy and the Personal Vote: A Cautionary Tale from Japan." *Electoral Studies* 13: 17-28.
Reif, Karlheinz. 1984. "National Electoral Cycles and European Elections 1979 and 1984." *Electoral Studies* 3: 244-55.
Reif, Karlheinz. 1997. "Reflections: European Elections as Member State Second-Order Elections Revisited." *European Journal of Political Research* 31: 115-24.
Reif, Karlheinz, and Hermann Schmitt. 1980. "Nine Second-Order National Elections — A Conceptual Framework for the Analysis of European Election Results." *European Journal of Political Research* 8: 3-44.
Richardson, Bradley M. 1988. "Constituency Candidates Versus Parties in Japanese Voting Behavior." *American Political Science Review* 82: 695-718.
Rochon, Thomas R. 1981. "Electoral Systems and the Basis of the Vote: The Case of Japan." in John Creighton Campbell (ed.). *Parties, Candidates, and Voters in Japan: Six Quantitative Studies*. Ann Arbor: Center for Japanese Studies, The University of Michigan, 1-28.
Royed, Terry J., Kevin M. Leyden, and Stephen A. Borrelli. 2000. "Is 'Clarity of Responsibility' Important for Economic Voting? Revisiting Powell and Whitten's Hypothesis." *British Journal of Political Science* 30: 669-85.
Rudolph, Thomas J. 2003a. "Institutional Context and the Assignment of Political Responsibility." *Journal of Politics* 65: 190-215.
Rudolph, Thomas J. 2003b. "Who's Responsible for the Economy? The Formation and Consequences of Responsibility Attributions." *American Journal of Political Science* 47: 698-713.
Rudolph, Thomas J. 2006. "Triangulating Political Responsibility: The Motivated Formation of Responsibility Judgments." *Political Psychology* 27: 99-122.

Rudolph, Thomas J., and J. Tobin Grant. 2002. "An Attributional Model of Economic Voting: Evidence from the 2000 Presidential Election." *Political Research Quarterly* 55: 805-23.

Samuels, David. 2004. "Presidentialism and Accountability for the Economy in Comparative Perspective." *American Political Science Review* 98: 425-36.

Saunders, Kyle L., Alan I. Abramowitz, and Jonathan Williamson. 2005. "A New Kind of Balancing Act: Electoral Certainty and Ticket - Splitting in the 1996 and 2000 Elections." *Political Research Quarterly* 58: 69-78.

Schakel, Arjan H. 2013. "Congruence Between Regional and National Elections." *Comparative Political Studies* 46: 631-62.

Schakel, Arjan H., and Charlie Jeffery. 2013. "Are Regional Elections really 'Second - Order' Elections?" *Regional Studies* 47: 323-41.

Scheve, Kenneth, and Michael Tomz. 1999. "Electoral Surprise and the Midterm Loss in US Congressional Elections." *British Journal of Political Science* 29: 507-21.

Schmitt, Hermann. 2005. "The European Parliament Elections of June 2004: Still Second - Order?" *West European Politics* 28: 650-79.

Schmitt, Hermann, and Renato Mannheimer. 1991. "About Voting and Non - Voting in the European Elections of June 1989." *European Journal of Political Research* 19: 31-54.

Schmitt, Hermann, and Cees van der Eijk. 2007. "Non - Voting in European Parliament Elections and Support for European Integration." in Wouter van der Brug and Cees van der Eijk (eds.). *European Elections & Domestic Politics: Lessons from the Past and Scenarios for the Future*. Notre Dame: University of Notre Dame Press, 145-67.

Schuck, Andreas R. T., and Claes H. de Vreese. 2015. "Public Support for Referendums in Europe: A Cross - National Comparison in 21 Countries." *Electoral Studies* 38: 149-58.

Sigelman, Lee, Paul J. Wahlbeck, and Emmett H. Buell, Jr. 1997. "Vote Choice and the Preference for Divided Government: Lessons of 1992." *American Journal of Political Science* 41: 879-94.

Smith, Charles E., Jr., Robert D. Brown, John M. Bruce, and L. Marvin Overby. 1999. "Party Balancing and Voting for Congress in the 1996 National Election." *American Journal of Political Science* 43: 737-64.

Stein, Robert M. 1990. "Economic Voting for Governor and U.S. Senator: The Electoral Consequences of Federalism." *Journal of Politics* 52: 29-53.

Stockemer, Daniel. 2012. "Citizens' Support for the European Union and Participation in European Parliament Elections." *European Union Politics* 13: 26-46.

Svensson, Palle. 2002. "Five Danish Referendums on the European Community and

European Union: A Critical Assessment of the Franklin Thesis." *European Journal of Political Research* 41: 733-50.

Thies, Michael F., and Yuki Yanai. 2013. "Governance with a Twist: How Bicameralism Affects Japanese Lawmaking." in Robert Pekkanen, Steven R. Reed, and Ethan Scheiner (eds.). *Japan Decides 2012: The Japanese General Election.* London and New York: Palgrave Mcmillan, 225-44.

Thies, Michael F., and Yuki Yanai. 2014. "Bicameralism vs. Parliamentarism: Lessons from Japan's Twisted Diet." 日本選挙学会年報『選挙研究』第30巻第2号, 60-74頁.

Tilley, James, and Sara B. Hobolt. 2011. "Is the Government to Blame? An Experimental Test of How Partisanship Shapes Perceptions of Performance and Responsibility." *Journal of Politics* 73: 316-30.

Tilley, James, John Garry, and Tessa Bold. 2008. "Perceptions and Reality: Economic Voting at the 2004 European Parliament Elections." *European Journal of Political Research* 47: 665-86.

Tillman, Erik R. 2008. "Economic Judgments, Party Choice, and Voter Abstention in Cross-National Perspective." *Comparative Political Studies* 41: 1290-309.

Tomz, Michael, Jason Wittenberg, and Gary King. 2003. "CLARIFY: Software for Interpreting and Presenting Statistical Results. Version 2.1." Stanford University, University of Wisconsin, and Harvard University. January 5. Available at http://gking.harvard.edu/

Tufte, Edward R. 1975. "Determinants of the Outcomes of Midterm Congressional Elections." *American Political Science Review* 69: 812-26.

Tufte, Edward R. 1978. *Political Control of the Economy.* Princeton: Princeton University Press.

Van der Brug, Wouter, and Cees van der Eijk (eds.). 2007. *European Elections & Domestic Politics: Lessons from the Past and Scenarios for the Future.* Notre Dame: University of Notre Dame Press.

Van der Eijk, Cees, and Mark N. Franklin (eds.). 1996. *Choosing Europe? The European Electorate and National Politics in the Face of Union.* Ann Arbor: The University of Michigan Press.

Van der Eijk, Cees, Mark Franklin, and Michael Marsh. 1996. "What Voters Teach Us About Europe-Wide Elections: What Europe-Wide Elections Teach Us About Voters." *Electoral Studies* 15: 149-66.

Van Spanje, Joost, and Claes de Vreese. 2011. "So What's Wrong with the EU? Motivations Underlying the Eurosceptic Vote in the 2009 European Elections." *European Union Politics* 12: 405-29.

Waterman, Richard W., Bruce I. Oppenheimer, and James A. Stimson. 1991. "Sequence and Equilibrium in Congressional Elections: An Integrated Approach." *Journal of Politics* 53: 372-93.

Weber, Till. 2007. "Campaign Effects and Second‐Order Cycles: A Top‐Down Approach to European Parliament Elections." *European Union Politics* 8: 509-36.

Weber, Till. 2011. "Exit, Voice, and Cyclicality: A Micrologic of Midterm Effects in European Parliament Elections." *American Journal of Political Science* 55: 906-21.

Whitten, Guy D., and Harvey D. Palmer. 1999. "Cross‐National Analysis of Economic Voting." *Electoral Studies* 18: 49-67.

Williams, Laron K., and Guy D. Whitten. 2015. "Don't Stand So Close to Me: Spatial Contagion Effects and Party Competition." *American Journal of Political Science* 59: 309-25.

Wilson, Traci L., and Sara B. Hobolt. 2015. "Allocating Responsibility in Multilevel Government Systems: Voter and Expert Attributions in the European Union." *Journal of Politics* 77: 102-13.

Zeller, Richard A., and Edward G. Carmines. 1980. *Measurement in the Social Sciences: the Link between Theory and Data*. New York: Cambridge University Press.

参考文献(五十音順)

飽戸弘(編著).2000.『ソーシャル・ネットワークと投票行動』木鐸社.

芦部信喜(高橋和之補訂).2011.『憲法 第五版』岩波書店.

荒木俊夫.1994.『投票行動の政治学 保守化と革新政党』北海道大学図書刊行会.

荒木俊夫・相内俊一・川人貞史・蓮池穣.1983.『投票行動における連続と変化 札幌市の場合』木鐸社.

飯田健.2013.「リスク受容的有権者がもたらす政治的帰結-2012年総選挙の分析-」日本選挙学会年報『選挙研究』第29巻第2号,48-59頁.

池田謙一.1997.『転変する政治のリアリティ 投票行動の認知社会心理学』木鐸社.

池田謙一.2000.「98年参議院選挙における投票行動の分析:業績評価変数をめぐって」日本選挙学会年報『選挙研究』第15号,109-21頁.

池田謙一.2004.「2001年参議院選挙と『小泉効果』」日本選挙学会年報『選挙研究』第19号,29-50頁.

池田謙一.2007.『政治のリアリティと社会心理 平成小泉政治のダイナミックス』木鐸社.

池田謙一・西澤由隆.1992.「政治的アクターとしての政党-89年参議院選挙

の分析を通じて－」『レヴァイアサン』第10号，62-81頁.
市村充章. 2000.「参議院の役割と選挙制度の再検討(1)」『議会政治研究』No.56，17-27頁.
市村充章. 2001.「参議院の役割と選挙制度の再検討(2)」『議会政治研究』No.57，32-40頁.
伊藤光利. 1987.「国会のメカニズムと機能－一党優位制における議会－」『年報政治学』1987，129-47頁.
伊藤光利. 1990.「比較議会研究と国会研究－対立と協調のダイナミクスの追求－」『レヴァイアサン』第6号，172-85頁.
今井亮佑. 2004.「中選挙区制再考－投票行動と候補者要因－」『日本政治研究』第1巻第2号，86-107頁.
今井亮佑. 2008a.「政治的知識と投票行動－『条件付け効果』の分析－」『年報政治学』2008－I，283-305頁.
今井亮佑. 2008b.「分割投票の分析－候補者要因，バッファー・プレイ，戦略的投票－」『レヴァイアサン』第43号，60-92頁.
今井亮佑. 2008c.「総選挙に吹く『風』を弱める『候補者重視』の有権者」『中央公論』11月号，92-100頁.
今井亮佑. 2009.「選挙動員と投票参加－2007年〈亥年〉の参院選の分析－」日本選挙学会年報『選挙研究』第25巻第1号，5-23頁.
今井亮佑. 2010.「国政選挙のサイクルと政権交代」『レヴァイアサン』第47号，7-39頁.
今井亮佑. 2011.「選挙運動支出の有効性」『年報政治学』2011－II，11-32頁.
今井亮佑. 2013.「参院選における『政策バランス投票』」『レヴァイアサン』第52号，64-96頁.
今井亮佑. 2014.「二院制における多元的民意の反映」『年報政治学』2014－I，59-83頁.
今井亮佑・荒井紀一郎. 2013.「『ねじれ』状況下における業績評価と投票行動」日本選挙学会年報『選挙研究』第29巻第1号，87-101頁.
今井亮佑・日野愛郎. 2011.「『二次的選挙』としての参院選」日本選挙学会年報『選挙研究』第27巻第2号，5-19頁.
岩井奉信. 1988.『立法過程』東京大学出版会.
岩崎美紀子. 2013.『二院制議会の比較政治学　上院の役割を中心に』岩波書店.
大西祥世. 2010.「参議院における憲政と憲法」『ジュリスト』No.1395，22-30頁.
大山礼子. 1999.「参議院改革と政党政治」『レヴァイアサン』第25号，103-22頁.
大山礼子. 2003.『国会学入門　第2版』三省堂.
岡田信弘(編). 2014.『二院制の比較研究　英・仏・独・伊と日本の二院制』日本評論社.

尾野嘉邦．2009．「空間理論と投票行動」山田真裕・飯田健（編著）．『投票行動研究のフロンティア』第8章，167-201頁．
加藤一彦．2004．「二院制と参議院の再評価」『法学セミナー』599号，34-37頁．
蒲島郁夫．1988．『政治参加』東京大学出版会．
蒲島郁夫．1998．『政権交代と有権者の態度変容』木鐸社．
蒲島郁夫．2004．『戦後政治の軌跡　自民党システムの形成と変容』岩波書店．
蒲島郁夫・竹中佳彦．1996．『現代日本人のイデオロギー』東京大学出版会．
蒲島郁夫・竹中佳彦．2012．『イデオロギー』東京大学出版会．
蒲島郁夫・リード・スティーヴン・R．2001．「選択の可能性と投票行動－93年総選挙における二つの選挙」『レヴァイアサン』第29号，10-26頁．
蒲島郁夫・綿貫譲治・三宅一郎・小林良彰・池田謙一．1998．『JES II コードブック』木鐸社．
川人貞史．2004．『選挙制度と政党システム』木鐸社．
川人貞史．2005．『日本の国会制度と政党政治』東京大学出版会．
川人貞史．2008．「衆参ねじれ国会における立法的帰結」『法学』第72巻第4号，505-36頁．
川人貞史．2014．「衆参ねじれ国会と政権の運営」西原博史（編）．『立法学のフロンティア2　立法システムの再構築』ナカニシヤ出版，111-33頁．
小林良彰．1997．『日本人の投票行動と政治意識』木鐸社．
小林良彰．1999．「わが国における選挙研究の系譜と課題」日本選挙学会年報『選挙研究』第14号，5-18頁．
小林良彰．2000．『選挙・投票行動』東京大学出版会．
小林良彰．2005．「政治改革の効果測定－小選挙区比例代表並立制導入に伴う投票行動の変化と持続－」『年報政治学』2005－I，11-35頁．
小林良彰．2006．「マニフェスト選挙以降の争点態度投票」日本選挙学会年報『選挙研究』第21号，7-38頁．
小林良彰．2008．『制度改革以降の日本型民主主義　選挙行動における連続と変化』木鐸社．
小林良彰（編）．2005．『日本における有権者意識の動態』慶應義塾大学出版会．
佐藤達夫．1955．「憲法『第四章国会』の成立過程」『レファレンス』No.52，1-26頁．
佐藤達夫．1958．「参議院全國区制の成立過程」『レファレンス』No.83, 1-27頁．
参議院制度研究会．1988．『参議院のあり方及び改革に関する意見』参議院HP．(http://www.sangiin.go.jp/japanese/aramashi/ayumi/631101.html)
自治大学校研修部（監修），地方自治研究資料センター（編）．1960．『戦後自治史III（参議院議員選挙法の制定）』自治大学校．
品田裕．2006．「2005年総選挙を説明する－政党支持類型からみた小泉選挙戦

略―」『レヴァイアサン』第39号，38-69頁．
杉原泰雄．1968．「参議院の制度と権能―その批判的・立法論的検討―」『ジュリスト』No.393, 26-30頁．
鈴木基史．1996．「日本とアメリカ合衆国における国政選挙のマクロ分析」日本選挙学会年報『選挙研究』第11号，3-22頁．
鈴木基史．2000．「並立制における投票行動研究の統合的分析アプローチ」日本選挙学会年報『選挙研究』第15号，30-41頁．
曽根泰教・岩井奉信．1987．「政策過程における議会の役割」『年報政治学』1987, 149-74頁．
高見勝利．1997．「衆・参両院議員選挙における並立制併存の意味と無意味」『ジュリスト』No.1106, 22-29頁．
高見勝利．2001．「国会改革の前提と課題」『ジュリスト』No.1192, 148-57頁．
高見勝利．2004．『芦部憲法学を読む　統治機構論』有斐閣．
高見勝利．2008．『現代日本の議会政と憲法』岩波書店．
高柳賢三・大友一郎・田中英夫(編著)．1972a．『日本国憲法制定の過程―連合国総司令部側の記録による―　I　原文と翻訳』有斐閣．
高柳賢三・大友一郎・田中英夫(編著)．1972b．『日本国憲法制定の過程―連合国総司令部側の記録による―　II　解説』有斐閣．
竹中治堅．2004．「『日本型分割政府』と参議院の役割」『年報政治学』2004, 99-125頁．
竹中治堅．2005．「日本型分割政府と法案審議―拒否権プレーヤーと『金融国会』再論―」『選挙学会紀要』第5号，43-59頁．
竹中治堅．2008．「首相と参議院の独自性―参議院封じ込め」日本選挙学会年報『選挙研究』第23号，5-19頁．
竹中治堅．2010．『参議院とは何か　1947〜2010』中公叢書．
竹中治堅．2011．「2010年参院選挙後の政治過程―参議院の影響力は予算にも及ぶのか―」日本選挙学会年報『選挙研究』第27巻第2号，45-59頁．
竹中佳彦．2014．「保革イデオロギーの影響力低下と年齢」日本選挙学会年報『選挙研究』第30巻第2号，5-18頁．
只野雅人．2000．「二院制における参議院の役割」『法律時報』第72巻第2号，21-24頁．
只野雅人．2001．「参議院の独自性と選挙制度―多元的民意の反映と『政党本位』」『ジュリスト』No.1213, 32-40頁．
只野雅人．2006．「単一国家の二院制―参議院の存在意義をめぐって」『ジュリスト』No.1311, 27-35頁．
只野雅人．2010．「参議院の機能と両院制のあり方」『ジュリスト』No.1395, 44-51頁．

只野雅人．2013．「両院制と選挙制度」『論究ジュリスト』No.5，66-74頁．
田中愛治．1997．「『政党支持なし』層の意識構造－政党支持概念再検討の試論－」『レヴァイアサン』第20号，101-29頁．
田中愛治．1998．「選挙研究における『争点態度』の現状と課題」日本選挙学会年報『選挙研究』第13号，17-27頁．
田中愛治・河野勝・日野愛郎・飯田健・読売新聞世論調査部．2009．『2009年，なぜ政権交代だったのか　読売・早稲田の共同調査で読みとく日本政治の転換』勁草書房．
田中嘉彦．2004．「日本国憲法制定過程における二院制諸案」『レファレンス』No.647，25-48頁．
田中嘉彦．2005．『シリーズ憲法の論点⑥「二院制」』国立国会図書館調査及び立法考査局．
谷口尚子．2005．『現代日本の投票行動』慶應義塾大学出版会．
谷口尚子．2010．「2009年政権交代の長期的・短期的背景」日本選挙学会年報『選挙研究』第26巻第2号，15-28頁．
谷口将紀．2004．『現代日本の選挙政治　選挙制度改革を検証する』東京大学出版会．
辻村みよ子．1986．「参議院の『独自性』と『特殊性』－参議院の役割と選挙制度・再考」『ジュリスト』No.868，22-27頁．
堤英敬．1998．「1996年衆議院選挙における候補者の公約と投票行動」日本選挙学会年報『選挙研究』第13号，89-99頁．
東京大学新聞研究所(編)．1988．『選挙報道と投票行動』東京大学出版会．
中村悦大．2003．「経済投票モデルと政党選択」日本選挙学会年報『選挙研究』第18号，164-73頁．
名取良太・福元健太郎・岸本一男・辻陽・堤英敬・堀内勇作．2014．「参議院議員通常選挙データベースの開発と利用」日本選挙学会年報『選挙研究』第30巻第2号，105-15頁．
成田憲彦．2001．「日本の連立政権形成における国会の論理と選挙制度の論理」日本選挙学会年報『選挙研究』第16号，18-27頁．
西澤由隆．1998．「選挙研究における『政党支持』の現状と課題」日本選挙学会年報『選挙研究』第13号，5-16頁．
野中俊彦．2001．「選挙制度」『ジュリスト』No.1192，158-63頁．
日野愛郎．2005．「欧州議会選挙における投票行動：94年・ベルギーの事例に関する実証分析」日本選挙学会年報『選挙研究』第20号，148-58頁．
平野浩．1989．「情報・イメージ・投票行動－記号としての候補者と意味としての候補者イメージ－」日本選挙学会年報『選挙研究』第4号，84-108頁．
平野浩．1991．「政治的争点と政党評価－89年参院選における投票意思決定の

分析ー」日本選挙学会年報『選挙研究』第6号, 160-83頁.
平野浩. 1993.「日本の投票行動における業績評価の役割」『レヴァイアサン』第13号, 147-67頁.
平野浩. 1994.「政治的評価と経済的評価ー自民党支持・内閣支持・投票行動を規定するものー」日本選挙学会年報『選挙研究』第9号, 93-104頁.
平野浩. 1998.「選挙研究における『業績評価・経済状況』の現状と課題」日本選挙学会年報『選挙研究』第13号, 28-38頁.
平野浩. 2004.「政治・経済的変動と投票行動ー90年代以降の日本における経済投票の変容ー」『日本政治研究』第1巻第2号, 6-25頁.
平野浩. 2007.『変容する日本の社会と投票行動』木鐸社.
平野浩. 2015.『有権者の選択　日本における政党政治と代表制民主主義の行方』木鐸社.
福元健太郎. 2000.『日本の国会政治　全政府立法の分析』東京大学出版会.
福元健太郎. 2003.「参議院議員は衆議院議員よりもシニアか？」『年報政治学』2003, 245-59頁.
福元健太郎. 2006.「参議院に存在意義はあるかー『強くなった』『良識の府』という虚像」『中央公論』12月号, 230-39頁.
福元健太郎. 2007.『立法の制度と過程』木鐸社.
前田英昭. 2000.「二院制ー参議院の役割と『自主性』」『ジュリスト』No.1177, 37-43頁.
増山幹高. 2003.『議会制度と日本政治　議事運営の計量政治学』木鐸社.
増山幹高. 2008.「日本における二院制の意義と機能」慶應義塾大学法学部（編）『慶應の政治学　日本政治』慶應義塾大学出版会, 267-84頁.
待鳥聡史. 2001.「国会研究の新展開」『レヴァイアサン』第28号, 134-43頁.
待鳥聡史. 2008.「『多数主義』時代の二院制を再考するー日本政治は参議院とどう向き合うか」『論座』1月号, 26-32頁.
水崎節文. 1992.「一人区における自民党の完敗ー89年参議院選挙集計データの解析からー」『レヴァイアサン』第10号, 82-103頁.
水崎節文・森裕城. 2007.『総選挙の得票分析　1958－2005』木鐸社.
三宅一郎. 1985.『政党支持の分析』創文社.
三宅一郎. 1990.『政治参加と投票行動　大都市住民の政治生活』ミネルヴァ書房.
三宅一郎. 1995.『日本の政治と選挙』東京大学出版会.
三宅一郎. 1998.『政党支持の構造』木鐸社.
三宅一郎. 2001.『選挙制度変革と投票行動』木鐸社.
三宅一郎. 2002.「1998参議院選挙と『参議院選挙』ー明るい選挙推進協会による参議院選挙調査データの分析ー」日本選挙学会年報『選挙研究』第17

号，100-12頁．
三宅一郎・西澤由隆．1992．「日本の投票行動モデルにおける政党評価要因」日本選挙学会年報『選挙研究』第7号，63-79頁．
三宅一郎・木下富雄・間場寿一．1967．『異なるレベルの選挙における投票行動の研究』創文社．
三宅一郎・西澤由隆・河野勝．2001．『55年体制下の政治と経済　時事世論調査データの分析』木鐸社．
宮田豊．1968．「参議院議員選挙制度」『ジュリスト』No.393，31-35頁．
森正．2005．「日本におけるコートテール・イフェクトと有権者意識」小林良彰（編）『日本における有権者意識の動態』慶應義塾大学出版会，147-72頁．
森裕城．2006．「2005年総選挙と政党システム」『レヴァイアサン』第39号，70-99頁．
山田真裕．1997．「55年体制下の新党現象と投票行動」日本選挙学会年報『選挙研究』第12号，59-70頁．
山田真裕．2002．「2000年総選挙における棄権と政治不信」日本選挙学会年報『選挙研究』第17号，45-57頁．
山田真裕．2005．「2004年参院選における自民党からの離反と小泉評価」『年報政治学』2005－I，88-105頁．
山田真裕．2006．「2005年衆院選における自民党投票と政治的情報量」『レヴァイアサン』第39号，11-37頁．
山田真裕．2010．「2009年総選挙における政権交代とスウイング・ヴォーティング」日本選挙学会年報『選挙研究』第26巻第2号，5-14頁．
山田真裕・飯田健（編著）．2009．『投票行動研究のフロンティア』おうふう．
リード・スティーヴン・R．2003．「並立制における小選挙区候補者の比例代表得票率への影響」日本選挙学会年報『選挙研究』第18号，5-11頁．
綿貫譲治・三宅一郎．1997．『環境変動と態度変容』木鐸社．
綿貫譲治・三宅一郎・猪口孝・蒲島郁夫．1986．『日本人の選挙行動』東京大学出版会．

あとがき

　本書は筆者にとって初の単著である。大学院に進学してから18年という大変長い時間がかかってしまったものの，何とか本書を書き上げることができたのも，多くの方々の支えがあってこそである。この場を借りて，これまでお世話になった方々へのお礼の気持ちをお伝えしたい。

　まず，恩師・蒲島郁夫先生への謝辞を述べさせていただきたい。先生との出会いがなければ，この本の刊行はおろか，いまの自分という存在自体がなかったからである。

　大学入学前，筆者は国家公務員を志望していた。将来の進路として，研究者は全く眼中になかった。それを変える契機となったのが，2年生の前期に受講した先生の「政治過程論」の講義であった。客観的・実証的に政治現象を捉え，解釈する政治過程論の講義は，それまで自身が抱いていた政治学という学問に対する印象とは全くかけ離れたものであった。

　講義を通じて政治過程論，とくに政治行動研究という学問分野に興味が湧いた筆者は，3年生の後期に先生のゼミに応募し，入れていただいた。この期のゼミ生には，尾野嘉邦さん，小宮京さん，梅田道生さん，菅原琢さん，中條美和さんなど，後に政治学研究者の道に進む方も多く，彼（女）らから大いに刺激を受けた。20名のゼミ生で協働して，1990年代に在職した衆参両院の全議員のデータを収集・分析し，『現代日本の政治家像』という2巻本にまとめるという経験をしたことは，自身の進路選択に非常に大きな意味を持った。先生のゼミに参加させていただいたことで，研究の面白さに気づき，研究者を目指したいという気持ちが芽生え，大学院に進学することにしたのである。

　修士課程1年時に，先生との共著で論文（「2000年総選挙──党首評価と投票行動──」（日本選挙学会年報『選挙研究』第16号））を執筆する機会に恵まれた。これは私にとって極めて貴重な経験であった。研究論文の書き方を，身をもって教えていただくことができたからである。

　このように，蒲島先生との出会いがあったからこそ，筆者は政治行動研究の道を志したのであり，また政治行動に関する研究書である本書を刊行

できた。そして現在，熊本の地で政治学研究者として幸せに生きることができているのも，蒲島先生あってのことである。蒲島先生から受けた学恩に対しては，どれだけ感謝してもしきれないというのが偽らざる率直な思いである。今後も地道に研究者として精進を重ねることで，先生から受けたご恩を少しずつでも返していきたい。

　先生からはかねて「30代で1冊，40代で1冊，50代で1冊」とはっぱをかけられていた。筆者の力不足により，本書の刊行は40代に入ってからになってしまったが，内容を評価していただければ大変嬉しく思う。

　本書の初稿を書き上げた段階で，前田幸男先生と日野愛郎先生にお読みいただき，ご多忙の中大変貴重なコメントを多くいただいた。その全てを反映できていないかもしれないが，頂戴したコメントをもとに大幅な書き直しをして，本書を完成させた。首都大学東京在職時の同僚で，同じ分野の研究者の先輩として尊敬するお二人から，問題点の指摘を受ける一方で一定の評価をいただけたことは，本書を世に問うにあたり大きな後押しとなった。両先生のお力添えに，深謝申し上げる。

　第4章・第5章では，早稲田大学の研究プロジェクトが実施した一連の選挙世論調査を分析した。このプロジェクトには，2005年衆院選時の調査の設計から参画させていただいた。一連の調査では，プロジェクトのメンバーの研究関心に沿った質問項目が積極的に取り入れられた。第4章での分析に用いた，各種選挙の重要度を問う質問もその一つである。そのことが，本研究の問題関心に沿った分析を可能にした。プロジェクトにお誘い下さった田中愛治先生と河野勝先生，共同研究をさせていただいた西澤由隆先生，清水和巳先生，品田裕先生，栗山浩一先生，日野先生，飯田健先生，遠藤晶久先生，細貝亮先生，荒井紀一郎先生，三村憲弘先生，山﨑新先生はじめとする皆様に，心よりお礼申し上げる。

　第4章の一部と第7章は，共著で執筆した論文をベースに，再分析を行うとともに，全面的に書き直したものである。書き直しの上，本書に収録することをお認め下さった共著者の日野先生，荒井先生に，改めて謝意を表したい。

　本書は，書き下ろした第1章・第2章・第8章を除き，既発表の論文

を加筆修正した各章で構成されている。中央公論社の田中正敏さん（第3章），『レヴァイアサン』編集委員の大西裕先生（第4章）・増山幹高先生（第5章），平野浩先生はじめ2011年度日本選挙学会研究会担当の企画委員の先生方（第4章），増山先生はじめ日本選挙学会年報『選挙研究』第27巻第2号担当の編集委員の先生方（第4章），『年報政治学』2014年度第Ⅰ号担当委員長の西澤先生（第6章），小西德應先生はじめ『選挙研究』第29巻第1号担当の編集委員の先生方（第7章）には，各章のベースとなった論文を発表する貴重な機会をいただいた。

　また，第5章のベースとなった論文の執筆の際には品田先生，大西先生，増山先生，山田真裕先生，曽我謙悟先生，砂原庸介先生，藤村直史先生，濱本真輔先生，平野淳一先生から，第6章のベースとなった論文の執筆の際には西澤先生，森裕城先生，宍戸常寿先生，松林哲也先生から，非常に有益なコメントを頂戴した。

　これまでに在籍した東京大学・首都大学東京・早稲田大学では，非常に恵まれた研究環境を提供していただいた。

　昨年4月からは，熊本の崇城大学で奉職している。学長の中山峰男先生や，永松俊雄先生，藤本元啓先生，岩本晃代先生はじめ所属する総合教育センターの先生方，職員の皆さんには，日々大変お世話になっている。また，石原靖也さん・菜緒子さん，新永隆 ・さん，星子桜文さんには，熊本に移る前から非常によくしていただいており，そのお陰で，熊本での新生活を円滑にスタートさせることができた。改めてお礼申し上げる。

　原稿を書き上げるよう，厳しくも愛のある叱咤激励を絶えずして下さった，蒲島ゼミの敬愛する先輩である木村敬さんには，感謝の気持ちでいっぱいである。

　木鐸社の坂口節子さんには，大変なご迷惑をかけてしまった。初校に約半年もの時間をかけ，しかも大幅な修正をお願いしたのである。平身低頭お詫び申し上げるとともに，粘り強くお付き合い下さったことにお礼を申し上げたい。

　本研究を遂行するにあたり，科学研究費補助金（若手研究(B)，「二院制をめぐる我が国有権者の意識と行動に関する実証的研究」，研究課題番号25780093）の助成を受けた。本書はその成果である。

最後に，これまで陰に日向に支えてくれた家族への感謝の気持ちを述べることをお許しいただきたい。大学院への進学も，その後の研究者生活も，何も言わず温かく見守ってくれた両親。常に厳しく，時に優しく筆者を導いてくれる妻。その存在なくして本書が完成を見ることはなかった。心からの感謝の気持ちをこめて，両親と妻に本書を捧げる。

2018年4月

今 井 亮 佑

事項索引

あ行

(政策)アウトプット 16-18, 34, 61-62, 64, 67, 71, 73, 77, 168, 250, 262, 270, 272
明るい選挙推進協会(明推協) 25, 36, 107-108, 111, 113, 125, 254, 274
安全弁 271-273
一貫投票(straight-ticket voting) 61-63, 68-70, 74-75, 188
インプット 16, 18, 34, 270, 272-273
エクスポージャー仮説 102

か行

カーボンコピー 28-29, 31-33, 270
議院内閣制 14, 16-18, 20, 33, 38, 43, 78, 87, 97, 101, 106, 169, 189, 212, 214, 220, 223-224, 252, 260, 262, 267
業績評価投票 36-37, 39, 54, 81-82, 86, 91-93, 95, 98-101, 129-131, 133-135, 142-143, 145-147, 149, 159-164, 219-221, 223-227, 236, 248, 251, 255-258, 262, 264, 266-269
　──の使い分け 134, 145, 256-257
交差圧力 46-47, 98, 132-133, 160, 256
コートテイル効果仮説 35-36, 43, 45, 47, 51, 53-54, 59, 97, 102, 125, 194, 254

さ行

参議院の存在意義 14, 27, 33, 195-196, 198, 200, 252, 272-273
(選挙の)重要性/重要度 22, 37, 43, 78-79, 82, 99, 131, 133-134, 145-151, 153, 155-157, 159, 162-163, 257, 267-268
JEDS 23, 26, 36-37, 107, 115, 136, 165, 254, 274, 279
JES III 23, 37-38, 136, 165, 174, 177, 275, 283
条件付け(──(てい)る/──られる/──効果) 73-76, 82, 88-89, 94-96, 145, 147, 150, 163, 221, 223-225, 227, 233, 236, 241, 244, 246, 248, 251, 264, 268
政権の枠組み 131-135, 142-143, 149-150, 160, 162-163, 256-257, 269
　現── 37, 98-99, 131-135, 137, 141-143, 145, 149, 155, 157-158, 160-161, 163, 174, 255-256, 258, 265-266
　望ましい── 38, 132, 134-136, 151, 161, 173-174, 177, 233, 269, 271
政策バランス仮説 35, 37, 43, 59-60, 62-67, 70-75, 77, 100-101, 167-168, 189, 194, 258, 260, 266
政策バランス投票 37-38, 77, 167-171, 173-175, 179-180, 182, 186, 188-189, 192-193, 258-259
政治的洗練(──性/──度) 73-76, 151, 173, 179, 189, 192, 221, 228, 249, 259, 263, 266
政治的知識(量) 93, 148, 173-174, 179, 203
責任(の/を)帰属 39, 94-96, 219-221, 248
責任(の)所在 39, 43, 85, 89, 91, 95-96, 101, 220, 222, 224-225, 248, 251, 262, 266
　責任所在の明確性(clarity of responsibility) 45, 89, 221-225
選挙(の)サイクル 16, 19, 22, 42-43, 45, 52, 64, 77, 81-84, 88, 98-99, 101, 170, 191, 199, 225, 267
戦略的政治アクター仮説 104

た行

(選挙の/選挙が行われる)タイミング 13, 19, 81-83, 199
多元的民意の反映志向 38, 195, 200-218, 261, 270
単一国家 19-22, 38, 194-195, 197, 214, 223-224, 260, 262, 269
東京大学蒲島=谷口研究室・朝日新聞共同世論調査 36, 107, 115, 177, 192, 254, 274, 281

な行

二院制 11, 14, 16-22, 25, 27, 29-31, 33-34, 37-39, 101, 148, 169-170, 189, 194-195,

198, 200-201, 208, 211-212, 214, 222-224, 228, 234, 249, 252, 260, 262, 268-270, 272-273
二次的選挙(に関する理論)モデル　22, 35, 43, 77-79, 87-88, 99-100, 133, 160, 162, 194, 257, 266-267
日本型分割政府　21, 31-32
認知的負荷　173, 190, 192, 259
認知的不協和　46, 98, 132
認知的マディソン主義(cognitive Madisonianism)　68
「ねじれ」状況に対する見解　15-16, 39, 206, 220, 225-228, 230-234, 240-242, 244-251, 253, 263-264

は行

バッファー・プレイヤー　180, 192-193
パーソナル・ヴォート　36, 106-107, 127, 254-255
否定的投票仮説　103-104
不確実性(選挙の結果に関する——, 選挙結果の——)　59-60, 62-65, 74-77, 100
分割投票(split-ticket voting)　62-63, 66, 68-76, 169, 271

時間差(で)分割投票　38, 101, 168, 170, 173, 177, 186, 188-192, 211, 258-260, 269, 271
フィードバック　16-18, 34
保革(保守－革新)　24, 101, 116, 119, 168, 170-173, 175, 186, 189, 193, 203, 207, 228, 258-260, 266

ま行

民主的第二次院型　195-197, 208

ら行

レファレンダム仮説　35, 43, 53-59, 81-88, 98-100, 103-104, 129-130, 160, 194, 255, 266
連邦(——国家／——制)　19-21, 195, 223-224

わ行

Waseda (——CASI & PAPI2007, ——CASI & PAPI2009, ——CASI2010)　37-38, 136, 145-146, 150, 166, 171, 173-174, 179, 275-276, 286

著者略歴

今井　亮佑（いまい　りょうすけ）
1977年　京都市生まれ
2000年　東京大学法学部卒業
2002年　東京大学大学院法学政治学研究科政治専攻修士課程修了　修士（法学）
現在　　崇城大学総合教育センター教授
主要業績　『原発政策を考える3つの視点　震災復興の政治経済学を求めて③』（共著, 早稲田大学学出版部, 2013年）
　　　　　『世論調査の新しい地平―CASI方式世論調査』（共著, 勁草書房, 2013年）
　　　　　『熟議の効用, 熟慮の効果―政治哲学を実証する―』（共著, 勁草書房, 2018年）

選挙サイクルと投票行動
2018年7月25日　第1版第1刷発行　©

著者との了解により検印省略	著　者	今　井　亮　佑
	発行者	坂　口　節　子
	発行所	有限会社　木鐸社

〒112-0002　東京都文京区小石川5-11-15-302
電話（03）3814-4195　郵便振替　00100-5-126746番
ファクス（03）3814-4196　http://www.bokutakusha.com/

印刷　フォーネットＴＯＰ印刷／製本　髙地製本所

乱丁・落丁本はお取替致します

ISBN978-4-8332-2515-1　C3031

東大法・蒲島郁夫第１期ゼミ編
「新党」全記録 (全3巻)（1998年）

　92年の日本新党の結成以来、多くの新党が生まれては消えて行った。それら新党の結党の経緯や綱領、人事、組織など、活動の貴重な経過資料を網羅的に収録。混迷する政界再編の時代を記録。

第Ⅰ巻　政治状況と政党　A5判・488頁・8000円　ISBN978-4-8332-2264-8

第Ⅱ巻　政党組織　A5判・440頁・8000円　ISBN978-4-8332-2265-5

第Ⅲ巻　有権者の中の政党　A5判・420頁・8000円　ISBN978-4-8332-2266-2

東大法・蒲島郁夫第２期ゼミ編
現代日本の政治家像 (全2巻)（2000年）

　現代日本政治を深く理解するために政治家個人の政治行動を掘り下げる。第１巻は全国会議員の政治活動に関わるデータを基に数量分析を行う。第２巻は分析の根拠とした個人別の網羅的に集積したデータを整理し解題を付す。

第Ⅰ巻　分析篇・証言篇　A5判・516頁・8000円ISBN978-4-8332-7292-6

第Ⅱ巻　資料解題篇　A5判・500頁・8000円ISBN978-4-8332-7293-3

東大法・蒲島郁夫第３期ゼミ編
有権者の肖像　■55年体制崩壊後の投票行動
A5判・696頁・12000円（2001年）ISBN978-4-8332-2308-9

　変動する日本人の選挙行動調査（JESⅡ）の過去７回にわたるパネル調査に毎回回答してきた有権者に蒲島第３期ゼミが2000年総選挙に際して行った第８回目のパネル調査。その政治意識・投票行動の連続性と変化を類型化して提示。

東大法・蒲島郁夫第４期ゼミ編
選挙ポスターの研究
A5判・520頁・10000円（2004年2刷）ISBN978-4-8332-2329-4

　いま、政治家と有権者とのコミュニケーションのあり方を問う戦略が注目されている。2000年総選挙に立候補した候補者1200人弱の作成したポスター685枚を収集・データベース化し、多様な変数を抽出して比較検討し、興味深い命題をいくつか提示した本邦初の試み。候補者必読。

東大法・蒲島郁夫第5期ゼミ編
参議院の研究 （全2巻）
　第1巻は1947年の第1回参院選から2001年の第19回参院選までの19回にわたる議員と議会活動及び選挙結果の基礎的データを可能な限り多角的に広範囲に連続して集めこれを整理・分析する。第2巻は議員活動，委員会，制度の変遷に焦点を当てる。
　第1巻　選挙編　A5判・600頁・10,000円　ISBN978-4-8332-2354-6
　第2巻　議員・国会編　A5判・600頁・10,000円　ISBN978-4-8332-2355-3

東大法・蒲島郁夫第7期ゼミ編
小泉政権の研究 （データCD付）
A5判・314頁・5000円（2008年）ISBN978-4-8332-2405-5 C3031
　本書は，2001年4月から2006年9月まで続いた小泉政権について様々な側面から分析するためのデータを収集し，収録している。自民党をぶっ壊すといい，多くの反対を押し切って郵政を民営化した小泉政権は，これからも記憶に残り，研究者の関心の的となり続けるだろう。巻末に諸データをCDにいれて添付した。

政治的情報と選挙過程
境家史郎著（首都大学東京都市教養学部）
A5判・250頁・3000円（2006年）ISBN978-4-8332-2378-2 C3031
　本書は，政治過程において諸アクターが供給する政治的情報こそが市民の意識変化を生む原動力であると捉え，その情報の流通構造や機能について考察する。既存研究に理論的成果を付加するのは，政治情報の「ストック的側面」と「フロー的側面」を明示的に区別し，それぞれの役割と相互の関係について検討している点にある。

55年体制下の政治と経済
　■時事世論調査データの分析
三宅一郎・西澤由隆・河野　勝著
A5判・232頁・3500円（2001年）ISBN978-4-8332-2302-7
　戦後日本の有権者の政治的態度は，55年体制という枠組みの中で決定されてきた。本書は時事通信社が1960年代から現在まで毎月行っている全国規模の世論調査データの分析からその特質を明らかにし，55年体制とは何であったかを解明する。